알리바바닷컴은
어떻게
이베이를 이겼을까?

중국 경제의 원동력, 사영기업의 비밀을 파헤친다

알리바바닷컴은 어떻게 이베이를 이겼을까?

윈터 니에, 캐서린 신, 릴리 장 지음 | 황성돈 옮김

책미래

**알리바바닷컴은
어떻게
이베이를 이겼을까?**

1판 1쇄 인쇄 | 2012년 5월 25일
1판 1쇄 발행 | 2012년 6월 02일
지은이 | 윈터 니에(Winter Nie)
　　　　캐서린 신(Katherine Xin)
　　　　릴리 장(Lily Zhang)
옮긴이 | 황성돈
펴낸이 | 배규호
펴낸곳 | 책미래
출판등록 | 제2010-000289호
주　　소 | 서울시 마포구 공덕동 463 현대하이엘 1728호
전　　화 | 02-3471-8080
팩　　스 | 02-6353-2383
디자인 | 배경태

값 14,000원
ISBN 978-89-967226-2-0 13320

CONTENTS

CONTENTS

제4부　다국적기업의 위기와 기회: 중국 기업가들과 경쟁할 것인가 협력할 것인가?

알리바바닷컴은
어떻게
이베이를 이겼을까?

제1부
중국 시장에서 다국적기업과
중국 사영기업 간의 경쟁

와하하: 다농의 꿈같던 파트너가 악몽 같은 파트너로

2007년 5월, 프랑스의 다농Danone 그룹에비앙 생수로 유명한 프랑스의 식품 대기업 – 옮긴이은 스톡홀름 상공회의소 국제중재원Artitration Institue of the Stockholm Chamer of Commerce에 중국의 와하하娃哈哈 그룹과 이 그룹의 3개 자회사를 제소했다. 와하하 그룹과 다농 그룹이 합자한 기업의 승인 없이 와하하 그룹이 '와하하'라는 상표를 사용함으로써 합자회사를 설립하며 계약한 '부정경쟁금지non-competiton 조항'을 어겼다는 것이었다. 함께 제소된 와하하의 3개 자회사는 다농과 합자한 회사들이 아니었다.

이 분쟁이 공개되자 두 당사자는 모두 일련의 소송을 제기했다. 2008

년 초인 현재, 와하하는 중국 내 법원, 특히 와하하 그룹이 위치한 항저우시 杭州市 법원에서 승소했다. 반면 다농 그룹은 중국 밖에서 법적인 조치를 취하였다. 그러나 양자 모두 법정에서의 승리를 장담하지 못했으며, 정부가 이 사건에 개입할 것을 요청했다. 이 싸움으로 다농은 음료 사업이 절반으로 축소되어, 판매액이 월 평균 2,500만 달러가 감소했다. 그리고 상하이시 上海市에 있는 ABN 암로 ABN Amro, 네덜란드 은행 – 옮긴이의 데이터 분석가인 레이양 Lei Yang에 따르면, 와하하는 중국 내 생수시장에서 주도적 위치를 상실했다. 레이양은 AC 닐슨 NC Nielsen, 시장조사 전문회사 – 옮긴이의 데이터를 인용하면서, 대만의 브랜드인 팅이 Tingyi, 康師傅控股有限公司가 20%의 시장점유율을 차지함으로써 와하하 그룹의 15% 시장점유율을 앞섰다고 말했다. 주석1

두 그룹 간의 파트너십은 초기에는 매우 잘 맞는 듯 보였고, 모범적인 합자 사례로 묘사될 정도였다. 다국적기업으로서 얻은 (자본과 제품 연구를 포함한) 다농 그룹의 경험과 와하하 그룹의 회장인 쫑칭허우 宗慶后가 가진 현지 지식이 서로 잘 결합되었던 것이다. 그렇다면 도대체 무슨 일이 있었기에 이렇게 잘 어울리는 듯 보였던 두 그룹의 합자가 법정 싸움으로까지 번진 것일까? 다국적기업이 국경을 초월한 M&A기업 인수합병와 합자를 통해 확장하려는 전략은 늘 큰 도전이다. 중국의 사영기업 private-owned enterprise 주석2을 인수(또는 이들과 합자)하려는 다국적기업이나 또는 중국 시장에서 현지 기업들과 경쟁하려는 외국 기업들에게 이러한 중국 내 기업들에 대한 보다 나은 이해는 적절한 합자 및 보다 경쟁력 있는 장점을 얻는 데 도움이 될 것이다. 이 책의 주된 목적도 그런 것이다. 즉, 중국의 사영기업들이 가진 전망을 이해하고 중국 현지에서 그들과 경쟁하는 데 도움을 주는 것이다. 먼저 와하하 그룹과 이 그룹의 설립자인 쭝칭허우에 관한 이야기부터 시작해보자.

■ 세분시장: 학교 출자 공장의 성공

문화혁명이 끝난 후인 1979년, 쭝칭허우는 15년간 농촌지역에서의 농사일을 마치고 항저우시로 다시 돌아왔다. 그는 그 후 8년간 학교에서 출자한 공장 몇 군데에 아이스크림, 문구류, 교재 등을 납품하여 밥벌이를 했다. 그러던 1987년 7월, 당시 42세였던 쭝칭허우는 14만 위안을 빌려서 자신이 직접 학교 출자 공장을 차렸다(이것이 와하하 그룹의 전신이다). 당시 직원은 쭝칭허우를 포함하여 3명(나머지 2명은 퇴직교사였다)이었고, 20㎡도 안 되는 사무실을 차리고 교재와 아이스크림을 팔았다. 그러나 수익성은 매우 낮았다. 4펀分짜리 아이스크림을 팔면 그에게 남는 것은 몇 리厘뿐이었다.주석3 쭝칭허우는 공장다운 공장을 세우기로 결심했다.

당시 중국의 소비재시장은 급격히 발달하고 있었고, 건강제품에 대한 수요가 폭발적으로 증가하고 있었다. 쭝칭허우는 당시를 이렇게 회상했다.

"당시 38개의 기업들이 건강음료를 생산하고 있었다. 그러나 나는 내가 파고들 수 있는 자리가 보였다. 바로 어린이를 위한 건강음료였다."

쭝칭허우는 이 세분시장에 커다란 잠재적인 기회가 있음을 강하게 느낄 수 있었다. 그는 저장성浙江省 의과대학과 접촉했고, 쭝칭허우의 제안에 확신을 얻은 저장성 의과대학 영양학과 학과장인 주서우민 교수는 어린이를 위한 영양음료를 개발하기로 결심했다.

1988년 여름, 어린이를 위한 영양음료가 개발되었고, 쭝칭허우는 대중들의 의견을 수렴하여 이 음료수의 이름을 짓기로 결심했다. 그는 이런 내용을 언론을 통해 광고했고, 많은 사람들이 이 이벤트에 동참했다. 쭝칭허우는 이 음료수의 이름을 와하하娃哈哈, 미소짓는 아이로 선택했다. 이 이름이 어린이와 밀접한 연관성이 있었고, 읽기도 쉽고 기억하기도 쉬웠기 때문이었다. 로고 디자인 또한 같은 개념에 바탕을 두고 미소 짓는 어린이 이미지를 사용했다. 대대적인 이벤트 덕분에 새 제품은 대중들의 큰 관심을 끌었다. 이 전략은 매우 성공적인 시장전략이었고, 또한 돈도 거의 들지 않았다.

그 후 쭝칭허우는 여론조사 기관에 의뢰하여 3,000명의 학생들을 대상으로 설문조사를 진행했다. 이에 따르면 45%의 학생이 까다로운 입맛 때문에 영양부족을 겪고 있었다. 이는 자녀를 하나만 낳을 수 있는 제도 탓에 중국의 부모들이 자녀의 버릇을 나쁘게 들인 결과였다. 1988년 11월에 와하하가 시장에 출시됨과 동시에, 이 설문조사의 결과 또한 여러 언론에서 크게 다루었다. 와하하의 광고는 매우 잘 먹혀들었다(어린 아이의 목소리가 "와하하가 음식을 맛있게 해줘요"라고 말하는 것이었다). 와하하는 중국에서 어린이를 대상으로 한 첫 영양음료였기에 즉시 큰 시장을 얻을 수 있었다.

와하하는 출시된 첫 달에 15만 박스가 팔렸고, 그 다음달에는 20만 박스가 팔렸다. 쭝칭허우는 1989년에 항저우 와하하 영양식품 공장을 설립했고, 와하하 제품을 대량생산하기 시작했다. 그 해 말 와하하의 영업매출은 488만 위안이었고, 그 다음 해에는 2,700만 위안이었다. 공장을 설립한 지 3년째 되던 해에는 영업매출이 거의 1억 위안까지 치솟았다.

와하하 영양음료의 성공으로 든든한 고객층을 확보하여, 그 이후 출시한 제품군(과일맛 우유, 칼슘우유, 젖산균 우유 등)도 높은 판매를 올릴 수 있었다.

■ 정제수: 브랜드 확장 방법

쭝칭허우는 어린이를 위한 와하하 제품 시리즈의 성공에 만족하지 않았다. 1996년 초, 그는 정제수 purified water 시장에 뛰어들기로 결심했다. 당시 중국에는 2,000개의 생수업체가 있었고, 이들 중 95%가 미네랄워터 생산자들이었다. 미네랄워터는 수원水源에 크게 의존해야 하고 운송에 큰 비용이 들기 때문에, 지역을 초월한 판매를 하기가 어렵다. 그래서 당시까지만 해도 전국적인 판매를 하는 제품이 없었고, 전체 생수시장에서 1% 이상의 점유율을 차지하는 브랜드가 없었다. 쭝칭허우는 당시가 중국 소비자들이 생수에 대해 막 알기 시작하는 시점이어서, 소비자들은 미네랄워터인지 정제수인지에 대해 신경을 쓰지 않는다고 판단했다. 역삼투압 기술로 인해 정제수를 낮은 비용으로 대량생산할 수 있었다. 미네랄워터와 달리 정제수의 생산은 수원에 의존하지 않아도 된다. 쭝칭허우는 정제수 시장이 빠르게 성장할 것이라 생각했다.

쭝칭허우는 회사의 재정 상황과 새로운 브랜드를 홍보하는 데 드는 높은 비용 연간 1~2억 위안으로 추정을 고려하여, 새로운 정제수 제품을 와하하 브랜드에 포함시켜 기존 브랜드가 갖는 영향력을 이용하기로 결정했다. 와하하는 활달하고 순진무구한 어린이들을 위한 브랜드로 자리매김하고 있었다. 정제수 제품의 목표 고객층과 브랜드 이미지는 매우 달랐다. 이러한 브랜드 확장은 큰 도전이었다. 그러나 정제수 시장에 전국적인 브랜드가 없음을 고려하여, 쭝칭허우는 모험을 하기로 결심했다. 와하하는 독일과 이탈리아로부터 7개의 생산라인을 사들였다. 1996년, 와하하 정제수는 미네랄워터보다 30% 낮은 가격으로 시장에 처음 선을 보였다.

와하하 정제수의 초기 광고는 기능성으로 접근하는 것이었다. 즉 물에 미네랄이 함유되었음을 셀링포인트_{selling point}로 하는 것이 그런 것이었다. 와하하의 가장 큰 경쟁자는 로버스트_{Robust, 樂百氏}였는데, 이 기업은 와하하 정제수와 거의 동시에 자사 제품을 출시했다. 로버스트의 광고는 '깨끗함'에 초점을 맞췄다. 로버스트의 광고 슬로건은 "로버스트는 27단계의 정제 과정을 거쳐 제품을 생산합니다"였다. 첫 광고전에서는 로버스트가 와하하를 앞섰다. 와하하는 재빨리 새로운 TV 광고를 선보였다. 와하하의 새 광고는 기존 광고가 강조하던 기능성을 버리고, 소비자들의 감정을 자극하는 것이었다. 이러한 새로운 접근으로 와하하는 로버스트와 크게 차별화되었다. 광고에 유명 연예인을 기용함으로써 인지도를 높였다. 새로운 광고의 슬로건은 "당신은 내 눈에 비치는 유일한 사람입니다"였다. 또한 CCTV_{중국중앙TV}와 지방 방송에도 매우 높은 빈도로 광고를 내보냈다(당시 정제수 제품의 TV 광고 중 80%가 와하하 제품 광고였다). 1997년 한 해 와하하 정제수 제품의 영업매출은 5억 위안이었고, 이는 그해 와하하 그룹이 올린 총매출액의 1/4이었다.

1999년 6월, 중국 생수시장에서 세 번째 기업인 하이난 양성탕_{海南養生堂}이 생수시장 점유율 1위, 2위인 와하하와 로버스트를 이기기 위해 광고마케팅을 시도했다. 양성탕은 CCTV 광고에서 자사의 농푸산취안_農

夫山泉은 저장성의 1급수원인 칭다오 호수 70미터 아래에서 채취한 물로 제품을 만든다고 광고했다. 또한 다른 제품들은 오염된 수원의 물로 정제수를 만들기 때문에 아무리 정수를 하더라도 제품의 수질이 의심스럽다고 광고했다. 그해 7월에 베이징北京의 한 정제수 업체가 양성탕을 불공정경쟁으로 고소했고, 10만 위안의 배상금을 요구했다.

2000년 4월과 5월에 20개가 넘는 정제수 업체들이 양성탕을 비난하는 대열에 동참했고, 6월 초에는 쭝칭허우 또한 양성탕에 대한 반격에 나섰다. 와하하는 생수산업의 건강한 발전을 도모하기 위한 포럼에 참석하도록 전국 생수 관련 경제단체 및 생산업자들에게 초청장을 보냈다. 그는 관련 산업 당사자들이 스스로의 이익을 보호하기 위해 연대해서 노력할 것을 제안했다. 6월 7일, 중국음료공업협회中國飲料工業協會 대표단과 69명의 정제수 생산업자들이 와하하가 주최한 포럼에 참석했다. 포럼이 끝나고, 69명의 정제수 생산업자들은 대표를 선출하여 국가공상행정관리국國家工商行政管理局과 중국 위생부衛生部를 포함한 국가감독기관 다섯 군데에 양성탕에 대한 정식 고발장을 내기로 했다. 7월에 양성탕은 와하하를 허위정보 유포혐의로 고소하고, 배상금 3,000만 위안을 청구했다.

그에 앞서 6월에 난징시南京市 언론을 통해 한 소비자가 농푸산취안 제품에서 구더기를 발견했다는 기사가 크게 보도되었다. 그 소비자는 지역 법원에 양성탕을 상대로 정신적인 피해 보상의 대가로 3만 5,000위안을 요구하는 소송을 제기했다. 양성탕은 그것이 조작이라고 주장했다. 7월에는 광둥성廣東省의 한 소비자가 양성탕이 수원이 오염된 사실을 숨겨왔다며 이에 대한 보상을 요구하는 소송을 제기했다. 소송이 진행되는 동안 양성탕에 불리한 소식이 전해졌다. 양성탕이 국가공상행정관리국에 등록한 상표가 효력이 없다는 것이었다. 11월에 양성탕은 와하하에 대한 소송을 철회했다.

2000년에 와하하 정제수 시리즈는 20억 위안의 영업매출을 올리며 25%의 시장점유율을 기록했다. 로버스트는 10억 위안의 영업매출과 15%의 시장점유율을 올렸다. 둘 모두 30% 이상 성장한 것이었다. 그러나 농푸산취안은 거의 성장하지 못했고, 와하하 판매수익의 1/4에 그쳤다.

■ 페이창 콜라: 펩시, 코카콜라와 함께 중국시장을 나누다

와하하가 어린이 시장에서 성인 시장으로 성공적인 확장을 이룬 후, 쭝칭허우는 탄산음료 시장으로 진출하기로 결심했다.

쭝칭허우는 종종 자신의 직관으로 결정을 한다고 말하곤 했다. 그러나 이번에 이야기할 것은 시장으로부터 직접 얻은 정보를 바탕으로 그가 내린 결정이었다. 쭝칭허우는 1년에 200일 이상을 직접 시장에 나가 다양한 유통업체들을 방문한다. 심지어 진열대에 놓인 제품과 브랜드를 확인하기 위해 도로변의 구멍가게에까지 가기도 했다. 그는 제품에 적힌 일련번호를 보면 그 제품의 매출량을 알 수 있기에, 이것에 특히 주의를 기울였다. 즉, 일련번호가 현재의 날짜에 가까울수록 판매가 더 잘 되는 것이었다. 어떤 브랜드가 비슷한 다른 브랜드들보다 더 잘 팔리는 이유는 무엇일까? 맛 때문일까, 아니면 가격 때문일까? 그런 제품의 유통전략이나 배달 시간은 어떨까? 쭝칭허우는 이에 대한 해답을 찾기 위해 유통업체를 찾았던 것이다. 사실 페이창 콜라非常可樂, Future Cola는 이러한 방법으로 쭝칭허우가 직접 얻은 정보를 바탕으로 탄생되었다. 바로 유통업자들의 제안에 의해 만들어진 것이다.

유통업자들의 제안은 쭝칭허우의 흥미를 유발했다. 그는 몇 번의 시장조사를 진행했고, 1997년(페이창 콜라가 출시되기 바로 전 해)에 중국에서 탄산음료는 전체 음료시장의 단 30%만 점유하고 있음을 알게 되었다. 그리고 탄산음료 중 콜라가 차지하는 비중은 27%에 지나지 않았다. 따라서 콜라가 갖는 시장 잠재력은 엄청난 것이었다. 이 시장의 주 경쟁자로는 펩시와 코카콜라가 있었고, 이 두 업체는 중국에서 소비되는 콜라의 80%를 생산(136만 톤)하여 거의 독점이나 다름없었다. 코카콜라는 1979년에, 펩시는 1981년에 중국 시장에 진출했지만, 중국이 콜라 분야에서 계획경영 정책을 철회한 것은 1994년이 되어서였다. 이때부터 코카콜라와 펩시는 중국 시장에서 급속한 확장을 했다. 코카콜라와 펩시는 대도시와 위성도시 시장에 진입해 있었다. 따라서 작은 도시나 시골은 공백 상태나 다름없었다. 당시 통계를 보면, 중국의 농촌지역 거주자는 7억 명 이상이었다. 따라서 전체 인구의 약 70%가 농촌지역에 거주하고, 약 30%만 소도시를 포함한 도시지역에 거주하고 있던 것이다.

쭝칭허우는 자사의 새로운 콜라 판매 전략으로 '농촌지역에서 시작하여 차후 도시지역으로 진출'하는 방법을 선택했다. 펩시와 코카콜라가 도시지역 젊은 층을 주 고객으로 삼은 것과 달리, 페이창 콜라는 보다 나이가 많은 소도시와 농촌지역 거주자들에 초점을 맞춤으로써 차별화를 시도했다. 잔치와 행복한 가족 모임을 위한 중국의 토착 콜라임을 강조함으로써, 페이창 콜라는 두 거대업체와의 직접적인 경쟁을 피했다.

　　　　　　　　　　　　　　　　　알리바바닷컴은 어떻게 이베이를 이겼을까?

와하하의 유통망이 소도시와 농촌지역에 침투하는 것은 그리 어렵지 않았다. 와하하가 지난 10년간 운영되면서 방대한 유통망을 이미 구축하고 있었기 때문이다. 쭝칭허우는 이 유통망을 '연합판매망United Sales Network'이라 불렀다. 연합판매망은 본사, 각 성의 지점, 독점 1급도매상, 독점 2급도매상, 독점 3급도매상, 소매상의 구조를 가진 판매조직이다. 이 연합판매망은 다음과 같이 작동한다. 즉, 연초에 독점 1급도매상은 판매량에 따라 와하하 본사에 선수금advance payment을 지불한다. 와하하는 은행 이자율에 따라 이 선수금에 대한 이자를 도매상에게 지불한다. 1급도매상은 과거 주문에 대한 대금을 완납해야 새로 주문한 물건을 받을 수 있다. 1급도매상은 스스로 2급도매상과 2차도매상을 선정할 수 있다. 2급도매상과 2차도매상의 차이는, 전자가 선수금을 지불하고 그 대신 더 많은 혜택을 본다는 것이다. 와하하 본사는 각 지역에 단 1곳의 1급도매상을 선정한다. 그리고 판매 및 유통 매니저를 1급도매상에 파견하여, 유통, 재고관리, 판매홍보 등을 지원한다. 몇몇 지역에서는 운전자본working capital, 일상적인 운영에 필요한 자본 – 옮긴이, 창고, 운송, 물류서비스만을 지원받는 1급도매상들도 있다. 마케팅 관련 활동 이외의 모든 것은 와하하 본사에서 관할한다. 와하하의 유통망은 유통업자와 각 성의 지점, 2개 요소로 구성되었다고 요약할 수 있다. 유통업자들은 운전자본과 캐시플로cash flow가 원활해지도록 하는 중재자의 역할과 창고 및 물건 배달을 책임지는 물류업자 역할을 한다. 반면 각 지역의 지점은 전반적인 경영, 서비스, 광고, 판촉을 책임진다.

독점적인 1급도매상이 선수금을 내야 함에도(수백만 위안인 경우도 있다), 이들은 기꺼이 와하하와 함께 일하고 싶어 한다. 그 이유는 여러 가지가 있다. 우선 와하하는 유명상표^{name brand}이고, 광고 지원을 한다. 와하하는 일련의 제품 시리즈를 풀세트로 제공하기 때문에 유통업자들이 비용을 낮추기 쉽다. 또한 와하하는 유통업자들이 다양한 혜택을 볼 수 있도록 해주며, 각 성의 지점을 통해 무상으로 지원을 한다. 물론 1급 도매상들에게는 힘든 면도 있다. 와하하에 지불하는 선수금 이외에도, 1급도매상들은 해당 지역에서 시장을 확장하기 위해 열심히 노력해야 한다. 그렇지 않으면 해당 도매상은 연합판매망 조직에서 그 자격을 박탈당한다.

30개 성의 지점과 2,500개 이상의 독점 1급도매점들은 쭝칭허우에게 직접 보고한다. 이를 통해 쭝칭허우로부터 빠른 반응을 얻을 수 있다. 와하하는 이러한 연합판매망을 통해 전국적으로 고작 2,000명밖에 안 되는 영업사원으로 매우 높은 판매를 올릴 수 있었다. 와하하에서 새로운 제품을 출시하면, 이 제품이 전국 수십만 개의 편의점과 구멍가게에 유통되는 데 고작 3일밖에 걸리지 않는다고 한다.

와하하의 페이창 콜라는 1998년 7월 10일(프랑스 월드컵이 열리던 날)에 출시되었다. 프랑스 월드컵 개막경기가 생중계되기 전 황금시간대에 수억 명의 중국 축구팬들에게 페이창 콜라의 광고가 노출되었다. 이는 강화된 광고캠페인의 시작으로 기록되었다. 주요 미디어는 CCTV였다. CCTV가 소도시와 농촌지역 시청자들에게 접근하는 데 가장 효과적이기 때문이었다. 전국의 지역 TV를 통한 광고와 함께, 기존 콜라와는 다른 메시지가 타깃 고객층에 전달되었다. 바로 중국 토착 콜라를 마시는 것이 행복한 삶을 상징하는 것이었다.

강화된 광고캠페인, 낮은 가격(코카콜라보다 0.5~0.6위안 낮은 가격), 매

[표 1-1] 코카콜라, 펩시, 페이창 콜라의 판매량 비교

연도	코카콜라	펩시	페이창 콜라
1998	1.94	0.76	0.0738
1999	2.04	0.91	0.399
2000	2.18	1.09	0.48

단위 100만 톤

우 효율적인 유통망을 통해 페이창 콜라는 급격한 성공을 거두었다. [표 1-1]에 있는 탄산음료의 판매수치를 보면, 페이창 콜라의 시장점유율이 펩시와 코카콜라와 비교하여 얼마나 상승했는지 알 수 있다.

2001년 페이창 콜라의 판매량은 59만 5,000톤에 이르렀고, 와하하 모든 제품의 총판매량은 250만 톤이었다. 이는 코카콜라가 중국 시장에서 판매한 양에 필적하는 것이었다.

■ 다농과의 합자, 그리고 갈등

와하하는 다국적기업들과 경쟁하기도 했고, 이들과 협력하기도 했다. 그러나 다국적기업과의 협력 결과는 결말이 좋지 못했다.

1996년 3월, 다농 그룹의 아시아태평양 지역 회장은 다농과 와하하의 합자를 공식 선언하며 다음과 같이 말했다. "오늘 우리는 새로운 아기의 탄생을 축하하게 되어 매우 기쁩니다. 새로 탄생하는 아기는 아빠와 엄마의 장점을 계승하게 될 것입니다. 그리고 뛰어난 중국인과 유럽인의 피가 이상적으로 조합된 탄생이 될 것입니다. 우리의 단합된 노력으로 이 아기는 매우 건강하게 자랄 것이라 믿습니다."[주석4] 와하하 그룹의 5개 기업[식품회사, 음료회사, 냉동식품회사, 보건식품회사, 바이리百立 식품회사]이 다농과 홍콩의 BNP와 함께 손을 잡았다. 다농과 BNP는 공

동으로 4,500만 달러를 투자하고, 총 지분의 51%를 갖게 되었다. 나머지 49%는 와하하가 보유했다.

프랑스 파리의 다농 그룹은 식품 사업에서 방대한 분야에 진출해 있던 다국적 식품회사이며, 전 세계 6개 대륙에 100개가 넘는 국가에서 사업을 하고 있다. 다농 그룹은 1980년대 후반에 중국에 진출했고, 중국의 기업들을 인수하거나 합자를 통해 재빨리 사업을 확장했다. 다농 그룹이 중국에 처음 설립한 벤처는 광저우廣州의 요구르트 공장이었고, 이 회사는 급속히 성장하여 광저우와 상하이의 요구르트 시장을 석권했다.

그 후 다농 그룹은 다음과 같은 순서로 사업을 확장했다.

- 1992년 상하이시에 있는 상하이 비스킷과 합자, 지분의 54.2% 보유.
- 1994년 상하이 광밍유업光明乳業股份有限公司과 합자한 2개의 합자기업을 통해 요구르트와 생우유fresh milk를 생산하며 지분의 45.2%를 보유.
- 1996년(다농이 와하하와 합자계약을 한 해) 우한둥후武漢東胡 맥주회사의 지분 54.2%를 매입하고 합작회사인 탕산어우량하오면唐山歐聯豪門 맥주회사를 설립하고 지분의 63.2%를 보유.

와하하와 합자한 첫 해, 그 그룹의 합자기업은 8억 6,500만 위안의 판매액과 1억 1,100만 위안의 수익을 올렸다. 10년 뒤인 2006년, 합자기업의 판매액은 140억 위안, 수익은 11억 위안에 이르렀다. 이 수치만 보면 와하하와 다농의 협력은 매우 성공적인 것처럼 보였다. 그러나 2007년 5월, 다농 그룹은 와하하 그룹과 3개 자회사를 스톡홀름 상공회의소 국제중재원에 제소했다. 와하하 그룹과 다농 그룹이 합자한 기업의 승인 없이 와하하 그룹이 와하하라는 상표를 사용함으로써 합자회사를 설립하며 계약한 부정경쟁금지 조항을 어겼다는 것이었다. 함께 제소된 와하하 그룹의 3개 자회사는 다농과 합자한 기업들이 아니었다. 두 그룹의 합자계약에 따르면 와하하와 다농 양측은 양자의 합자기업을 운영하는 데 있어 경쟁이 되는 제품생산이나 마케팅 활동을 하지 않기로 되어 있었다. 그리고 양자 간 분쟁이 발생하여 서로 해결을 못할 경우 스톡홀름 상공회의소 국제중재원에 중재를 맡기도록 되어 있었다.

아시아 금융 위기 이후 홍콩 BNP는 다농-와하하 합자기업 보유 지분을 다농에게 팔았고, 이로 인해 다농은 51%의 지분 모두를 확보하게 되었다. 쭝칭허우가 2007년 6월 7일에 다농 그룹 이사회에 보낸 공개서한에 따르면, 다농은 와하하 그룹에게 '와하하'라는 브랜드를 합자기업에 양도하도록 제안했으나 국가상표국國家商標局에 의해 기각되었다. 그러자 양측은 두 가지 합의사항에 서명했다. 그중 한 가지는 '와하하' 브랜드를 와하하 그룹에서 와하하-다농의 합자기업들에게 양도하는 것을 실질적으로 승인한다는 것이었다. 이 합의에 따르면 와하하 그룹은 합자기업의 승인이 있어야만 '와하하' 브랜드를 이용한 상품을 생산할 수 있었다.

쭝칭허우는 이 공개서한에서 와하하가 다농과 함께 1996년 이후 39개의 합자기업을 설립했다고 밝히고 있다. 양측의 총 투자자본금은 33억 2,900만 위안이었고, 고정자산투자Fixed Asset Investment는 44억 3,900만 위안이었다. 그러나 시설, 토지구입, 공장설립 등에는 8억 8,000만 위안이 모자랐고, 모자란 금액은 와하하 그룹이 혼자 부담했다고 나와 있다. 그리고 다농 측은 합자기업에 그 어떤 선진기술도 전수하지 않았다고 한다. 다농은 와하하와의 합자기업에 1996년 이후 15억 위안을 투자했고, 38억 위안의 총수익을 올렸다.^{주석5} 쭝칭허우는 생수의 생산량 증가, 개발이 덜된 중국 서부지역에 공장 설립 등 시장을 확장하고 새로운 제품을 개발하기 위한 여러 제안을 합자기업 이사회에 올렸다고 주장했다. 그러나 그의 이런 제안은 이사회에서 매번 거절당했고, 이 때문에 자신은 비합자기업을 통해 자신의 확장 계획을 실행할 수밖에 없었다는 것이었다.

쭝칭허우는 이 서한에서 브랜드 사용에 관한 합의가 실수였다며 크게 후회하고 있다. 다농으로부터 기술과 자본을 받는 대가로 브랜드 소유권을 포기하는 것에 대해 심사숙고했어야만 했다는 것이다. 그러나 비교적 오랫동안 다농 측은 와하하 그룹이 비합자기업을 운영하는 것을 용인했던 것으로 보인다. 그러다 2007년 4월에 상황이 바뀌었다. 다농은 40억 위안에 와하하 그룹의 비합자기업 지분의 51%를 인수하겠다는 제안을 했다(2006년 말 기준으로 와하하 그룹의 비합자기업들의 총자산은 56억 위안에 이르렀고, 연수익은 10억 4,000만 위안이었다). 쭝칭허우는 이 제안이 비합리적이라고 생각하여 이를 거절했다.

다농 그룹이 '와하하' 브랜드의 불법성을 이유로 와하하 그룹을 고소하자, 쭝칭허우는 다농 측이 중국의 반독점법을 위반했다고 맞고소를 했던 것이다. 중국의 경제가 급속히 성장하면서 전 세계 투자자들이 이에 매력을 느끼지만, 도전해야 할 과제들이 기를 죽게 만들었다. 중국 정부는 기업인수와 합병을 강력히 통제하고 있다. 중국 정부의 기업인수 및 합병 규정에 따르면, 외국 투자자들이 중국에서 기업합병 및 인수를 통해 독점을 할 수 있을 것인가에 대한 판단을 할 때 다음과 같은 벤치마킹을 통해 독점을 할 수 있다. 연간 영업매출이 15억 위안을 초과할 것, 1년 이내에 10개 이상의 중국 기업을 인수할 것, 중국 내 시장점유율이 20%일 것, 기업인수를 통해 시장의 25%를 점유할 수 있을 것 등이다. 중국 상무부商務部의 대변인인 왕신페이王新培는 다농 그룹이 잠재적으로 와하하 그룹을 인수할 수 있느냐는 질문에 대해 다음과 같이 대답했다. "중국이 이미 중국 기업에 대한 외국인의 인수 및 합병에 대한 규정을 만들었기 때문에, 중국 상무부는 외국 투자자들을 자극하고 중국 내 기업들의 이익을 보호하기 위해 이 규정을 지킬 것이다." 이는 다농의 인수에 관한 정부의 유일한 공식적인 대답이었다. 외국인투자와 관련된 한 법률 전문가는 "다농 그룹은 인수 및 합병에 관한 첫 번째 규정을 위반할 확률이 높다. 다농이 15억 위안의……"라고 말했다.

시나닷컴Sina.com이 2007년 4월 8일에 실시한 한 인터뷰에서, 쫑칭허우는 4월에 있었던 합자기업의 이사회에 관해 말한 바 있다. 그에 따르면 협상 분위기가 긴장으로 가득했다고 한다. 쫑칭허우는 '부정경쟁금지' 조항이 불공정한 것이라고 주장한다. 이 조항 때문에 와하하는 경쟁력 있는 상품을 생산하지 못하며, 다농에게는 아무런 제약도 가하지 못한다고 주장했다. 지난 몇 년간 다농은 다농-와하하 합자기업들과 경쟁적인 상품을 생산하는 많은 기업들을 사들였다. 이러한 쫑칭허우의 불만 때문에 다농은 부정경쟁금지 조항을 수정할 것에 합의했다.

실제로 다농과 와하하 그룹이 합자한 이후, 다농 그룹은 다농-와하하 합자기업들과 경쟁 관계에 있는 상품을 생산하는 많은 기업들을 사들였다. 1998년에 다농은 선전深圳 건강식품회사의 지분 54.2%를 사들였다.

이 기업은 중국에서 생수회사들 중 처음으로 상장된 기업이었다. 2000년 3월에는 와하하 그룹과 경쟁하는 제품들을 많이 생산하는 로버스트의 지분 95%를 사들였다. 2001년에는 상하이 광밍유업에 투자하여 5%의 지분을 확보했고, 2004년에는 메이린정광허 梅林正广和를 사들였다. 2005년 4월에는 광밍유업의 지분을 9.7%까지 올림으로써 세 번째 대주주가 되었고, 2006년 4월에는 20.01%까지 올렸다. 2006년 7월에는 후이위안 彙源 그룹(주력 상품은 과일음료였다)의 지분 22.18%를 보유하여 두 번째 대주주가 되었고, 같은 해 12월에는 멍니우 蒙牛와 함께 합자기업을 설립했다(다농은 지분 49%를 보유하고 요구르트 제품의 생산, 연구개발, 판매에 관여하게 되었다).

　이사회에서 아무런 합의도 얻지 못하자, 다농은 법적인 조치에 들어갔다. 다농은 쭝칭허우와 그의 부인, 딸이 대표로 있는 회사들이 불법적인 판매로 미화 1억 달러를 벌어들였으니 그 불법판매금을 추적해 달라며 LA에서 고소를 진행했다. 쭝칭허우의 가족들은 캘리포니아에 살고 있다. 쭝칭허우는 이 소송이 자신의 이름을 더럽히고 가족들에게 해를 끼치기 위한 비열한 전략이라며 매우 화를 냈다. 쭝칭허우는 항의의 표시로 합자기업의 회장직에서 물러났다.

　엄격한 법률과 시장경제의 원칙으로만 보면 다농이 분명 이 소송에서 이길 것 같았지만 그렇게 간단하지가 않았다. 다농 측에 따르면 비합자기업들은 2003년 이후 설립되기 시작했고, 2005년에 와하하 그룹 제품들이 시장을 점유하면서 매우 공격적으로 확장되기 시작했다. 와하하 그룹의 비합자기업들이 '와하하' 브랜드를 사용하는 것에 대해 다농 측은 당분간 대응을 하지 않았다. 계약상으로는 다농에게 유리한 조항들이 있었지만, 사업을 운영하는 데는 계약서만으로는 풀 수 없는 문제들도 생기기 마련이다. 특히 음료사업처럼 진입 문턱이 높고 유통망에 대한 의존도가 높은 분야는 더욱 그렇다. 음료사업에서 브랜드 가치는 실로 매우 중요한 자산이다. 그러나 기존의 유통망과 시장은 분리할 수 없다. 이런 이유로 다농은 유통망과 시장점유율을 유지하기 위해 합자기업들과 브랜드를 공유하려 했던 것이다.

다농은 기업을 운영하는 데 있어 많은 것들을 쭝칭허우에게 의지했다. 다농은 와하하 그룹의 항저우 본사에 단 한 명의 중역도 두지 않았고, 합자기업들의 일상적인 운영에도 참여하지 않았다고 인정했다.주석6 이로 인해 와하하 측은 자신들만 모든 일을 처리하고 그 수익은 다농에게 간다고 생각하게 되었다. 직원들의 충성은 오로지 쭝칭허우에게만 집중되었다. 다농의 임원들은 자신들이 부산한 경영 스타일을 가진 쭝칭허우에게 모험을 걸고 있음을 인정했다. 그러나 그들은 61세의 기업가인 쭝칭허우가 와하하를 중국에서 가장 성공적인 음료사업자로 만드는 데 도움을 주었다고 말한다.주석7 문제는 다농이 일상적인 운영에 능동적으로 참여했는가 아닌가에 있지 않다. 그보다는 다농이 합자기업에 이렇다할 기여를 했는가 하는 것이다. 와하하가 확장을 위해 발전하던 초기 단계에서 다농의 자본은 매우 유용했다. 다농과 같은 다국적기업과 손을 잡는 것 또한 이점이 분명 있을 것이다(이 경우 브랜드가 이점은 아니었다. 중국에서는 다농보다 와하하가 더 잘 알려져 있었기 때문이다). 쭝칭허우가 단독으로 와하하를 중국에서 가장 가치 있는 브랜드 중 하나로 만들었을 때, 그는 분명 자신이 기여한 부분을 다시 평가해봤을 것이다.

이번 소송으로 인해 와하하의 덕으로 새로운 시장에 진출하려던 다농의 공격적인 전략은 크게 타격을 입었다. 다농이 중국에서 하는 사업 중 75%는 합자기업들이 차지하고 있다. 이를 유지하기 위해서는 불리한 싸움을 해야 한다. 다농에게 가장 큰 과제는 쫑칭허우와의 관계를 어떻게 하느냐이다. 다농이 합자기업의 지분 51%를 보유하고 있긴 하지만, 쫑칭허우의 협조에 계속 의지해야 한다. 그는 합자기업의 동사장董事長, 유한공사에서 주식회사의 이사회와 비슷한 것을 동사회(董事會)라고 하며, 동사장은 대표이사 정도에 해당된다. 합자기업의 법적 대표이며 흔히 회장으로도 많이 번역된다 – 옮긴이이며 총경리總經理, 주식회사의 사장직에 해당되며 동사회에서 결정한 것을 집행하는 직책이다. 중국에서는 경영관리를 책임지는 임원을 '경리'라 하며, 여러 경리를 총괄하는 것이 총경리이다 – 옮긴이일 뿐만 아니라, 와하하 조직의 추진동력이기 때문이다. 중국인들은 그의 이름을 와하하와 동일시한다. 단순히 법정에서 승리하여 쫑칭허우를 몰아내는 것은 완벽한 해결책이 아니다. 다농은 합자기업들로 인해 중국에서 보다 빠르게 움직일 수 있었다. 그러나 이런 합자기업들을 효과적으로 운영하는 것은 결코 쉽지 않기 때문이다.

알리바바닷컴은 어떻게 이베이를 이겼을까?

[주석]

1. 2007년 12월 12일, 〈인터내셔널 헤럴드 트리뷴 International Herald Tribuen〉.

2. 중국에서 '사영기업'이란 국가나 외국인 소유가 아닌 기업을 말한다. 사영기업은 처음 개인소유의 기업으로 출발하여 지금은 공개기업 public company에 속하는 기업들이다.

3. 중국 통화는 인민폐 RMB이다. RMB의 단위는 위안元, 자오角, 펀分이다. 1위안=10자오=100펀. 리厘는 1/10펀을 말한다. 2008년 기준으로 미국 1페니 penny는 약 7펀, 1달러는 약 6.8RMB였다.

4. 《非常營銷 Extraordinary Marketing Strategy》, 우샤오보 嗚曉波

5. 〈사우스차이나 모닝포스트 South China Morning Post〉, 2007년 4월 11일.

6. 〈월스트리트저널아시아 The Wall Street Journal Asia〉, 2007년 6월 25일.

7. 〈뉴욕타임스 The New York Times〉, 2007년 6월 13일.

나아이스: P&G의 강력한 지역 경쟁자

다농과 와하하 간의 분쟁과 소송은 세간의 큰 관심을 끌었다. 이번 장에서는 중국에서는 잘 알려진 또 다른 중국 기업에 대해 다룬다. 이 기업은 중국 외부에는 잘 알려지지 않았지만, 중국 내 세제시장에서는 다국적기업의 강력한 경쟁자이다.

P&G는 1988년에 중국에 진출하여 1991년부터 수익을 내기 시작했고, 연평균 50%씩 판매량이 증가하고 있다. 중국에 진출한 지 15년이 지난 2003년 말에 P&G는 새로운 시장전략을 발표했다. 바로 '독수리 쏘기 광고캠페인'이었다. 여기서 '독수리'는 중국 사영기업인 나아이스納愛斯, 영어명 Nice의 댜오雕, 독수리 브랜드를 겨냥한 것이었다. 나아이스는

중국에서 유명한 빨래비누와 세제 브랜드였다. 나아이스가 어떤 기업이기에 P&G와 같은 다국적기업이 이 기업을 목표로 특화된 전략을 세울 정도였을까? 나아이스가 어떻게 조그마한 공장에서 중국 세제시장의 40% 이상, 비누시장의 약 67%를 점유하는 주요 기업으로 성장했는지 살펴보자.

■ 제품 차별화: 소규모 공장의 성장

나아이스 그룹은 저장성의 리수이시麗水市에 위치하고 있다. 충분한 도로 기반시설이 없었기 때문에 리수이시는 약간 고립된 소도시였다. 리수이시로 철도가 들어오자 지역민들은 기차를 보기 위해 역으로 몰려들 정도였다. 리수이시는 같은 저장성 도시인 원저우시溫州市에 비해 경제가 크게 뒤처져 있었다.

나아이스의 전신은 조그마한 지역 공장인 리수이 57 화학공장이었다. 이 작은 공장에서 주로 생산한 것은 빨래비누였고, 직원은 수십 명에 지나지 않았다. 그리고 생산량은 중국 전체 관련 산업체들 중 끝에서 두 번째였다.

1992년 3월, 리수이 57 화학공장은 홍콩의 리캉Likang 사와 합자기업을 설립했다. 이 합자기업의 이름이 나아이스였다. 그러나 여전히 시장에서는 그다지 주목받지 못했다. 나아이스의 동사장이며 총경리인 좡치찬莊啓傳은 다른 많은 젊은이들처럼 문화혁명 기간에 농촌지역으로 보내져 노동을 했던 경험이 있었다. 그는 1971년에 평범한 근로자로 57 화학공장에 입사했고, 이후 판매 및 구매부 직원, 판매 및 구매부 경리經理, 공장 운영을 책임지는 공장 부주임으로 점차 승진했다. 1985년에 이 공장의 주임이 다른 곳으로 전근을 가게 되자, 좡치촨이 공장 근로자들에 의해 주임으로 선출되었다. 공장을 감독하는 정부기관에서 열악한 그 공장을 책임지려는 적합한 인물을 찾을 수 없었기 때문이었다.

나아이스 설립 후, 좡치촨은 빨래비누 분야에서 이름을 떨치기로 결심했다. 당시에는 빨래비누 시장에서 전국적인 브랜드가 거의 없었으며, 모든 기업은 그 기업이 위치한 지역에서만 운영되고 있었다. 당시 빨래비누는 큰 직사각형 모양의 넓적하고 표면이 거칠었고, 아무런 매력도 없는 노란색이었다. 그리고 포장도 되지 않은 채 그대로 판매되었다. 당시 사람들은 이 빨래비누를 '냄새나는 비누'로 불렀는데, 특유의 강한 냄새 때문이었다. 그러나 빨래를 위해서는 다른 대안이 없었다. 세안용 비누(당시 '향기로운 비누'로 불렸다)는 냄새는 좋았지만, 더러움을 제거하는 데는 효과적이지 못했다.

좡치촨은 제품의 질과 디자인에서 돌파구부터 찾는 것이 곧 시장에서의 돌파구라고 생각했다. 나아이스가 처음 선보인 제품은 댜오파이 초능 雕牌超能 빨래비누였다. 이 새 제품은 가운데가 오목하고 파란 색깔이어서 당시 다른 빨래비누들과 모양이 달랐다. 댜오파이의 독수리 이미지는 빠르고 강력하게 더러움을 제거하는 것을 상징했다. 그러나 시장에 이 신제품이 출시되어도 그다지 큰 반응이 없었다. 기존 제품과 달리 상큼한 색상과 멋진 포장을 했지만, 광고와 판촉이 부족하여 소비자들이 이 제품을 세안용 비누로 잘못 알았던 것이다. 나아이스는 이 문제를 해결하기 위해 대대적인 광고캠페인을 진행했는데, 이는 당시로서는 매우 과감하고 혁신적인 것이었다.

1993년 6월 21일, 나아이스의 무료 샘플 광고가 〈저장일보 浙江日報〉에

실렸다. 손으로 댜오雕라고 쓴 상표가 처음으로 언론에 노출된 것이다. 이 광고에는 댜오파이 초능 빨래비누의 장점 4가지를 열거하면서, 신문 광고 귀퉁이의 샘플 신청권을 잘라오면 이 초능 빨래비누의 샘플을 무료로 주겠다는 내용이 실려 있었다. 또한 광고에 실린 쿠폰은 홍콩과 마카오 무료 여행자를 추첨하는 용도로 이용했다. 이 광고캠페인은 대성공이었다. 무료 샘플을 통해 소비자들은 댜오파이 초능 빨래비누의 효과를 알게 되었다. 입소문을 통해 댜오파이 브랜드는 소비자들 사이에서 좋은 이미지를 얻게 되었고, 제품의 판매량도 치솟았다.

나이스는 초능 빨래비누의 성공 후 재빨리 또 다른 차별화된 제품을 출시했다. 바로 댜오파이 투명雕牌透明 빨래비누였다. 이 제품은 다른 제품들보다 작아서 손으로 잡기가 쉬웠고, 투명한 입자가 들어가 전체적으로 투명한 모양이 되도록 했다. 또한 향기로운 첨가제가 들어가 냄새도 좋았다. 기존의 '냄새 나는 비누'와 완전히 차별화된 것이었다. 또한 더러움을 제거하는 데도 탁월했고, 가격도 적절했다. 이런 모든 요소로 인해 신제품은 큰 성공을 거두었고, 아직까지도 이 제품을 선호하는 소비자층이 굳건히 자리 잡고 있다. 비록 도시 가정의 95%가 세탁기를 갖고 있지만,주석1 아직도 많은 사람들이 손빨래를 할 때는 댜오파이 투명 빨래비누를 이용한다.

초능 빨래비누와 투명 빨래비누의 성공으로 나이스는 처음으로 엄청난 수익을 올렸다. 1994년이 되자 나이스는 이 분야에서 주도적인 위치에 올라섰고, 빨래비누 분야의 수익 중 93%가 나이스가 벌어들인 것이었다.주석2 이후 댜오파이는 고립된 소도시인 리수이시를 벗어나 중국 전역에 그 이름을 알리게 되었다.

■ 세제시장에서 P&G와 유니레버를 누른 승자

중국 경제가 점차 개방되고 성장하면서, 1997~1998년 기준으로 중국 가정의 60% 이상이 세탁기를 갖게 되었다. 이는 세탁용 화학제품 산업에 구조적 변화를 가져왔고, 좡치촨은 이런 변화를 감지할 만큼 현명했다. 그는 세탁용 세제시장에 진출하기로 마음먹었다.

당시 중국의 세탁용 세제시장은 P&G, 유니레버 Unilever, 그리고 중국 기업인 케온 Keon이 거의 독점하고 있었다. P&G가 도시지역의 고급제품 시장을 장악하고 있던 반면, 케온은 다국적기업들이 진출하지 못한 많은 농촌지역을 장악하고 있었다. 유니레버는 1986년에 중국에 진출한 이후, 중국에서 사업을 확장하기 위해 수십 개의 중국 기업들을 합병했다. 1986년에서 1999년까지 유니레버가 중국에서 투자한 금액은 8억 달러에 이르렀다. 그러나 합병한 여러 기업을 통합적으로 경영하지 못하면서 많은 문제를 낳게 되었다. 같은 업무를 수행하는 조직과 인력이 중복되면서 운영비용이 증가했고, 심지어 같은 유니레버의 합자기업들 간에 경쟁하는 경우도 있었다. 주석3

좡치촨은 다국적기업들이 장악한 고가 제품 시장과 중국 기업이 장악한 저가 제품 시장 사이에 큰 틈이 있는 것을 보았다. 바로 적절한 가격과 좋은 품질을 가진 중급의 제품을 파는 것이었다. 1999년에 나아이스는 제품의 질과 생산성을 높이기 위해 외국으로부터 선진적인 생산라인을 들여왔다.

나아이스가 전통적으로 자사의 세제를 광고하는 전략은 제품의 기능을 강조하는 것이었다. 그러나 이번에는 중급 제품 시장을 직접적으로 겨냥했다. '비싼 것을 선택하지 말고, 적절한 것을 선택하세요'라는 슬로건과 함께 좋은 품질과 합리적인 가격을 강조한 광고가 진행되었다. 이 광고로 댜오 세제는 전국적으로 유명해졌고, 곧바로 브랜드 인지도를 갖게 되었다. 그 후 나아이스는 가족에 대한 사랑을 표현하는 또 다른 광고를 진행했다. 이 광고에서는 젊은 실업자 엄마와 어린 딸이 등장한다. 엄마는 일자리를 찾기 위해 하루 종일 밖에서 돌아다니고, 어린 딸은 그런 엄마를 돕기 위해 집에서 빨래를 한다. 이때 딸이 천진난만한 목소리로 "엄마가 많은 빨래라도 댜오 세제를 조금만 쓰면 된다고 하셨어. 그러면 많은 절약을 할 수 있지"라고 대사를 한다. 엄마가 밤에 집에 돌아와 잠이 든 딸에게 입맞춤을 하는데, 이때 딸이 적어놓은 쪽지의 '엄마, 저도 집안일 도울 수 있어요!'라는 글을 보게 되고, 엄마의 눈에서 눈물이 솟구친다. 이 광고는 많은 사람들의 감성을 자극했다. 당시의 시대 상황을 그대로 전달했기 때문이었다. 1998년에 시작된 국영기업들의 대규모 구조조정으로 많은 실업자가 생겨났다. 이 광고는 그러한 실감나는 사회현실을 인간적인 감성과 결합하여 묘사함으로써 시청자들에게 큰 호응을 얻었다. 또한 댜오파이 브랜드는 가족에 대한 사랑을 추구한다는 것도 성공적으로 전달되었다.

댜오 세제는 1박스에 29위안이었다. 이는 30위안이던 다른 모든 제품들보다 낮은 가격이었다. 2000년 노동절(중국에서 5월 1일은 공휴일이다) 기간에 나아이스는 댜오 세제와 투명 빨래비누를 패키지로 파는 판촉을 진행했고, 이후 두 제품의 판매가 급증했다. 1999년에 시장점유율이 31%였던 투명 빨래비누는 2000년에 50%를 넘어섰다. 1999년에 세탁용 세제의 생산량은 10만 톤 이하였지만, 2000년에는 30만 톤으로 급증하면서 관련 기업들 중에서 가장 높은 시장점유율을 차지하게 되었다.

2001년에 나아이스의 세탁용 세제 생산량은 89만 톤에 이르렀다. 이는 중국에서 사업을 하는 모든 다국적기업들의 판매량보다 5배나 높은 것이었다. 나아이스의 판매량은 관련 산업분야의 상위 10개 기업들의 모든 판매량을 합친 것보다 많았다. 영업매출 또한 1999년에 10억 위안이었던 것이 2000년에는 25억 위안, 2001년에는 55억 위안으로 급격히 상승했다.

나아이스는 다른 많은 중국 기업들과 비슷한 경영활동을 한다. 즉, 광고를 통한 브랜드 판촉, 낮은 가격을 통한 시장 확장이 그것이다. 낮은 가격 전략이 가능한 것은 OEM 생산 모델 덕분이다. 중국에서는 세탁용 세제 등의 저부가가치 제품 가격의 90%를 생산과 운송비용이 차지한다. 나아이스는 초기에 중국 전역에서 20개 이상의 OEM 업체를 선정하여 이들을 통해 제품을 생산했고, 이들은 제품 생산 외에도 나아이스의 유통 중심지 역할까지 수행했다. 따라서 운송비용을 크게 줄일 수 있었다. 한 가지 재미있는 것은 나아이스의 OEM 업체들 중에는 P&G와 헨켈Henkel이 지분을 갖고 있는 업체도 있었다는 사실이다. 헨켈이 투자한 쉬저우徐州의 한 업체는 적자에 허덕이다가 나아이스의 제품을 생산하는 OEM 업체로 변신하면서 흑자로 전환되기도 했다(이 업체는 나아이스의 제품을 생산하기 전에는 4,000만 위안의 적자를 보고 있었다).주석4

짱치찬은 와하하 그룹의 쭝칭허우의 성공에 매우 감명을 받아서 그를 개인적으로 몇 번 방문하기도 했고, 직원들을 와하하로 보내어 교육을 받도록 하기도 했다. 그래서인지 나아이스의 유통망은 와하하의 유통망과 매우 비슷했다. 와하하처럼 나아이스도 유통업자들로부터 선수금을 받았고, 전국에 있는 지사를 통해 이들의 경영을 지원했다. 나아이스와 유통업자들 간의 계약서에는 유통업자들의 노고에 대한 보답을 보장하기 위해 연말에 일정한 혜택을 주겠다는 약속이 담겨 있었다.

나아이스의 놀라운 성장은 다국적기업들의 주목을 받았다. 다국적기업들이 주력하던 고급제품 시장은 거의 포화상태였고, 성장도 지지부진했다. 대부분의 다국적기업들은 중저가 시장에는 진출조차 하지 않은 상태였다. 다국적기업들은 '중급제품 전략'의 중요성에 대해 다시 생각하기 시작했다. 중급제품 시장에서 승리하려면 우선 제품의 가격을 낮춰야 했다. 2000년 10월에 유니레버는 자사의 새로운 제품 시리즈의 가격을 기존보다 40% 낮게 출시했다. 이는 시장에서 연쇄반응을 일으켰고, 2001년 초에 P&G 역시 가격을 낮추지 않을 수 없었다. P&G는 타이드Tide와 아리엘Ariel 세제의 가격을 5.9위안에서 2.2위안으로 낮췄다.주석5

다국적기업들의 새로운 가격전략은 제반 비용을 낮출 수 있었기에 가능했다. 예를 들어, 유니레버는 중국에서의 기업운영을 세 부분, 즉 가정용품 및 개인의 일상제품, 식품, 음료 및 아이스크림으로 나눴다. 이러한 구조조정 이후 유니레버의 판매 및 유통 자원이 통합되었고, 자사 세제의 판매 지역 및 판매 역량이 증가했다. 이를 통해 유니레버는 자사의 세제 가격을 크게 낮출 수 있었다. 유니레버는 구조조정의 일환으로 톈진天津과 충칭重慶에 합자기업을 설립했고, 이를 통해 운송비의 80%를 줄일 수 있었다. 유니레버의 구조조정에는 원자재에 대한 새로운 사용법도 포함되었는데, 이를 통해 원자재 포장비용을 20% 줄일 수 있었다.

2003년 말에 P&G는 CCTV의 2004년 황금시간대 광고 입찰에 참여하여, 1억 7,600만 위안을 내고 광고권을 따냈다. 그러면서 나아이스를 직접 겨냥한 새로운 시장 전략을 발표하며 과감하게 움직였다. 바로 '독수리 쏘기 광고캠페인'이 그것이었다.

고급제품 시장으로의 진출

이러한 P&G의 도전에 직면하여 나아이스가 취한 주요 대책은 2가지였다. 하나는 자체의 생산기반과 유통중심지를 갖추는 것이었다. 이를 통해 나아이스는 생산과 운송비용을 절감하여, 중저가 제품 시장에서 경쟁력을 유지하는 것이 가능하게 된다. 지난 몇 년간 OEM 생산 모델로 인해 나아이스는 생산과 시간 면에서 앞서 나갈 수 있었다. 그러나 제조업체들과의 느슨한 연합은 시장 환경에서 언제든지 변할 수 있는 것이었다. 또한 OEM 업체들(특히 다국적기업이 지분을 갖고 있는 업체들)은 자신들의 이익을 최우선으로 하는 경향이 있다. 나아이스는 이러한 잠재적인 문제를 완전히 해결하기 위해 동부저장성, 남부후난성(湖南省), 남서부쓰촨성(四川省), 북부허베이성(河北省), 북동부지린성(吉林省)에 선진 설비와 기술을 갖춘 5개의 생산기반을 설립하는 한편, 중국 전역에 유통중심지도 세웠다. 전국적인 생산 및 판매 네트워크가 만들어진 것이다.

나아이스가 취한 또 다른 대책은 고급제품 시장으로 진출하는 것이었다. 2003년 6월, 나아이스는 새로운 제품 시리즈(다오파이 천연가루비누)를 출시했다. 이 신상품은 기존의 세탁용 세제 분야에서 차세대 제품으로 기획된 것이었다. 또한 이 제품은 '속옷에 보다 적합한 제품'이라는 슬로건처럼 천연, 건강, 친환경 콘셉트를 강조했고, 이를 세탁 기능과 결합시켰다. 이는 신상품이 비록 다국적기업들이 장악하던 고급 제품 시장을 목표로 한 것이었지만, 이미 자리 잡은 합성화학 세제들과의 경쟁을 피하기 위한 것이었다. 천연 가루비누 제품은 석유화학 재료들에 의존하지 않아도 되었기 때문에, 원자재 공급과 비용 면에서 이점이 있었다.

나이스는 늘 하던 마케팅 전략으로 천연가루비누 제품을 판촉했다. 전국에 방대한 TV 광고를 진행했고, 신제품을 새로운 개념의 세탁과 결부시켰다. 광고용 브로슈어가 제작되었고, 신제품과 투명 빨래비누를 함께 패키지로 묶어 판매하기도 했다. 그러나 댜오 세제가 출시되었던 때만큼 열렬한 반응이 없었다. 단기간에는 일반적인 중국의 소비자들이 기존의 일반 세탁용 세제를 중고급의 천연가루비누로 대체할 것으로 보이지 않았다.

앞에서 살펴보았듯이 댜오파이 브랜드는 '비싼 것을 선택하지 말고, 적절한 것을 선택하세요'라는 슬로건으로 유명해졌다. 소비자들에게 널리 알려지고 받아들여진 댜오파이 브랜드에 대한 인식은 중저가 제품이라는 것에 확고히 고정되어 있었다. 게다가 2001년과 2002년의 치약, 샴푸, 바디워시 등의 제품이 출시되어 성공을 거둔 것도 중저가 제품으로 판촉을 한 덕분이었다. 이런 상황에서 댜오파이 브랜드가 고급제품 시장에 진출하여 고급제품이라는 인식을 심는 것은 힘들어 보였다. 이는 또한 소비자들이 널리 받아들인 브랜드 포지션brand position이 모호해져, 댜오파이 브랜드 자체에도 해가 될 수 있었다. 쫭치촨은 이런 사항들을 모두 고려하여 회사 이름인 나이스Nice를 고급제품의 브랜드로 쓸 것을 결정했다.

2004년에 나아이스는 고급제품 시장을 겨냥한 또 다른 제품 CNICE 영양 치약)을 출시했다. CNICE 치약은 투명한 튜브에 파란색, 하얀색, 노란색, 녹색의 4가지 색상을 넣은 매우 혁신적인 포장을 사용했다. 기존의 댜오파이 치약과 완전히 차별화된 CNICE 치약은 매우 멋지고 고급스럽게 보였다. CNICE 치약은 광고에서 영양, 투명함, 멋진 디자인이라는 새로운 콘셉트에 초점을 맞췄다. 영양적 가치를 특히 강조한 것은 콜게이트 Colgate, 크레스트 Crest 등 고급제품 시장에서 이미 자리를 잡은 기존의 제품들과 차별화되는 것이었다. CNICE 치약은 또한 유통망도 매우 신중히 선택하여, 슈퍼마켓과 쇼핑몰을 통해서만 판매했다.

P&G의 '독수리 쏘기 광고캠페인'과 나아이스의 '독수리 보호 광고캠페인'이 전쟁을 벌이는 동안, 양측은 상대방이 전통적으로 강세인 시장을 장악하기 위해 노력했다. 나아이스가 가진 최대의 강점은 매우 광범위한 농촌지역에 제품을 공급할 수 있는 방대하고 효율적인 판매 유통망이었다. 베이징, 상하이, 광저우, 선전 등의 대도시에서 나아이스는 슈퍼마켓에 초점을 맞췄고, 그 외 지역에서는 도매시장에 초점을 맞췄다. P&G의 강점은 슈퍼마켓과 쇼핑몰을 통해 판매할 수 있는 대도시에 있었다. 그러나 P&G는 보다 넓고 외진 농촌지역 시장에 침투하는 것에서는 나아이스에 비해 크게 뒤처졌다.

나아이스는 농촌지역에서 확고한 기반을 갖게 되자 대도시에서 P&G와 직접 경쟁하기 시작했다. 나아이스는 100개 넘는 지점을 전국에 갖고 있는 가운데 다시 30개의 대리점 terminal office을 설립했다(이 대리점들은 소비자와의 창구 역할을 했다. 나아이스는 도매상을 거치지 않고 이 대리점들을 통해 슈퍼마켓에 직접 판매를 했다. 나아이스 제품을 판매하는 슈퍼마켓들은 나아이스의 '터미널'이라고 불렸다). 이러한 대리점들은 주로 각 성의 성도省都나 발달된 지역에 있었다. 대리점들의 주요 임무는 까르프Carrefour와 같은 도시의 대형 쇼핑몰에 판매 루트를 뚫는 것이었다.

P&G 또한 고급제품 시장에서의 장점을 유지한 채, 소도시와 농촌지역으로 확장하기 시작했다. 1999년 7월에 P&G는 중국에서 'P&G 유통 계획 2005'에 착수했다. 이는 소규모 판매처들과의 거래를 줄이고, 슈퍼마켓과 큰 쇼핑몰 등 보다 큰 판매처에 초점을 맞추는 것이었다. 1992년에 중국은 소매 분야를 점차 개방하기 시작하여 외국인들이 투자를 할 수 있도록 했다. 초기에는 6개 도시 베이징, 상하이, 텐진, 광저우, 다롄(大連), 칭다오(靑島)와 선전 등 경제특구에서 시험적으로 실시되었고, 각 도시에서 1개, 또는 2개의 합자기업만이 소매업을 할 수 있도록 했다. 1999년 기준으로 정부가 공식적으로 승인한 소매 합자기업은 21개에 지나지 않았다. P&G의 유통 계획 2005에 따르면, P&G는 판매처를 엄격히 통제하여 이들을 변화시키려 했다. 즉, 판매처들을 P&G에서 물건을 받아 차액을 남기고 소비자들에게 파는 역할에서 물건과 물류 서비스 제공을 통해 수수료를 받는 서비스 제공자로 바꿀 계획이었던 것이다. 보도에 따르면 이 결과로 P&G와 거래를 하는 판매처들은 40%가 급감했다.주석6 2002년 2분기에 P&G는 판매처들에 대한 차별화된 가격정책(예를 들어 1,000개를 주문할 경우 주문액의 1%를 리베이트로 주는 정책 등)을 도입했고, 이로 인해 P&G와 거래를 중단하는 소규모 판매업자들이 더 늘어났다.

P&G와 거래를 하는 한 유통업자는 이렇게 말했다. "가격을 낮추는 것만으로는 시장점유율을 결코 올릴 수 없다. 외국 기업들에 비해 중국

기업들은 판매처가 더 많은 수익을 올릴 수 있게 한다. 수익이 많을수록 판매처는 그 제품을 팔기 위해 노력한다." 주석7 쫭치촨은 300그램짜리 세탁용 세제 하나를 팔고 생산자인 기업이 얻는 수익은 0.1위안 이하라고 고백한 바 있다. 그러나 판매업자들은 생산자보다 몇 배나 많은 수익을 남길 수 있었다. P&G는 많은 판매처에 의존했고, 판매처들은 합당한 수익을 올리기 위해서는 대규모로 제품을 주문하고 판매해야 했다. 이러한 모델은 규모의 경제economy scale가 없는 소도시 및 농촌지역 시장의 소규모 판매업자들에게는 불가능한 것이었다. P&G의 규격화된 유통 운영 체계는 성숙시장mature market에서는 높은 효율성을 발휘하지만, 중국의 판매업자들에게는 유연하지 못한 것으로 인식될 수 있다. 중국 기업들이 유연한 관계구축을 하는 것에 비해, P&G는 판매처를 유지하고 모집하는 데 약점을 갖고 있었다.

많은 다국적기업들은 중국에 진출하여 고급제품 시장에서 급속히 성장할 가능성이 있다. 그러나 이들은 중저가제품 시장에는 관심을 덜 기울인다. 이로 인해 중국의 경쟁사들이 성장할 수 있는 여지가 많아지는 것이다. 제1장에서 다룬 코카콜라와 펩시에 대항하여 성공한 와하하, 그리고 P&G에 대항하여 성공한 나아이스의 사례가 바로 그런 예이다. 중국에서는 대도시, 소도시, 농촌지역이 모두 큰 차이가 있다. 대도시에서 큰 수익을 올릴 수는 있다. 그러나 대도시보다 더 큰 시장을 형성하는 것은 바로 소도시와 농촌지역이다. 중국의 사영기업들은 가치사슬value chain, 기업 활동에서 원자재 공급, 제조, 물류, 판매 및 마케팅, 서비스 등 일련의 과정을 사슬처럼 연결된 개념으로 보는 이론 – 옮긴이에서 상위 단계로 가기 위해 많은 노력을 한다. 중국의 사영기업들은 중급제품 시장에서 성공을 하면 종종 고급제품 시장에 진입하여 다국적기업들과 경쟁을 하곤 한다. 일부 다국적기업들은 보다 큰 시장을 점유하기 위해 자신들의 고급제품 시장 전략을 포기해야 하고, 중국 사영기업들과 싸우기 위해 중급제품을 이들보다 낮은 가격에 팔아야 한다. 다국적기업들과 중국의 사영기업들 간의 경쟁은 중국 시장에서 점차 격화되고 있다.

[주석]

1. http://www.chinaccm.com/48/4809/480902/news/20061214/140118.asp.

2. http://www.zj.xinhuanet.com/business/2004-08/03/content_2615464.htm.

3. http://www.emkt.com.cn/article/39/3974.html.

4. http://www.pma.com.cn/zhuanjia/2007/0814/content_3433.html.

5. http://www.cnad.com/html/Article/2004/0528/20040528120020292783.
   shtml.

6. http://www.smte.net/Get/CManage/qysj/2005-
   11/17/11052505111709220044211597.html.

7. http://news.cnfol.com/060104/101,1609,1625506,00.shtml.

타오바오: 이베이의 천적

이베이 eBay가 중국에 진출한 것은 2002년 3월에 중국에서 가장 유명한 경매 사이트인 이치넷EachNet, 중국명 이취왕(易趣網)을 인수하면서였다. 이치넷은 하버드 비즈니스스쿨 출신의 젊은 중국인 2명이 1999년에 이베이의 개념을 중국에 들여와 만든 것이었다. 이베이가 3,000만 달러를 투자하여 33%의 지분을 확보하기 전까지, 이치넷의 등록회원은 350만 명이었고, 거래액은 7억 8,000만 위안 9,780만 달러이었다. 또한 중국 2C2 개인 대 개인 간 거래 시장의 약 90%를 점유하고 있었다. 주석1 2003년 6월에 이베이는 1억 5,000만 달러를 추가로 투자하여 이치넷의 나머지 지분 전부를 사들였다. 이베이의 CEO인 멕 휘트먼Meg Whitman에 따르면, 이베이의 글로벌 전략에서 중국은 전략적으로 중요한 곳이었고, 장기간 중국에 투자할 준비가 되어 있었다. 또한 5년에서 10년이면 투자한 금액을 회수하는 데 충분하다고 판단했었다.주석2

그러나 이베이가 이치넷을 인수한 지 겨우 4년 후, 이베이는 중국 시장에서 철수하는 것처럼 보이는 계약을 했다. 그런데 이베이는 이 계약이 결코 중국에서의 철수를 의미하는 것이 아니라고 했다.주석3 2006년 12월에 이베이와 톰온라인Tom Online, 허치슨 왐포아(Hutchison Wampoa)의 계열사로 무선인터넷 서비스 제공업체은 새로운 합자를 발표했다. 톰온라인이 2,000만 달러를 투자하여 지분의 51%를, 이베이가 4,000만 달러를 투자하여 지분의 49%를 보유하는 합자기업을 설립한다는 것이었다. 이베이 이치넷은 새로 설립하는 합자기업에 포함되고(이베이 차이나의 글로벌 트레이딩 부문은 독립), 이 합자기업은 톰이치넷Tom Eachnet이라는 이름으로 톰온라인에서 운영한다는 것이었다.

무엇 때문에 이베이가 기존의 생각을 바꾼 것이었을까? 그 원인 중 하나는 타오바오淘寶인 것이 분명하다. 타오바오는 중국의 C2C 사이트로, 타오바오가 설립되던 때는 이베이가 이미 중국 C2C 시장의 90% 이상을 독점하고 있을 때였다. 그러나 2006년 5월에 중국 인터넷 네트워크 정보센터中國互聯網絡信息中心가 발표한 시장조사 보고서에 따르면, 이베이 이치넷의 시장점유율은 29.1%인 반면, 타오바오의 시장점유율은 67.3%였다.

▄▄ 타오바오: 알리바바를 방어하기 위한 회사

알리바바Alibaba의 B2B기업 간 거래 웹사이트는 세계 기업들과 중국의 제조업체를 연결해주는, 주로 중소규모의 기업들을 위한 사이트였다. 알리바바의 초기 자금 450만 달러 중 대부분은 골드만삭스Goldman Sachs가 1999년 10월에 투자한 것이었다. 그리고 2000년 중반까지 알리바바는 소프트뱅크Softbank, 골드만삭스 등으로부터 250만 달러의 벤처자본venture capital을 끌어들였다. 2003년 초반에 Alibaba.com의 등록회원은 180만 명이었고, 이들은 세계 200개 이상의 국가와 지역에서 가입한 회원들이었다. 그리고 거래액은 600억 위안73억 달러이었다. 알리바바닷컴은 〈포브스Forbes〉지에 의해 5년 연속2000~2004년 'B2B 부문 최고의 웹사이트'로 선정되기도 했다. 알리바바는 자사의 웹사이트를 '세계에서 가장 큰 국제무역 시장이며 수출입자들을 위한 주도적인 온라인 마케팅 서비스 제공자'로 묘사했다.

2003년 4월에 알리바바의 CEO인 잭 마Jack Ma는 항저우 호숫가에 있는 자신의 별장에서 7명의 부하직원들과 비밀회의를 가졌다. 평균 나이가 25세였던 이 7명의 직원들은 후에 Taobao.com의 설립자가 되었다(타오바오는 중국어로 '보물 사냥'이라는 뜻이다). 2003년 7월 10일, 알리바바는 1억 위안을 투자하여 Taobao.com을 설립했다고 공식적으로 발표했다.

타오바오는 자신들이 독점한 B2B 시장을 방어하기 위해 설립된 회사였다. 이베이가 B2C기업 대 개인 간 거래 분야에 진출하는 것을 알아차린 알리바바는, 이베이가 자신들의 B2B 영역까지 잠식할 것으로 예상했다. 이런 잠재적인 위험을 방어하기 위한 가장 좋은 방법은 이베이의 C2C 시장을 역공략함으로써, 이베이가 알리바바의 B2B 시장에 진출할 여력이 없도록 만드는 것이었다.

잭 마가 타오바오에 거는 기대는 명확했다. 즉, 이윤보다는 이베이의 C2C 시장점유율을 잠식하는 것이었다. 따라서 타오바오는 설립 첫날부터 목표를 이베이 이치넷에 두었다. 타오바오의 운영을 시작하고 처음 1~2개월간, 7명의 설립자들은 이베이 이치넷의 장점과 단점을 토론하며 하루 10시간 이상씩 이베이 이치넷에 대해 연구했다. 이들은 외부와 완전히 단절된 채 전화나 이메일도 사용하지 않았다.

■ 경쟁자와의 차별화

이베이의 SWOT강점(Strength), 약점(Weakness), 기회(Opportunity), 위협(Threat)의 약자로, 경영에 이용되는 분석도구 – 옮긴이를 철저히 분석한 후, 타오바오는 몇 가지 면에서 이베이와 달라야 한다는 결론에 도달했다.

무료냐 유료냐

무료 온라인뉴스에서 무료 구인구직, 무료 다운로드에 이르기까지, '무료'라는 단어는 중국의 인터넷 시장에서 매우 일반적인 것이다. 잭 마는 회사 설립 초기에 자사의 웹사이트를 3년간 무료로 운영하겠다고 공언한 바 있다. 이베이 이치넷은 소정의 수수료를 부과하는 것이 진지하지 못한 이용자들을 거를 수 있는 좋은 방책이라고 생각한다. 또한 이로 인해 스팸 광고물을 차단함으로써 구매자에게 좋은 인상을 심어줄 수 있다고 생각했다. 그러나 2005년 5월 1일에 이베이 이치넷은 수수료 부과 기준을 낮췄고, 판매자의 거래 수수료를 75%나 인하했다. 이 가격 조정으로 이베이 이치넷은 전 세계 이베이 사이트들 중 가장 낮은 요금을 부과하는 사이트가 되었다. 2005년 10월에 잭 마는 무료 이용 기간을 3년 더 연장한다고 발표했다.

구매자에게 초점을 맞춰라

타오바오의 디자인과 서비스 제공은 오로지 중국 이용자들의 요구에 부응하도록 기획되었다. 타오바오는 구매자가 있는 곳이면 판매자가 스스로 찾아온다는 믿음을 갖고, 운영 첫날부터 구매자에게 초점을 맞췄다. 구매자에게 초점을 맞추는 전략은 타오바오가 구매가 발생하도록 모든 노력을 다 기울인다는 의미였다. 예를 들어 타오바오는 구매자들이 자신이 필요한 것을 최단시간에 찾고, 위험을 줄이며, 판매자가 믿을 수 있는지 쉽게 판단할 수 있는 수단들을 웹사이트에 적용했다. 타오바오 첫 페이지의 디자인, 제품 카테고리, 검색엔진은 이용자들의 습관과 선호도를 반영하여 만들어졌다.

알리페이 vs. 페이팔

중국에서는 개인의 신용카드 사용이 많지 않았기 때문에, 중국 이용자들이 가장 염려하던 것은 온라인 결제가 안전한가 하는 것이었다. 2003년 10월에 타오바오는 제3자third-party 결제 대행업체인 알리페이Alipay, 중국명 즈푸바오(支付寶)를 설립했다. 이는 물건을 배달받은 후 대금이 지불되는 방식에 기반을 둔 시스템이었다. 우선 구매자가 온라인 뱅킹을 통해 대금을 알리페이로 지불하면, 알리페이는 판매자에게 물건을 보내도록 통지한다. 그리고 구매자는 물건을 받고 만족을 할 경우에만 판매자에게 대금을 지불하도록 알리페이에 통지한다. 만약 구매자가 물건에 만족하지 않으면 알리페이로부터 환불을 받을 수 있었다. 알리페이는 중국에서 가장 큰 4개의 은행을 통해 대금을 지불했고, 중국의 전자상거래에서 대표적인 대금결제 대행업체가 되었다. 예를 들어 2006년에 알리페이의 하루 이용자는 2,000만 명(거래건수 25만 건, 하루 평균 거래액 4,000만 위안[510만 달러])이었는데, 이들 중 20만 명 이상이 타오바오를 통해 거래를 한 사람들이 아니었다.

타오바오의 운영진들은 알리페이 덕분에 자신들이 이베이 이치넷보다 경쟁력에서 앞서 있다고 생각했다. 그들은 이베이 이치넷에서 거래를 하는 구매자들이 알리페이를 이용하도록 판매자들에게 요구한다는 것을 알아차렸다. 알리페이 시스템이 출시되기 전에 이베이 이치넷 이용자들이 타오바오로 옮긴 주된 이유는 타오바오의 무료 정책과 광고 때문이었다. 그러나 알리페이 시스템이 출시된 이후에는 결제의 안전함 때문에 이베이 이치넷 사용자들이 타오바오로 옮기는 또 다른 중요한 이유가 되었다.

이치넷은 2000년에 비슷한 온라인 결제 시스템을 도입했다. 이지페이EasyPay라고 불린 이 시스템은 2004년 10월에 업그레이드되면서 이름을 세이프페이SafePay, 중국명 안푸퉁(安付通)로 바꾸었다. 이베이는 2005년에 페이팔PayPal 중국 버전을 출시했다. 페이팔 중국 버전은 오로지 위안화 거래만 지원했고, 국외 거래는 할 수 없었다. 대금결제 후 물건을 배달하는 페이팔의 시스템은 미국처럼 신용카드 사용이 정착된 곳에서는 잘 작동했지만, 사기 거래가 횡행하는 중국에서는 그렇지 못했다. 예를 들어, 판매자들은 물건을 배달하지 않고도 대금을 받을 수 있었던 것이다. 2006년 9월에 이베이 이치넷은 페이팔의 '지불 후 환불'하는 시스템을 없애고, 페이팔과 세이프페이를 통합했다. 세이프페이와 알리페이의 운용 체계는 비슷했지만, 이용자들은 알리페이를 더 선호하는 것 같았다. 일부 사용자들 중에는 알리페이가 타오바오 사이트 내에서 명확한 거래 정보, 빠른 대금 이체를 갖춘 사용자 친화적인 구조를 갖고 있어서 알리페이를 선호하기도 했다.

구매자와 판매자 간의 소통

이베이 이치넷의 비즈니스 모델에서는 판매자와 사용자가 거래가 끝나기 전까지 서로 직접 연락을 못하도록 되어 있다. 모든 연락은 웹사이트를 통해서만 가능했고, 이 때문에 하루나 이틀이 지나야 상대방의 대답을 듣는 경우가 많았다. 상대방과 연락할 수 있는 정보는 물건을 주문한 이후에야 가능했다. 그러나 타오바오는 달랐다. 타오바오는 2004년 5월에 타오바오왕왕 淘寶旺旺이라는 메신저를 출시하여, 구매자와 판매자가 실시간으로 연락할 수 있도록 했다. 타오바오의 부총경리 부사장급 – 옮긴이인 차오펑은 다음과 같이 말했다. "온라인 거래에서는 판매자와 구매자에게 항상 불확실한 점이 있기 마련입니다. 돈 문제 이외에도 거래하는 상대방이 성실한지에 대해 궁금하기 마련이죠." 구매자는 타오바오왕왕을 통해 물건을 구입하기 전에 판매자와 이야기를 나눌 수 있었다. 타오바오의 CEO인 토토 쑨 Toto Sun은 이렇게 말했다. "역사적으로 중국인들은 사업을 하는 과정에서 친구를 사귀길 좋아합니다. 이 둘은 따로 뗄 수 없는 관계죠. 타오바오는 거래를 하는 것과 친구를 사귀는 것에 대한 이용자들의 요구를 만족시키기 위해 노력합니다. 물론 다른 친목 웹사이트들과 달리 여기서는 거래를 위해 친구를 사귀는 거죠." '자싱 글레이셔 Jiaxing Glacier'라는 이름의 베테랑 판매자는 하루에 최소한 8시간은 타오바오왕왕에 접속해 있다고 말했다. 그와 거래한 많은 구매자들이 거래 후에 그와 친구가 되었다.

■ 독특한 기업 문화

타오바오는 그 명칭이나 웹 디자인, 이용자들의 경험을 고려해볼 때 매우 중국적이다. 이치넷의 중국명인 이취왕에서 이취 易趣는 중국에서의 비즈니스가 쉽고 易 재미있다 趣는 것으로 해석될 수 있다. 그러나 이베이는 적절하게 번역할 중국어가 없다. '타오바오'는 보물 사냥을 뜻하며, 중국인들은 의식적으로 노력하지 않아도 쉽게 기억할 수 있다. 타오바오가 실시한 설문조사에 따르면, 입소문이 신규 고객을 끌어들이는 데 매우 중요한 역할을 한다.

타오바오는 늘 자신들은 중국적인 생각을 가진 중국인의 기업이라고 말하곤 한다. 이는 중국의 젊은이들을 겨냥한 웹사이트 디자인만 봐도 명백하다. 타오바오의 웹사이트는 이용하는 것이 보다 쉽고 재미있다고 인식되는 반면, 이베이 이치넷의 웹사이트는 전문가들을 위한 사이트라고 인식된다. 주석4 미국 이용자들은 사이트의 기능과 유용성을 중요시 여기는 반면, 중국 사용자들은 사이트의 겉모습(색상과 그림이 매우 중요하다)과 분위기에 많이 끌린다. 타오바오는 이런 점을 유념하여 매우 분주하고 활기찬 쇼핑 분위기를 웹사이트에 적용했고, 그 결과 타오바오 웹사이트는 중국인들에게 매우 친숙하고 활기차게 보였다.

타오바오는 중국인만이 갖는 경험을 강조하기 위해 전통적인 찻집 문화를 사이버에서 개발했다. 격식 없는 친숙하고 사교적인 모습이 많은 사람들을 사이버 찻집으로 끌어당겼다. 타오바오의 온라인 찻집 운

영자는 관리자가 아닌 디샤오얼 조그만 찻집의 주인이라는 뜻로 불렸다. 주석5

중국인의 감성을 자극하는 또 다른 요소는 모든 직원들이 진융 金庸, 우리나라에서는 김용으로 잘 알려져 있으며 《의천도룡기》 등의 무협소설 작가로 유명하다 – 옮긴이의 무협소설 속 인물들의 닉네임을 사용하는 것이었다. 진융은 중국에서 하나의 문화 아이콘이며, 그가 쓴 15권 이상의 무협소설들은 중국의 젊은 세대들 사이에서 매우 유명하다. 그의 팬들이 그의 소설을 여러 번 읽고 심지어 소설 속 인물과 자신을 동일시하거나 주인공을 모방하는 것은 드문 일이 아니다. 따라서 타오바오 고객들은 직원의 이름을 기억하는 데 거의 문제가 없고, 직원들은 자신이 선택한 인물의 역할을 수행하기 위해 노력을 기울인다. 만약 문제를 겪는 고객이 있다면, 그 고객은 타오바오왕왕 메신저에 직원의 닉네임만 치면 된다. 그러면 실시간으로 그 직원이 고객과 접촉할 수 있다.

'물구나무서서 세상을 바라보기'도 타오바오의 또 다른 독특한 기업문화이다. 타오바오의 초창기에 중국에서 사스 SARS가 발생했다. 이로인해 외출을 자제했던 타오바오 창업자들은 오랜 시간 일한 후 간단한 실내운동으로 물구나무서기를 했다. 이 운동은 점차 '물구나무서서 세상을 바라보면 세상이 달리 보인다'라는 문화로 발전되었다. 잭 마는 직원들에게 물구나무를 서서 이베이를 보면 덜 두렵게 보일 것이라는 말을 한 적이 있다. 주석6 사무실 한쪽에는 직원들이 짬을 내어 물구나무서기를 할 수 있는 공간이 마련되어 있고, 타오바오의 모든 신입직원들은 물구나무서기를 배워야 한다. 만일 신입사원이 입사 초기 훈련과정 중에 물구나무서기를 할 수 없을 경우, 그의 상관이 그 신입사원을 지도한다. 차오펑은 "'물구나무서서 세상을 바라보기' 철학은 이베이 이치넷과의 경쟁 전략에서 매우 중요한 역할을 합니다. 타오바오의 창업 초기에 이베이 이치넷은 인력과 재정 측면 모두에서 거대한 기업이었습니다. 우리에게 유리한 측면은 하나도 없었죠. 어떻게 우리가 그런 기업과 경쟁할 수 있었겠습니까? 그러나 다른 시각으로 본다면 약점을 찾아낼 수도 있습니다. 그래서 우리는 이베이 이치넷과의 경쟁에서 험난한 문제를 만나면, 그 문제를 다른 시각으로 보곤 했습니다. 그러면 해결책이 떠오를 때가 많았습니다.”

▬ 광고 전쟁

타오바오가 고객들을 자사의 웹사이트로 끌어들이기 위해 한 첫 번째 전략은 중국의 주요 사이트에 광고를 하는 것이었다. 그러나 타오바오는 곧 이베이 이치넷이 시나 Sina, 소후 Sohu, 넷이즈 Netease, 톰온라인 등 주요 포털 사이트와 독점광고 계약을 했음을 알게 되었다. 그러나 금액은 알 수 없었다. 이베이 CEO인 휘트먼은 중국 C2C 시장에서의 전쟁이 18개월 이내에 끝날 것으로 예상했다.주석7 타오바오는 중소 규모의 웹사이트에 광고를 할 수밖에 없었고, 이는 약 1년간 지속되었다. 그러면서 타오바오는 광고에 대한 모니터링 시스템을 점차 개선했다. 타오바오는 광고를 진행하는 다른 사이트를 통해 타오바오 사이트로 들어오는 수, 그중에서 타오바오 회원으로 등록하는 수, 그리고 그런 사람들의 거래량을 추적하고 계산했다. 그 결과는 매우 좋았다. 광고를 통해 타오바오에 가입한 회원이 100만 명 이상이었던 것이다.

2004년 4월에 시나와 야후는 합자를 통해 C2C 사이트인 ‘1pai.com’을 설립했다. 그러면서 이베이 이치넷과의 독점광고 계약도 중단되었다. 2005년 4월에는 소후 또한 이베이 이치넷과의 독점광고 계약을 중단했고, 타오바오와 전략적 파트너십을 체결했다. 같은 해 MSN이 중국 시장에 진출하여 타오바오를 파트너로 선택했다. 그러나 돌파구는 그 이전인 2004년 9월에 타오바오가 베이징, 상하이, 광저우 등 중국 대도시 전역에 전통적인 미디어TV, 옥외광고 등를 통해 대규모의 광고를 진행한 것이었다. 인터넷 기반의 회사가 전통적인 미디어를 통해 그러한 대규모 광고를 진행한 것은 그것이 처음이었다. 그 이전에는 인터넷 기반의 기업들은 대개 인터넷 이용자들을 목표로 삼아 거기에 초점을 맞췄고, 전통적인 미디어를 통한 광고는 비효율적인 것으로 여겼었다. 타오바오의 광고는 언론과 대중들의 폭넓은 주목을 받았다. 2005년에 이베이는 이에 대응하여 시장개발과 홍보에 1억 달러를 쏟았다.주석8 휘트먼은 "이베이 이치넷이 요구하는 것은 무엇이든 들어줬다"고 말한 바 있다. 이베이는 알리바바와 경쟁하기 위해 1999년에 처음 해외에서 합자를 하면서 유지되어왔던 틀을 깼다. 여기에는 이베이 브랜드에 대한 인지도를 입소문을 통해 천천히 구축하는 것, 그리고 마케팅에 대한 지속적인 지출이 포함되었다. TV 광고는 대개 성숙시장에서만 고려되었다. 이베이 이치넷은 2004년에 TV 광고를 시작했다.

2005년에 타오바오는 난징, 청두成都, 충칭 등의 도시에서 전통적인 미디어를 통해 광고를 진행했다. 이런 도시는 베이징 등의 대도시에 비해 광고비가 낮았지만, 효과는 좋았다. 타오바오는 중국 북부의 시안西安 등의 도시에서도 비슷한 광고를 진행했는데, 이런 곳들은 옥외광고가 적합하지 않음을 알게 되었다. 예를 들어 북부 도시들에서의 버스 광고는 곧 먼지로 덮이곤 했다. 전통적인 미디어를 통한 타오바오의 광고는

2006년까지 계속됐다. 타오바오의 마케팅 경리인 롼위는 다음과 같이 말했다. "인터넷 사이트를 광고하는 데는 전통적인 미디어와 인터넷을 동시에 활용하는 것이 인터넷에만 광고를 하는 것보다 ROIreturn of investment, 투자수익률가 훨씬 높다는 것을 알게 되었습니다."

그리고 "두 회사가 전통적인 미디어를 통해 광고를 하면 그 시장은 금방 확장됩니다"라고 덧붙였다. 90%의 시장점유율을 가졌던 이베이 이치넷의 전략은 단순히 "경쟁사가 무엇을 하든, 우리는 경쟁사가 쓰러질 때까지 돈을 갖고 경쟁사를 따라하겠다"였다. 광고 전쟁은 전통적인 미디어에만 국한되지 않았고, 타오바오는 다른 방법도 이용했다. 예를 들어, 타오바오는 펑샤오강馮小剛 감독이 신년을 맞아 선보인 영화 〈천하무적天下無賊〉과, 젊은이들에게 유명한 가수 주걸륜周杰倫이 주연한 〈이니셜 DInitial D〉와 계약을 맺었다. 유덕화劉德華가 영화에서 사용한 소품을 비롯하여 영화에 쓰인 모든 소품들은 타오바오 사이트를 통해 경매를 했다. 이는 영화를 본 많은 관객들을 타오바오로 끌어들이기 위해서였다. 신년을 맞아 개봉되는 영화는 매년 2~3편에 지나지 않으며, 타오바오는 이들 신년맞이 영화 모두와 독점계약을 했다.

■ 큰 시장점유율이 가져온 거대한 시장잠재력

2003년부터 2005년 9월까지 알리바바는 4억 5,000만 위안5,640만 달러을 타오바오에 투자했고, 2005년 10월에는 추가로 10억 위안1억 2,500만 달러을 투자했다. 그 사이에 3년간의 무료 서비스 기간이 끝나고 시장점유율이 올라가자, 타오바오는 수익발생 모델을 실험할 필요성을 느꼈다.

야후 모델과 구글 모델

토토 쑨은 다음과 같이 말했다. "중국의 인터넷 산업체들에게는 명확하고 이미 성공이 입증된 비즈니스 모델이 있다. 포털 사이트와 검색엔진을 통한 광고 비즈니스 모델, 이커머스 e-commerce를 위한 요금 부과 비즈니스 모델이 그것이다. SMS 비즈니스 모델과 온라인 게임 비즈니스 모델도 있지만, 타오바오와는 관련이 없는 것이다. 그러나 앞의 3가지 비즈니스 모델은 우리에게 커다란 잠재력을 가져다준다."

중국에서 가장 큰 포털 사이트인 시나의 1일 페이지뷰가 약 3억 건이었는데, 타오바오의 1일 페이지뷰는 1억 4,000만 건이 조금 넘는 수준이었다. 토토 쑨은 "타오바오의 페이지뷰가 더 큰 가치가 있다. 우리는 구매자들을 목적으로 하는 것이고, 시나는 독자들을 위한 것이기 때문이다. 타오바오의 엄청난 페이지뷰 건수를 고려한다면, 포털 사이트의 광고 비즈니스 모델은 우리가 적용해볼 수 있다"고 말했다.

타오바오는 연구를 통해 시나의 이용자 분포가 지정학과 인구학적인 측면에서 볼 때 중국 전체 인터넷 이용자들의 분포와 대체적으로 일치한다는 것을 발견했다. 시나 이용자들은 뉴스와 이메일 때문에 시나닷컴을 방문하는 것이 대부분이었다. 그러나 타오바오의 이용자들은 주로 대학생과 3~5년의 경력을 가진 대도시 사무직 종사자들이 주로 많았고, 이들은 온라인으로 자신들이 구매할 상품에 관한 정보를 얻기 위해 타오바오를 방문했다. 돤위는 "우리는 타오바오에 광고를 하는 사이트가 다른 웹사이트들보다 많은 페이지뷰를 올리고 훨씬 더 높은 가치를 창출할 것으로 본다"고 말했다.

타오바오는 이베이 이치넷이 처음 시도했던 무료 비즈니스 모델도 채택했다. 많은 업체 관계자들과 언론들은 타오바오의 성공 요인이 공짜를 좋아하는 중국인들의 습성을 고려한 무료 정책에 있다고 분석했다. 따라서 타오바오가 이용자들에게 수수료를 부과하기 시작하자, 타오바오에 대해 불투명한 전망을 하게 되었다. 그러나 토토 쑨은 나름대로의 생각이 있었다. 즉, 구매자 혹은 소비자들이야말로 온라인거래 사이트에 있어서 가장 중요한 자산이라는 것이었다. 판매자들은 다수의 구매자를 확보하고 있는 사이트에 몰리기 마련이다. 토토 쑨은 타오바오가 3,000만 명의 등록회원과 50만 명 이상의 판매자를 확보하고 있는 점을 고려해볼 때, 타오바오가 구매자들을 끌어당기고 수수료가 합리적이라면 계속 생존할 수 있다고 생각했다. 그는 이렇게 말했다. "우리가 처음 광고캠페인을 벌이자 이베이 이치넷의 온라인상점에 입점해 있던 많은 판매자들이 타오바오로 몰려들었다. 그들은 타오바오에 입점하는 것이 수익을 낸다는 점을 알게 되자 전적으로 타오바오를 신뢰하게 되었다. 예를 들어 한 사이트는 수수료가 무료이며 한 달에 400위안을 벌고, 다른 사이트는 한 달 수수료가 1,000위안이지만 한 달에 5,000위안을 번다면, 당신은 어떤 사이트를 선택하겠는가?"

토토 쑨의 이러한 견해는 어느 정도 맞았던 것 같다. 2005년 12월에 이베이 이치넷은 자사 웹사이트에 입점하는 온라인상점들의 등록비를 무료로 전환했고, 한 달 뒤에는 거래서비스 수수료를 무료로 전환했다(상품을 사이트에 올리는 수수료와 일부 부가 서비스 수수료는 유지했다). 그러나 이러한 노력은 이베이 이치넷의 시장점유율을 올리는 데 그다지 도움이 되지 못했다.

타오바오는 이후 거래뿐만 아니라 부가 서비스에도 수수료를 부과했다. 판매자들은 기본적으로 1개의 타오바오왕왕 계정을 가질 수 있었는데, 돤위는 시험적으로 일부 판매자들에게 추가로 수수료를 받고 2~3개의 타오바오왕왕 계정을 제공했다. 그러자 이들은 하루에 300개 이상의 아이템을 판매할 수 있었고, 많은 판매자들은 추가로 수수료를 지불하더라도 기꺼이 또 다른 타오바오왕왕 계정을 갖고 싶어 했다. 타오바오는 또한 시장조사, 또는 고객관계관리CRC, customer relationship management 도구를 개발했다. 이를 통해 판매자들은 자신들의 상품을 구매할 만한 소비자들에 대한 정보, 가격 분석, 시장경향 분석 등에 관한 정보를 얻을 수 있었다. 돤위는 "많은 판매자들은 이러한 부가 서비스에 대해 기꺼이 수수료를 내고 이용하고 싶어 한다"고 말했다.

B2C 모델

B2C는 타오바오가 추구하던 또 다른 모델이었다. 타오바오의 데이터를 보면, 주중에는 트래픽traffic, 전송량으로 많이 번역되며 트래픽이 높다는 것은 방문자가 많다는 것으로 해석할 수 있다 – 옮긴이이 매우 높고, 주말에는 트래픽이 급격히 떨어졌다. 토토 쑨은 이렇게 말했다. "주말에 트래픽이 급격히 떨어진다는 것은 대부분의 사람들이 쇼핑을 온라인으로 하지 않고 있음을 나타낸다. 그렇다면 대부분의 사람들은 어떻게 쇼핑을 하는 것일까? 오프라인 쇼핑몰, 대형 마트, 슈퍼마켓을 통해 쇼핑을 한다. 타오바오가 B2C 모델을 도입하면 이러한 소비자들을 온라인으로 끌어올 수 있을 것이다."

온라인 상거래에 가장 큰 장애가 되는 것은 소비자들이 온라인 상거래를 신뢰하지 않는 것이었다. 전통적인 오프라인 매장들에서는 환불 정책 등의 소비자 보호 체계가 갖추어져 있었다. 타오바오는 현금보상 정책을 내놓았다. 이는 판매자들이 타오바오에 보증금을 미리 내고, 분쟁이 있을 경우 이를 보상금으로 쓰도록 하는 것이었다. 토토 쑨은 "B2C에서는 전통적인 오프라인 매장에서 받을 수 있는 것과 동일한 보장을 할 수 있어야 한다"고 말했다.

타오바오는 2006년 5월에 '타오바오 몰'을 출시했고, 아이팟iPod, 노키아, 모토로라Motorola, 로지텍Logitech, 레노버Lenovo, 하이얼海爾, Haier, 삼성, 벤큐BenQ, 창웨이創維, 영어명 Skyworkth 등의 브랜드가 여기에 입점했다. 타오바오는 B2C 모델을 갖추면서 전통적인 오프라인 매장들을 경쟁자로 간주했다. 토토 쑨은 "예를 들어 우리가 가전제품에 초점을 맞춘다면, 우리의 경쟁자는 궈메이國美, 중국 거대 전자제품 유통체인 − 옮긴이 및 우리와 동일한 제품을 판매하는 여러 매장들이 될 것이다"라고 말했다. 전통적인 오프라인 매장을 통한 판매는 제조업체와 유통업자들에게 큰 비용을 안겨주었고, 이에 대한 협상 권한도 적었다. 이들은 보다 비용이 낮은 판매 방식을 원했고, 타오바오는 이를 제공하려 노력했다. 그런데 하이얼처럼 대부분의 제조업체가 자체 웹사이트를 갖고 있는데도 타오바오와 같은 온라인 판매처가 필요했던 이유는 무엇이었을까? 이에 대해 토토 쑨은 이들 업체들이 비록 자체 웹사이트를 운영하며 온라인 마케팅을 위해 노력하긴 했지만, 이들 웹사이트를 찾는 소비자들은 거의 없었기 때문이라고 지적했다.

■ 현지화, 또는 글로벌화의 일부

이베이의 궁극적인 목표는 다른 많은 다국적기업들처럼, 국경을 초월한 단일의 온라인경매 시장을 통해 자사의 사이트를 진정한 글로벌 무역의 장으로 만드는 것이었다. 이베이는 2003년 말에 이치넷을 인수한 후, 단일한 글로벌 웹사이트를 만들기 위하여 주요 웹사이트의 이전 작업을 수행했고, 미국 내 본사로 서버를 옮겼다. 이베이는 전 세계 33개국 중 31개 국가에서 웹사이트 이전 작업을 성공적으로 마쳤는데, 이 이전 작업 동안 웹사이트의 속도가 현저히 떨어졌고, 이용자들이 사이트에 로그온을 할 수 없는 경우도 있었다. 거래 도중에 연결이 끊어지는 경우도 발생했으며, 새로 바뀐 디자인에 혼란을 느끼는 사용자들도 있었다. 그 결과 이전 작업 전에 78만 개였던 상품 수는 25만 개로 급감했다.[주석9]

웹사이트를 이전하는 데는 긍정적인 측면도 있었다. 이베이에 여전히 충성하는 전문적인 판매자들은 국경을 초월해 상품을 팔 수 있다는 기회 때문에 새로운 글로벌 웹사이트를 긍정적으로 평가했다. 판매자들은 이제 다른 나라의 고객들에게도 접근이 가능해졌던 것이다. 그러나 단일한 글로벌 웹사이트가 만들어짐으로써, 중국인 사용자들의 기호에 맞게 만들어졌던 디자인과 기능은 사라지게 되었다. 기술적인 부분과 관련된 의사결정은 모두 미국 본사에 집중되었고, 이 때문에 중국에 맞는 기술이 신속히 적용될 수 없게 되었다.[주석10] 컨설팅 및 조사 전문기업인 BDA의 회장 던컨 클라크Duncan Clark에 따르면, 중국의 인터넷 사용자들은 이베이가 새로운 애플리케이션과 지불 시스템을 도입하는 것이 타오바오보다 늦다고 생각하고 있었고, 일부 사용자들은 이베이의 사이트가 타오바오에 비해 익숙하지 않다고 여겼다.주석11 아이리서치 iResearch의 수석 분석가인 차오쥔보曹軍波는 "이베이의 경영자들은 각국의 실정에 맞는 의사결정을 위해 노력하려 하지만, 현재의 경영 체제에서는 그것이 항상 가능하지 않다. 이 때문에 이베이는 중국 시장에서 중국의 경쟁사들보다 항상 대응이 늦어질 수밖에 없다"고 지적했다.주석12 이베이가 웹사이트를 이전하느라 바쁠 동안, 타오바오는 이 기회를 이용하여 자사의 웹사이트를 보다 사용자 친화적으로 만드는 노력을 했다.

멕 휘트먼은 훗날 다음과 같이 인정했다. "우리가 글로벌 웹사이트로 이전하는 작업을 하는 동안 우리의 경쟁자들은 입지를 굳게 다졌고, 우리는 순식간에 약화되었다. 우리는 이러한 이전 작업을 각국에서 여러 번 진행했고, 별 문제가 없었다. 그러나 중국의 경우는 강력하고 재빠르게 대처하는 경쟁자가 있었다."주석13

[주석]

1. http://tech.sina.com.cn/i/c/2002-03-18/107177.shtml.

2. 2002년 4월에 〈베이징청년보 北京青年報〉가 멕 휘트먼과 인터뷰한 내용. http://news.chinabyte.com/41/1604541_1.shtml.

3. 바우히니 바라 Vauhini Vara, 2006년 12월 19일, '이베이는 톰온라인과의 계약이 중국에서의 철수를 의미하는 것이 아니라고 말한다.'

4. 아이리서치 iResearch Inc., 〈중국 온라인경매 보고서〉.

5. 이 명칭은 영어로 완전한 뜻을 전달하기 힘들다. 다샤오얼은 중국어로 따뜻하고 소박하고 재치 있으며, 즐겁게 손님들을 시중드는 사람이라는 뜻을 담고 있다.

6. 저스틴 도벨리 Justin Doebele, 2005년 4월 18일, '이베이에 맞서기 Standing up to eBay,' 〈포브스〉, 175(8) : 50.

7. http://www.chinabyte.com/homepage/219001885661593600/20041117/1876792.shtml.

8. 저스틴 도벨리, 2005년 4월 18일, '이베이에 맞서기', 〈포브스〉, 175(8): 50.

9. 저스틴 도벨리, 2005년 4월 18일, '이베이에 맞서기', 〈포브스〉, 175(8): 50.

10. 바우히니 바라, 2006년 12월 19일, '이베이는 톰온라인과의 계약이 중국에서의 철수를 의미하는 것이 아니라고 말한다.'

11. 마일린 맨걸린던 Mylene Mangalindan, 2006년 10월 12일, 'China may be eBay's latest challenge as local rivals eat into market share.'

12. 왕싱 Wang Xing, 2007년 1월 24일, 'US Icons struggle to find local web model,' 〈중국일보 中國日報〉.

13. 바우히니 바라, 2006년 12월 19일, '이베이는 톰온라인과의 계약이 중국에서의 철수를 의미하는 것이 아니라고 말한다.'

그들은 누구인가?

■ 중국의 사영기업: 중국 시장에서 다국적기업의 주 경쟁자

앞의 3개 장에서 다룬 성공적인 기업들의 사례를 보면, 자연적으로 다음과 같은 질문에 이르게 된다. '다국적기업들로부터 시장점유율을 뺏어온 이들 중국 기업들은 과연 어떤 기업들인가?' 하는 질문이 그것이다. 중국의 국영기업들과 달리, 대부분의 사영기업들은 힘들게 출발했고, 정부의 재정적, 또는 정책적 지원 없이 스스로 성장했다. 이들이 바로 중국의 사영기업들이다. 이들이 중국에서 주요한 경제세력으로 급격히 성장할 수 있었던 것은 개혁개방 정책 덕택이었다. 이들은 중국 경제의 동력이었으며, 중국 시장에서 점차 다국적기업들의 주요 경쟁자가

[표 4-1] 중국 시장에서 다국적기업과 이들의 주요 경쟁자들

다국적기업	중국 시장에서 다국적기업의 경쟁자들	시장점유율
구글 2000년 9월: 중국어 검색서비스 제공 시작. 2005년 5월: 상하이에 중국 지사를 설립하면서 중국 시장에 진출. 2006년 4월: 구글의 중국어 명칭을 '구거(谷歌)'로 정함.	**바이두(百度)** 1999년: 바이두 설립. 2002년: 검색엔진 기술 발전. 2003년: 페이지뷰가 7배 증가. 2004년: 중국 인터넷 사용자들 사이에서 바이두 브랜드가 널리 인식. 2005년 8월: 나스닥에 상장.	중국의 인터넷 시장조사 기관인 어낼러시스 인터내셔널(Analysis International)에서 제공하는 데이터를 보면, 2007년 4/4분기 기준으로 바이두는 인터넷 검색엔진시장의 60.1%를 차지하며 선두를 달렸고, 구글은 25.9%로 2위를 기록했다.
HP 1985년: 중국에 첫 하이테크 합자회사 설립. 1996년: 중국에서 PC 시장 진출. 2002년 7월: HP 차이나가 컴팩(Compaq) 합병. 2005년 9월: 중국 유통망을 전국 단일의 유통업체 전략에서 몇몇 지역의 주요 유통업체로 구성하는 전략으로 전환.	**레노버** 1984년 11월: 11명의 중국사회과학원 연구진들이 20만 위안의 자본금으로 레노버 설립, HP와 도시바에서 만든 PC 판매를 주 사업으로 함. 1990년: 레노버가 만든 첫 PC가 시장에 출시되면서 유통업체에서 자체 컴퓨터를 생산하고 판매하는 사업으로 전환. 1994년: 홍콩 증권거래소에 상장. 1996년: 중국에서 시장점유율 1위를 달성. 2004년: IBM의 PC 사업 부문을 인수하면서 세계 3위의 PC 제조업체가 됨.	IDC에 따르면 2007년 4/4분기에 레노버는 아시아 시장(일본 제외)에서 19.6%의 시장점유율로 선두를 달렸고, HP는 13.8%의 시장점유율로 2위를, 델은 8.4%를 점유하여 3위를 기록했다. 중국 내 시장점유율은 레노버가 28.8%로 1위를, 그 뒤를 10.7%의 HP가 기록했다.

델(Dell)

1998년 2월: 중국 시장에 진출, 글로벌 유통망을 통해 직접 판매를 하는 전략 수립.

2007년 9월: 중국 거대 가전 매장을 또 다른 유통망으로 이용하기 시작.

지멘스(Siemens) 가전

1994년 12월: 우시(無錫)에 보슈(Bosch), 리틀스완(Little Swan, 小天鵝)과 함께 합자회사를 설립하며 중국에 진출. 이 합자회사는 지멘스와 리틀스완의 브랜드로 세탁기를 생산. 지멘스 브랜드의 세탁기는 고급제품 시장을, 리틀스완 브랜드의 세탁기는 중급제품 시장을 겨냥. 당시 중국에는 세탁기를 살 만한 사람들이 매우 적었기에, 1998년까지 이 합자회사는 수익을 전혀 내지 못함.

1996년 3월: 보슈와 함께 양쯔(揚子) 세탁기 공장의 지분 70%를 인수하고 지멘스 냉장고를 생산하는 합자회사

하이얼

하이얼은 원래 '칭다오 냉장고 총공장'이라는 국영기업이었다. 이 공장은 1984년에 장루이민(張瑞敏)이 책임자로 취임할 때까지 적자로 운영되었다.

1985년: 독일 립헤르(Liegherr)사로부터 기술과 장비를 도입.

1988년: 품질관리와 브랜드 전략을 통해 중국 내에서 가장 좋은 품질을 가진 브랜드가 되고, 이후 하이얼 브랜드가 널리 알려짐.

1991년: 국영기업 2개를 합병하며 칭다오하이얼 그룹 설립.

1993년 9월: 이름을 하이얼 그룹으로 고치고 냉장고 생산에 주력. 같은 해 자사인 칭다오하이얼이 홍콩 증권거래소에 상장.

1995년: 중국의 한 세탁기 제조업체를 합병하며 세탁기 시장에 진출.

1997년 9월: 항저우의 웨스트레이크 일렉트로닉스 그룹(West Lake Electronics Group)과 합자기업을 설립하고 TV와 VCD 생산 시작.

1999년 4월: 미국 노스캐롤라이나에 생산 공장 설립. 같은 해 하이얼은 브랜드 가치가 265억 위안으로 중국 내에서 가장 가치 있는 가전 브랜드로

ZDC(중국의 소비자 연구기관)의 조사에 따르면, 2007년 3/4분기에 하이얼은 중국 세탁기 시장에서 48.2%의 소비자들이 관심을 갖는 브랜드로 1위를 차지했고, 지멘스는 12.2%로 2위를 차지했다. 국가신식중심(國家信息中心)에서 발행한 〈냉장고시장 백서 2006〉을 보면, 하이얼의 시장점유율은 23.3%로 1위를 기록했고, 2위인 지멘스의 시장점유율은 12.16%였다.

설립하고, 양쯔 브랜드는 포기. 그러나 이때까지 지멘스 브랜드에 대한 중국 소비자들의 인지도가 낮으며, 양쯔를 완전히 합병하는 데도 어려움을 겪음. 이로 인해 합자회사는 큰 손실을 입음.

2000년 7월: 보슈와 함께 양쯔의 지분 전체를 인수하고, 2001년부터 수익을 내기 시작.

시스코(Cisco)

1994년: 베이징에 지점을 개설하며 중국에 진출.

1998년: 시스코가 전액출자한 시스코 시스템즈 (차이나) 네트워킹 테크놀로지를 설립하고, 향후 2년간 1억 달러를 투자한다는 계획을 공표. 앞선 기술의 스위치와 라우터를 차이나 유니콤(China Unicom), 차이나 모바일(China Mobile) 등 중국 주요 통신서비스업체에 공급.

1998년: 푸단(復旦)대학과 함께 중국에서

평가됨.

2004년: '세계 100대 브랜드'에 하이얼이 들어감.

후아웨이(華爲)

1988년: 7명의 연구자들이 2만 위안의 자본금으로 설립, 외국 경쟁사들보다 낮은 가격으로 통신장비를 중국 소비자들에게 공급.

2000년: 후아웨이의 해외 판매가 1억 달러를 넘어섰고, 실리콘밸리와 댈러스에 R&D센터 설립.

2002년: 알카텔(Alcatel)의 합자기업인 상하이 벨(Shanghai Bell)을 인수하며 중국 내에서 가장 큰 스위치/라우터 공급업체가 됨.

2003년: 3Com과 합자기업을 설립하고, 기업용 디지털 네트워크 장비를 공급하기 시작.

2004년: 지멘스와 합자기업을 설립하고, 중국 시장을

CRC-피너클 컨설팅(CRC-Pinnacle Consulting)에 따르면, 2005년 중국 통신장비 시장에서 후아웨이의 시장점유율은 13.5%로 1위였고, 시스코는 4%의 점유율로 11위였다. 어낼러시스 인터내셔널(Analysis International)의 조사에 따르면, 2006년 4/4분기 스위치 시장에서는 후아웨이가 1위, 시스코가 2위였고, 라우터 시장에서는 시스코가 1위, 후아웨이가 2

최초의 시스코 네트워킹 아카데미 설립을 추진하여, 2006년 8월까지 중국 전역에 220개 이상의 아카데미를 설립하고 3만 명 이상의 전문적인 네트워크 종사자들을 육성.

2005년: 상하이 R&D센터 설립, 2007년까지 이 센터는 시스코가 미국 외에 설립한 가장 큰 R&D센터였다.

푸츠마이스터(Putzmeister)

1990년대 중반 이전: 중국의 콘크리트기계 시장을 푸츠마이스터와 슈빙(Schwing)이 독점.

1995년: 푸츠마이스터가 단독으로 푸츠마이스터 머시너리(Putzmeister Machinery, 상하이)를 설립하며 중국에 진출, 이후 이 회사는 아시아-태평양 지역에서 관리, 생산, 판매, A/S의 중심이 됨.

겨냥하여 이동통신 기술인 TD-SCDMA 개발.

2005년: 보다폰(Vodafone)이 선호하는 통신장비 공급업체가 되고, 67억 달러의 판매액 달성. 이 중에서 60%는 해외 시장에서 판매한 금액.

쌘이(三一, Sany)중공업

1989년: 물성물리학(material science) 교육을 받은 4명의 기술적 재능을 지닌 사람들과 친구들이 후난롄위안(湖南漣源) 용접재료공장을 설립. 설립 첫해 판매액은 100만 위안.

1991년: 이 공장에서 만드는 특수한 납땜 재료의 품질이 중국 내 상위 3개 제품에 들면서 1억 위안의 판매액 달성. 공장 이름을 후난쌘이(湖南三一) 그룹으로 변경.

1994년: 쌘이 그룹으로 이름을 변경. 쌘이중공업 등 쌘이 그룹의 2개 자사가 건축용 기계 부문으로 통합. 중국에서 첫 번째 개방형 수압식 트레일러 탑재 콘크리트펌프가 독자적인 기술로 개발되

위였다.

2004~2005년 푸츠마이스터의 중국 시장 점유율은 6~8% 하락했다. 점유율 하락의 가장 큰 원인은 고가의 트럭 탑재형 콘크리트펌프 부문에서의 시장점유율이 떨어졌기 때문이었다. 2006년 쌘이의 중국 내 시장점유율은 55%를 넘었고, 푸츠마이스터, 슈빙과 더불어 세계 3대 트럭 탑재형 콘크리트펌프 제조업체가 되었다.

LG전자

1993년: 중국 진출.
1995년: 톈진에 합자기업 설립.
1997~2004년: '전략적 적자' 전략으로 LG의 전자레인지 시장점유율이 10%에서 30%로 급등하며 중국의 거대업체인 거란스(格蘭仕)와 강력하게 경쟁할 수 있는 유일한 외국 브랜드가 됨.
2006년: 전자레인지의 가격 경쟁으로 큰 적자가 발생하자 전자레인지 사업을 축소하기 시작. 현재는 중국의 전자레인지 시장에서 철수한 상태.

어 시장에 출시됨.
1995년: 유압 제어 시스템을 개발하여 시장에 출시함. 생산 비용은 국제 수준보다 훨씬 낮음.
2000년: 세계 최초의 완전 유압식 모터 그레이더를 개발함. 쌴이는 기계 산업계의 중국 기업들 사이에 경쟁력 있는 기업으로 선정됨.
2001년: 세계 최초의 정유압 변속 모터 그레이더를 개발함.
2003년: 쌴이중공업이 상하이 증권거래소에 상장됨.

거란스(Galanz)

1978년: 거란스의 전신 설립. 원래는 향(鄕, 우리나라의 면 정도에 해당하는 행정구역 – 옮긴이)에서 직원 200명을 갖추고 오리털 관련 제품을 생산하는 소규모 공장이었다. 외국으로 수출하는 회사에 수작업으로 오리털을 손질하여 납품했고, 첫해 판매액은 47만 위안이었다.
1987년: 홍콩의 기업과 합자하여 오리털 의상을, 미국의 기업과 합자하여 오리털 이불을 각각 외국으로 수출. 연간 판매액은 1억 위안 이상.
1992년: 이름을 Galanz Industry(Group) Company로 바꿈. 거란스 오리털 제품의 국내 판매액은 3,000만 위안, 수출액은 2,300만 달러.

중국의 시장조사 기관인 차이나 마켓 모니터(China Market Monitor)에 따르면, 2007년 3/4분기에 전자레인지 시장은 중국 내 기업이 1위에서 5위까지 차지하는 것으로 나타났다. 거란스가 46%의 점유율로 1위였고, 2위는 40%를 점유한 메이더(美的)였다.

1993년: 1만 대의 전자레인지를 시험적으로 생산하고 소규모 가전으로 사업을 전환하기 시작.

1995년: 전자레인지 생산량이 25만 대에 이르며 중국 시장의 25%를 점유하며 시장점유율 1위를 기록.

1996년: 전자레인지 가격을 40% 내리며 가격 경쟁 유도, 시장점유율이 34.7%로 상승.

1997년: 가격을 추가로 29~40% 내리며 시장점유율을 47.6%로 올림. 이후부터 전자레인지시장 선도자가 됨.

1998년: 전자레인지 생산량이 450만 대에 이르고, 세계에서 가장 큰 전자레인지 제조업체가 됨.

1999년: 미국에 북미 지사와 R&D센터 설립. 연간 판매액은 29억 6,000만 위안, 이 중 50%는 국내 판매, 50%는 수출을 통한 판매. 중국 내 시장점유율은 67.1%, 유럽의 시장점유율은 25%.

2005년: 2,000만 대의 전자레인지 생산. 전 세계 200개 이상의 기업에 OEM으로 전자레인지 공급, 생산하는 전자레인지 중 거란스 브랜드를 갖는 것은 20%에 지나지 않음. 그러나 거란스는 '세계 공장'에서 '세계 브랜드'로 전환한다는 미래 발전계획을 수립.

되었다.

[표 4-1]은 중국 시장에서 다국적기업과 그들의 주요 경쟁자이들은 모두 사영기업들이었다 사이의 경쟁을 열거한 것이다.

■ 중소 규모의 사영기업: 다국적기업의 잠재적 경쟁자

다국적기업들이 탄탄히 자리 잡은 중국의 사영기업들과 힘든 경쟁을 하는 것은 엄연한 현실이다. 이런 주도적인 중국 사영기업들은 소비재, 기계류, 첨단산업 등 모든 분야에서 20년 이상 성장해온 기업들이다. 이들의 성공 사례들은 언론에 의해 많이 다뤄지고, 연구기관과 비즈니스 스쿨에서 끊임없이 인용된다. 언론과 대중이 이들 거대 사영기업들을 아는 것만큼이나, 이들 기업들 또한 자신들의 운영 상태와 전략을 대중들에게 알릴 필요성이 있다. 따라서 중국 시장에서 승리하려면 이들 거대 사영기업들에 대해 아는 것이 중요하다고 느낄 경우, 다국적기업들은 많은 경로를 통해 이들 기업에 대한 정보를 얻을 수 있다.

그러나 다국적기업들이 중국 시장에서 지속적으로 사업을 하려면, 거대 사영기업들 외에도 알아야 할 기업들이 있다. 이들 기업들은 거대 사영기업들에 비해 잘 알려져 있지 않으며, 다국적기업들은 이들에 대해 아는 것이 거의 없다고 해도 과언이 아니다. 그러나 이들 기업들은 중국 시장에서 다국적기업과 경쟁하는 거대 사영기업들이 가진 특징 대부분을 갖고 있다. 이들은 중국 소비자들을 잘 이해하고 있으며, 대처가 빠르고 모험을 두려워하지 않는다. 이들은 마오쩌둥毛澤東이 항일전쟁에서 사용했던 게릴라 전술처럼, '시골에서 시작하여 도시로 침투'하는 전략이 가치가 있다고 생각한다. 이들은 우선 저가제품 시장대부분 중국의 농촌

 알리바바닷컴은 어떻게 이베이를 이겼을까?

지역에서 시작하여, 틈새를 발견하면 중급제품 시장 대부분 도시지역으로 진입한다. 그리고 여기에서 고급제품 시장에 진입할 준비를 하며, 준비가 끝나면 고급제품 시장으로 진입한다. 이들이 바로 빠르게 성장하고 있는 중국의 중소 규모 사영기업들이며, 이 책에서 집중적으로 연구하고 분석하려는 기업들이다. 이들은 현재 중국 시장에서 다국적기업들의 주 경쟁자인 거대 사영기업들이 걸었던 과정과 비슷한 과정을 걷고 있다. 그리고 이들 중 몇몇 기업은 앞서 그 길을 갔던 거대 사영기업들보다 밝은 미래를 갖고 있다. 이 책의 목적은 현재의 중소규모 사영기업들을 분석하고, 이들이 잠재적으로 다국적기업들의 경쟁자라는 점을 이해하는 것이다.

개별적으로 볼 때 대부분의 사영기업들은 규모가 작고, 이제 막 성장하고 있는 단계이다. 그러나 이러한 '작은 고추들'은 중국의 경제를 급속하게 발전시키는 주역들이다. 중국 국가통계국에 따르면, 2005년 기준으로 중국 GDP의 절반, 전체 수출입의 3/4 이상, 도시지역 일자리의 75% 이상을 중국의 사영기업들이 담당했다.주석1 이 책이 목표로 하는 독자는 중국의 경제를 연구하는 데 관심을 갖거나 중국 시장에서의 비즈니스와 관련이 있는 사람들이며, 이 책은 이들에게 중국의 사영기업과 그 기업 설립자들(중국의 초기 기업가들)에 대해 깊이 이해하도록 도움을 주려 한다.

저자들은 중국의 사영기업가 20명(부록 A에는 저자들이 던진 질문이, 부록 B에는 관련 기업들이 나와 있다)과 직접적이고 심층적인 인터뷰를 했고, 다음과 같은 기준으로 이들 20명을 선정했다. 1) 불완전하게 사업을 시작했고, 가족들의 정치적 영향력과 경제적 지원 없이 사업을 시작한 사람일 것, 2) 최소 5년 이상 사업을 하고 있는 사람일 것, 3) 기업가나 기업이 언론에 크게 노출되지 않은 사람일 것. 이 외에도 이들의 사업 분야와 사업 지역이 편중되지 않도록 신경 썼다.

■ 조사 방법

우리는 20명과의 인터뷰를 통해 조사를 진행했다. 이들 기업들은 다음과 같다. 아이밍얼 가죽제품艾民兒皮制品公司, Aiminger Leather Products, 브리지HRBridge HR, 즈항국제화운致航國際貨運有限公司, Compass Global Freight, 셴주오금공구先鑄伍金工具有限公司, Dynaforge Tools & Hardware, 에이퉁 에어익스프레스一通航空貨運有限公司, Eitong Air Express, 에센스 테크놀로지 솔루션 Essence Technology Solution, 하이텍스娛坦斯布藝有限公司, Hightex, 키포인트 컨트롤스敬邦集团, KeyPoint Controls, 룽타이샹 금속제품天津隆泰祥金属制品有限公司, Longtaixiang Metal Produts, 메릴랜드 부동산개발Merryland Real Estate Development, 어우푸조명歐普照明有限公司, Opple Lighting, 오리지널 엔터프라이즈Original Enterprise, 런웨이 테크놀로지Runway Technology, 스피드업 자동차 레이싱클럽Speedup Automobile Racing Club, SPN 테크놀로지SPN Technology, 토니 그룹Tony's Group, 완구방직萬縠紡織有限公司, Wangu Textile, 산양화공香洋化工有限公司, Xhan Yang Chemical, 즈청 커뮤니케이션Zhicheng Communication, 중신화공中信化工, Zhongxin Chemical.

이들 기업들은 커뮤니케이션 소프트웨어, 화학제품, 케이블, 자동화 통제 장비, 공학 기계, 부동산, 기자재, 신발, 조명, 섬유, 국제화물 운송, 택배, 인력 알선 등 12개 이상의 분야에서 사업을 하는 기업들이다. 대부분은 3차 산업에 속하며, 2차 산업인 제조업에 속하는 기업도 몇몇 있

알리바바닷컴은 어떻게 이베이를 이겼을까?

다. 이들 기업가들은 모두 다양한 지역 출신이었음에도 그중 절반은 상하이에서 사업을 시작했고, 단 2명만이 상하이 토박이였다. 그리고 이들 중 여성은 5명이었다. 대부분은 1960년대에 태어난 사람들이었고, 1970년대 초반에 태어난 사람도 몇 있었다. 석사 학위 소지자 3명을 포함하여 14명이 대학 이상 졸업자였으며, 대부분은 사업이 자리를 잡은 후 EMBAExecutive MBA 과정을 수료했다.

인터뷰에서는 그들의 전략, 경영, 조직에 관한 질문과 더불어, 큰 성공을 거두게 된 방법 및 재정 조달 문제 등 중국 사영기업가들이 겪을 수 있는 특정한 질문들도 했다. 우리가 한 질문들은 다음처럼 대략 5가지 유형으로 분류할 수 있다.

- 사업을 시작하기 전의 개인적 배경과 직업 경력
- 사업 착수
- 기업의 발전 과정
- 에이전트agent 문제
- 성격과 성품

이러한 질문 주제에 관한 모든 정보는 인터뷰를 통해 얻을 수 있었다. 이에 관한 정보는 부록 B에 행렬 구조 형식으로 나와 있다. 즉, 질문 주제는 가로로 배치하고 기업가 및 주요 사건은 세로로 배치한 것이다. 이를 통해 독자들은 이 20명의 기업가 및 기업들이 비슷한 조건에서 얼마나 유사한지, 그리고 얼마나 다른지 알 수 있다.

제2부는 중국 상인들의 비즈니스에 대한 관심, 기업가 정신, 경영 개

념 등이 어떻게 발전되었는지를 소개하면서, 중국 상업의 역사에 관해 다루는 것부터 시작한다. 제5장에서는 200년 전에 마케팅 전략의 하나로 하자가 있는 상품을 리콜했던 것, 100년 전에도 브랜드 구축과 R&D의 중요성을 알고 있었던 것, 보너스, 연금, 유족연금 등 인센티브를 활용했던 것들을 포함하여, 오래전 상인들의 사업감각에 대해 자세히 설명한다. 또한 중국이 기업가 정신을 어떻게 이어왔는지, 1960년대와 1970년대에 있었던 문화대혁명이 중국의 비즈니스 전통을 일시적이나마 어떻게 정체시켰는지에 대해서도 자세히 설명할 것이다.

■ 중국 경제에서 사영기업들의 역할

GDP에 기여하는 주역들

2005년 기준으로 중국 GDP의 49.7%는 사영기업들 덕분이었다[표 4-2] 참조 주석2.

2006년 기준으로 중국의 기업 중 사영기업 비율은 57.4%였다[표 4-1], [그림 4-1] 참조 주석3.

2006년에 도시지역에서 고정자산fixed asset에 대한 총투자의 51.6%는 사영기업들이 한 것이었다.주석4 [표 4-4]를 보면 2000년~2005년간의 고정자산 투자액을 알 수 있다.

그림 [4-2]는 국영기업과 사영기업의 고정자산에 대한 투자를 나타낸 것이다.

2005년에 중국의 수출입 총액 중 77.8%가 사영기업들이 수출한 비율이었다[표 4-5], [그림 4-3] 참조.

[표 4-2] 2005년: 사영기업들의 GDP 기여도

	1차 산업	2차 산업		3차 산업
		산업	건설	
3개 산업분야에서 사영기업들의 기여도	92.0%	38.8%	69.1%	41.0%
3개 산업분야에서 사영기업들의 GDP 기여도	14.0%	17.8%	4.8%	13.1%

출처: 〈비국영 경제 청서 2005~2006
(Blue Book of Non-State-Owned Economy 2005~2006)〉

[표 4-3] 사영기업의 증가

	2000년	2001년	2002년	2003년	2004년	2005년	2006년
등록된 사영기업 수 (100만)	1.76	2.03	2.44	3.01	3.65	4.30	4.98
등록된 자본 (1억 위안)	13,308	18,212	24,756	35,305	47,936	61,331	76,029

출처: 국가공상행정관리국

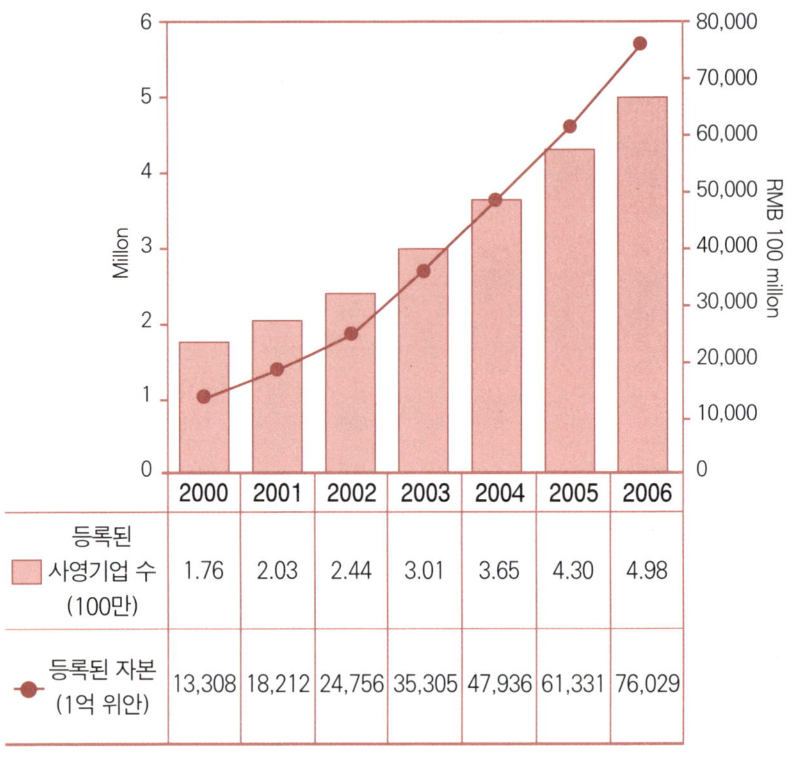

	2000	2001	2002	2003	2004	2005	2006
등록된 사영기업 수 (100만)	1.76	2.03	2.44	3.01	3.65	4.30	4.98
등록된 자본 (1억 위안)	13,308	18,212	24,756	35,305	47,936	61,331	76,029

출처: 국가공상행정관리국

[표 4-4] 고정자산에 대한 투자: 국영기업은 감소한 반면 사영기업은 증가

	2000년	2001년	2002년	2003년	2004년	2005년
국영기업	50.1%	47.3%	43.4%	39.0%	35.5%	30.6%
외국인투자기업	7.9%	8.1%	7.9%	8.8%	9.9%	9.4%
사영기업	41.9%	44.6%	48.7%	52.2%	54.6%	60.0%

출처: 국가통계국

알리바바닷컴은 어떻게 이베이를 이겼을까?

[그림 4-2] 고정자산에 대한 투자: 국영기업은 감소한 반면 사영기업은 증가

2000
사영기업
41.9%
국영기업
50.1%
외국인투자기업, 7.9%

2001
사영기업
44.6%
국영기업
47.3%
외국인투자기업, 8.1%

2002
사영기업
48.7%
국영기업
43.4%
외국인투자기업, 7.9%

2003
사영기업
52.2%
국영기업
39.0%
외국인투자기업, 8.8%

2004
사영기업
54.6%
국영기업
35.5%
외국인투자기업, 9.9%

2005
사영기업
60.0%
국영기업
30.6%
외국인투자기업, 9.4%

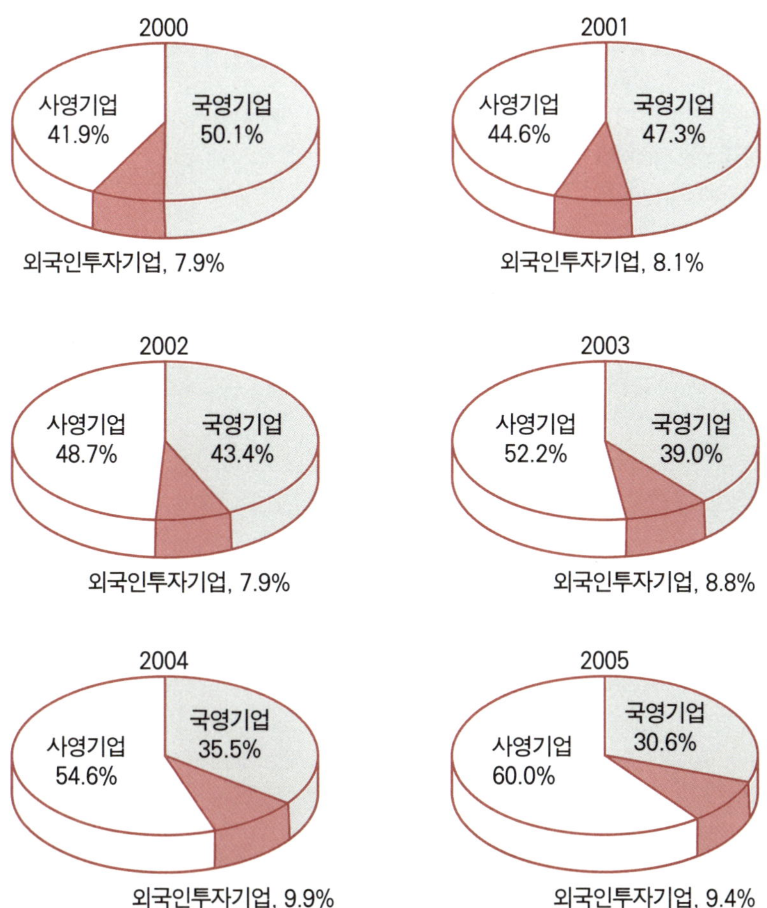

[표 4-5] 사영기업: 주요 수출기업 주석5

	2000년	2001년	2002년	2003년	2004년	2005년
사영기업의 수출액(1억 달러)	1,327.6	1,529.2	2,027.0	3,003.3	4,397.6	5,931.9
중국 전체 수출액에서 사영기업이 차지하는 비율	53.3%	57.5%	62.3%	68.5%	74.1%	77.8%

출처: 국가통계국

[그림 4-3] 사영기업: 주요 수출기업

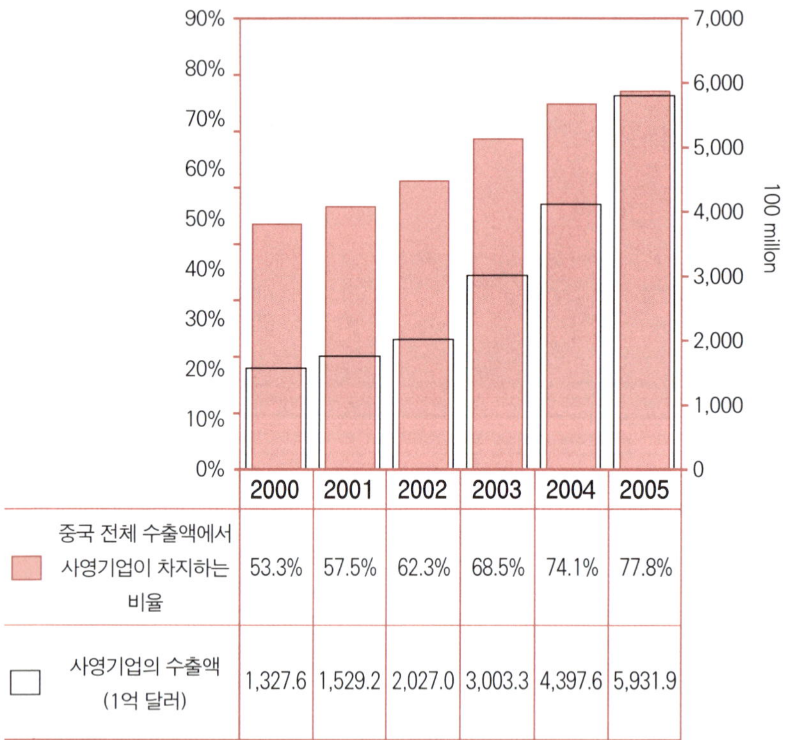

	2000	2001	2002	2003	2004	2005
중국 전체 수출액에서 사영기업이 차지하는 비율	53.3%	57.5%	62.3%	68.5%	74.1%	77.8%
사영기업의 수출액 (1억 달러)	1,327.6	1,529.2	2,027.0	3,003.3	4,397.6	5,931.9

출처: 〈비국영 경제 청서 2005~2006〉

알리바바닷컴은 어떻게 이베이를 이겼을까?

중국 내 일자리 창출의 주역들

  2005년 기준으로 도시지역 사영기업에 종사하는 인원은 2억 700만 명이었고, 국영기업 종사자는 6,488만 명이었다 [표 4-6], [그림 4-4] 참조. 주석6

[표 4-6] 도시 거주자의 사영기업 종사자 수와 비율

	2000년	2001년	2002년	2003년	2004년	2005년
도시지역 사영기업 종사자 수(100만 명)	150.49	163.00	176.17	187.63	197.66	207.00
도시 직장인 중 사영기업 종사자 비율	65.0%	68.1%	71.1%	73.2%	74.7%	75.8%

[그림 4-4] 도시 거주자의 사영기업 종사자 수와 비율

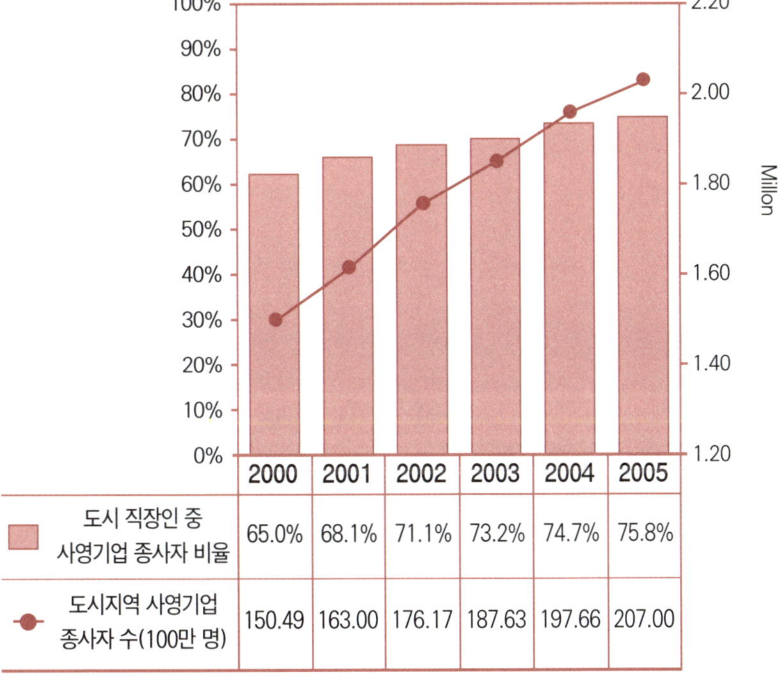

	2000	2001	2002	2003	2004	2005
도시 직장인 중 사영기업 종사자 비율	65.0%	68.1%	71.1%	73.2%	74.7%	75.8%
도시지역 사영기업 종사자 수(100만 명)	150.49	163.00	176.17	187.63	197.66	207.00

출처: 〈비국영 경제 청서 2005~2006〉

세입을 늘리는 주역들

　2005년에 사영기업들이 낸 세금은 2조 3,377억 9,000만 위안에 이르렀고, 이는 중국 총세입의 75.7%였다[표 4-7], [그림 4-5] 참조.주석7

[표 4-7] 사영기업이 내는 세금이 총세금에서 차지하는 비율

2000년	2001년	2002년	2003년	2004년	2005년
57.4%	62.9%	66.3%	68.9%	71.3%	75.7%

[그림 4-5] 사영기업이 내는 세금이 총세금에서 차지하는 비율

	2000	2001	2002	2003	2004	2005
사영기업이 내는 세금이 총세금에서 차지하는 비율	57.4%	62.9%	66.3%	68.9%	71.3%	75.7%

출처: 〈비국영 경제 청서 2005~2006〉

알리바바닷컴은 어떻게 이베이를 이겼을까?

[주석]

1. 〈중국 비국영 경제 발전보고서 The Development Report of Non-State-owned Economy in China〉.

2. 〈비국영 경제 청서 2005~2006〉, 중화전국상업연합회 中華全國工商業聯合會.

3. 국가공상행정관리국.

4. 국가통계국.

5. 〈비국영 경제 청서 2005~2006〉, 중화전국상업연합회.

6. 〈비국영 경제 청서 2005~2006〉, 중화전국상업연합회.

7. 〈비국영 경제 청서 2005~2006〉, 중화전국상업연합회.

알리바바닷컴은
어떻게
이베이를 이겼을까?

제2부
중국에서 기업가 정신의 발전

중국 상업의 발전

■ 상업의 역사 개괄

기원전 15세기 초에도 중국에 자본주의가 있었다는 사례들이 있다. 중국 최초의 노예제 국가였던 하夏 왕조기원전 2050~기원전 1600년 때 상商이라는 마을에 왕해王亥라는 인물이 살고 있었다. 그는 소달구지를 발명하여 다른 마을과 물물교환을 했고, 이때부터 왕해는 '중국 상인의 시조'로 불리게 되었다상인[商人]이 여기에서 유래했다 - 옮긴이. 상商 왕조기원전 1600~기원전 1046년 때에는 조개를 화폐로 사용하기 시작했고, 후에 구리로 만든 동전이 출현했다.

기원전 2세기에는 장건張騫이 서역주석1으로 파견되어 비단길이 열렸

알리바바닷컴은 어떻게 이베이를 이겼을까?

고, 이때부터 중국과 서쪽의 무역 및 문화 교류가 급속히 증가했다. 이 때문에 아시아와 유럽을 잇는 비단길이 가로질렀던 서역 지역은 전략적으로 매우 중요한 곳이 되었고, 한漢 왕조와 흉노족주석2은 이곳을 장악하기 위해 오랫동안 다퉜다. 기원전 139년에 서한西漢의 황제 한무제漢武帝는 흉노에 대항하기 위해 대월지大月支와 동맹을 맺도록 장건을 파견했다. 그러나 장건과 그 수행원들은 흉노족에게 붙잡혀 10년 이상을 억류당했다. 장건과 수행원들은 후에 탈출에 성공하여 페르가나우즈베키스탄 동부, 타클라마칸, 박트리아를 거쳐 고국으로 돌아왔다. 그는 동맹을 맺는 데는 실패했지만, 서역 지역에 대한 자세한 정보를 가져왔다. 기원전 119년에 장건은 두 번째로 서역으로 파견되었다. 이번 그의 임무는 무역과 문화 교류를 촉진하는 것이었다. 장건은 4년에 걸쳐 페르가나, 타클라마칸, 박트리아, 강거康居, 중앙아시아의 터키계 유목민족이 세운 나라, 파르티아고대 이란 왕국 등의 나라를 방문했다.

그 후 한 왕조는 매년 5~12명의 사절을 서역 지역으로 파견했으며, 각 사절단은 수백 명의 수행원들로 구성되었다. 사절단은 중국 비단을 가져가 말, 포도주, 구아바, 유리기와, 면직물 등과 교환했다. 이들 사절단에 참여한 사람들 중 다수는 스스로 지원한 사람들이었고, 지위가 낮은 상인들이었다. 이들은 무역로 개척 원정에 참여함으로써 돈을 벌었고, 이 때문에 점점 더 많은 사람들이 비단길을 통한 무역에 참여하게 되었다. 이후 중국의 무역은 동남아시아, 인도, 스리랑카, 중동, 아프리카, 유럽으로까지 확대되었다. 로마의 역사가인 플로루스Florus는 중국의 사절단이 로마제국을 건설한 아우구스투스Augustus를 어떻게 만났는지 묘사하기도 했다. 로마인들은 중국 비단에 크게 매혹되어, 1파운드의 비단을 금 12냥에 사기도 했다.주석3 로마인들이 중국을 방문한 것도 중국의 역사책에 기록되어 있다.

명明 왕조1368~1644년 이전까지는 육로를 통한 무역 외에 바다를 통한 무역도 크게 발전했다. 그러나 명을 건립한 주원장이 자신의 통치를 강화하기 위해 내부 안정과 해상 봉쇄 정책을 채택함으로써 해상무역은 일시적으로 중단되었다. 그러나 명 왕조 3번째 황제인 영락제榮樂帝가 삼촌으로부터 권력을 찬탈하여 황제가 된 후, 해상무역을 다시 개방했다. 일단 해상무역이 시작되자 무역활동이 활기를 띠었다. 1405년에 영락제는 해상 원정을 위해 정화鄭和를 파견했다. 정화는 62척의 함선과 2만 7,800명의 부하를 이끌고, 금, 비단 등의 보물을 실은 채 동남아시아와 인도양을 탐험했다. 그는 참파베트남에 있던 나라 - 옮긴이, 자바, 수마트라, 캘커타 등을 방문하고 1407년에 귀환했다. 이는 1405년부터 1433년까지 있었던 정화의 7차례 원정 중 첫 번째 원정이었으며, 이 원정들을 통해 정화는 아프리카, 홍해, 메카에까지 이르렀다. 정화의 원정은 무역과 탐험 외에도 중국의 존재를 전 세계에 알리는 계기가 되었다.

정화의 원정을 통해 3가지 무역이 활성화되었다. 즉, 조공무역, 공무역, 사무역이 그것이었다. 조공무역은 다른 나라들이 명 왕조의 승인을 얻는 것이 목적이었다. 많은 나라들이 중국의 보호와 보상을 위해 조공 임무를 가진 사신을 중국 조정에 파견했다. 영락제가 통치한 22년간 정화의 원정으로 인한 외국 사신들의 방문은 총 318차례연평균 15차례나 있었다. 공무역이란 양국 조정에서 관리하는 상인들을 통한 무역을 말한다. 공무역은 명 왕조 동안 대외무역을 촉진하기 위한 중요한 수단이었고, 물물교환을 하거나 명나라의 화폐를 이용했다. 공무역에서 물품의 가격을 정하는 데 가장 많이 이용된 방법은 양측의 관리들이 입회한 가운데 박수를 통해 가격을 흥정하는 것이었다. 서로 가격에 대해 합의에 이르면, 양측은 박수를 쳤다. 이는 합의된 가격을 번복하지 않겠다는 약속이었다.

공무역을 통해 중국의 화폐는 여러 나라에서 통용되었다. 예를 들어, 푸젠성福建省 장저우漳州에서 만든 동전은 반텐Banten, 자바 섬 서쪽 지방-옮긴이과 자바에서도 사용되었다. 사무역은 자발적으로 행해졌다. 정화는 자신의 부하들이 무역을 위해 중국 물품을 가져가는 것을 금하지 않았기에 정화의 원정대가 가는 곳에서는 중국 물품의 인기가 매우 높았다. 특히 비단과 도자기는 동남아시아에서 매우 비싼 가격을 받았다. 정화의 부하들 중 몇몇은 시장에서 그들이 가져온 물건을 팔도록 요청받기도 했고, 보석, 향신료, 약초 등으로 물물교환을 했다. 현지 시장에서 금 1냥에 구입한 후추는 중국에서 20냥에 팔리기도 했다.

이 기간에 중국 내에서의 상업도 크게 번성했다. 10개의 주요 상인집단이 형성되었는데, 가장 유명했던 것은 안후이성安徽省 상인과 산시성山西省 상인들이었다.

안후이 상인

중국에서는 전통적으로 직업에 따른 지위가 공직자, 농부, 장인, 상인의 순이었다. 공직자가 되려면 오랜 기간 공부를 한 후 과거시험에 합격해야 했다. 그러나 후이저우徽州 주석4 상인들은 오랫동안 학자들보다 높은 지위를 누렸다(일반인들이 이만한 지위를 가지려면 학자가 되거나 공직자로 선출되는 것이 유일한 방법이었다).

안후이 상인들은 다양한 분야에서 활동했지만, 소금, 차, 목재, 전당포 등이 주 활동 분야였다. 기록에 따르면 금릉 金陵, 명의 수도로 난징[南京]의 옛 이름에 있던 전당포 500개 중 대부분이 안후이 상인들이 운영하던 것이었다. 안후이 상인들은 조그만 시골 지역에서도 전당포를 운영했다. 또한 후이저우의 풍부한 자원 덕분에 목재 거래도 장악했다. 초기에는 목재 거래가 이웃 지역의 식량과 물물교환을 하는 것이었다. 그러나 명 왕조에 이르러서는 수로를 이용하여 목재 거래가 쓰촨성, 구이저우성 貴州省, 장시성 江西省, 후난성으로까지 확대되었다. 명 왕조와 청 왕조 때에는 조선업의 급격한 발달로 목재에 대한 수요가 매우 컸다. 일반적인 배와 함선 외에도 조정의 곡식을 운반하기 위한 특별한 배가 만들어졌는데, 이 배를 조선 漕船이라 한다. 주석5 이 기간 동안 중국의 경제 중심지는 남쪽이었고, 정치 중심지는 북쪽이었다. 매년 수백만 섬의 곡식이 남쪽에서 북쪽으로 수송되었다. 명 왕조의 15번째 황제가 통치하던 기간에는 조선의 수가 1만 1,700척에 달했다. 후이저우의 많은 목재상들은 조정에 목재를 공급하며 큰돈을 벌었다. 숭정제 崇禎帝 주석6 기간에 후이저우의 한 목재상은 왕족 능묘에 쓰일 목재를 조정에 납품하게 되면서 '왕족 상인'이라는 별명을 얻기도 했다.

후이저우 상인들이 베이징의 차 茶시장에 뛰어든 것은 명 왕조로 거슬러 올라가며, 이들은 청 왕조에 이르러 베이징의 차시장을 실질적으로 독점했다. 당시 귀족들의 일상에서 차는 매우 중요한 역할을 했다. 그들은 대부분의 시간을 찻집에서 보내며, 찻집에서 차를 마시고, 담소를 하며, 경극을 구경했다. 이 때문에 베이징에서는 거대한 차시장이 형성되었고, 그 규모가 다른 곳들보다 훨씬 컸다. 1757년에 건륭제 乾隆帝는 광저우 항을 제외한 나머지 모든 항구를 폐쇄하여 외국과의 교역을 금지시켰다. 이 때문에 후이저우 차 상인들도 광저우로 사업 기반을 옮기게 되었다. 1843년에 청 왕조가 5개 항구를 개방하는 정책을 취하자, 후이저우 차 상인들은 당시 가장 큰 시장이었던 상하이로 다시 사업 기반을 옮겼다. 이로 인해 광저우가 가졌던 가장 큰 차시장이라는 명성은 상하이가 갖게 되었다. 후이저우 차 상인들은 특정 시장에 맞는 제품을 개발하는 데도 뛰어났다. 예를 들어, 베이징의 물은 다소 쓴맛이 있었는데, 후이저우 차 상인 하나가 재스민 꽃이 첨가되면 쓴맛이 사라진다는 말을 들었다. 그는 재스민 차를 대량으로 생산하여 베이징에서 팔았다.

중국이 네덜란드, 스위스, 스페인, 프랑스 덴마크 등 유럽에 차를 수출하기 시작한 것은 명청 교체기였다. 17세기 말 영국에서는 차를 마시는 것이 모든 계층에서 유행했고, 이로 인해 국제적으로 차에 대한 수요가 급증했다. 18세기에 중국은 24만 섬 1섬은 50kg의 차를 유럽에 수출하면서, 훗날 중국은 '차의 나라'로 알려지게 되었다. 이 중 1/3이 영국에 수출된 것이었다. 건륭제 후반에 중국의 대외무역액은 은 85만 냥을 넘어섰다.

안후이 상인들이 차와 목재로 돈을 벌긴 했지만, 가장 부유했던 상인들은 소금 상인들이었다. 건륭제 기간에 후이저우 소금 상인들의 자본은 중국의 전체 세입과 맞먹었다. 양저우 揚州 주석7의 소금 상인들을 예로 들면, 이들의 자산은 은 40만~50만 냥이었다. 이는 청 왕조에서 가장 번성했던 시기의 국고가 은 70만 냥을 넘지 않았던 것과 비교된다. 명청 시기에는 소금 교역이 조정의 허가를 받아야 했고, 소금에 부과하는 세금이 국가의 주요 세입원이었다. 만력제 萬曆帝, 명의 13대 황제 기간에는 소금 교역에서 걷는 세금이 국가 전체 세입의 절반에 달했다. 소금에 부과되는 세금의 절반은 화이허 淮河 강주석8 지역에서 걷혔는데, 이 지역은 후이저우 상인들이 장악한 곳이었다.

소금 교역이 조정의 통제를 받았기 때문에 상인들이 수익을 많이 내는 소금 사업을 하려면 관료들의 비위를 맞춰야 했다. 안후이 상인들은 다른 상인들에 비해 관료들에게 많은 뇌물을 썼다. 한 관료가 골동품을 좋아한다고 넌지시 암시하자, 안후이 소금 상인이 그 관료가 구입한 은 1만 6,000냥의 대금을 대신 치른 사례도 있었다. 물론 이렇게 돈을 쓴 만큼 그에 대한 보답이 있었다. 많은 안후이 소금 상인들은 관직을 받아, 이른바 '홍정상인 紅頂商人'이 되었다.주석9

후이저우 상인들은 소금 교역에 집착하여 소금 교역을 독점하게 되었다. 도광제 道光帝, 청의 8대 황제 초기에는 소금 교역으로 인한 수익이 엄청났다. 소금의 산지 가격은 세금을 포함해도 17문이 넘지 않았지만, 이것이 내륙으로 운송되면 판매가가 50~60문이었고, 더 먼 곳으로 운송되면 그만큼 가격도 치솟았다.주석10

안후이 상인들이 400년간 성공적인 상업 활동을 할 수 있었던 것은 관료들과의 관계 외에도 다른 요인들이 있다. 이들에게는 남다른 유대관계가 있다. 어떤 후이저우 상인이 다른 곳에 자리를 잡게 되면, 거의 틀림없이 그의 고향 친척과 고향 사람들이 그를 따라간다. 이처럼 가족과 유대관계에 바탕을 둔 상업 네트워크를 통해, 이들은 재정, 물품, 인력에 대한 정보를 서로 공유하고 경쟁력에서 큰 우위를 점했다. 이들이 굳게 단결하는 것은 이들이 안후이 상인조합을 결성한 것에서도 나타난다. 이들의 조합은 조정과의 사업 문제 조정, 복지 활동, 교육, 상인들의 사적인 편지 배달, 안후이성 백성들과 관련된 조정의 발표를 전달하는 등 다양한 기능을 수행했다. 안후이 상인조합은 명청 시기에 중국 전역에 설립되었다.

안후이 상인들은 '3번 실패해도 포기하지 않는다'는 말처럼, 끈기 있는 것으로 유명하다. 이를 잘 알 수 있는 사례가 있다. 직물 가게를 운영하는 후이저우 상인이 두 명 있었다. 그중 한 명은 루타이창이라는 사람으로, 상하이에서 매우 유명했다. 그러나 이들의 직물 가게는 운영에 어려움을 겪었고, 3년이 지나자 가진 돈을 모두 잃게 되었다. 루타이창의 직원이 간판을 내리는 것을 본 사람들은 다시는 이 간판을 걸지 않는 것이 좋다고 말했다. 그러나 놀랍게도 두 사람은 재기했고, 그들의 직물 가게는 상하이뿐만 아니라 장쑤성江蘇省과 저장성 전역에서 유명할 정도로 발전했다.

안후이 상인들은 사업을 하는 데 있어 높은 도덕적 원칙과 자비심이 있는 것으로도 유명하다. 우펑샹이라는 후이저우 상인이 후추를 구매하러 쓰촨성에 갔다. 그가 구입한 후추에 해로운 성분이 들어 있는 것이 밝혀지자, 판매자는 그에게 그 사실을 비밀로 해달라고 간청했다. 그러자 우펑샹은 그 후추가 시장에 유통되기 전에, 8만kg이나 되는 후추를 모두 사서 폐기했다.

많은 안후이 상인들은 자신들의 거래에서 신의를 지키는 것으로도 유명하다. 후카이원이라는 후이저우 상인이 있었는데, 그는 먹을 만드는 것으로 유명했다. 그가 방수가 되는 먹을 개발하자, 그의 명성을 믿은 한 사람이 후카이원의 먹을 사기 위해 멀리에서 왔다. 그는 고향으로 돌아가는 길에 자신이 구입한 먹을 강에 빠뜨리고 말았다. 그가 구입한 먹은 비싼 것이었기에, 그는 강에서 먹을 건져냈다. 그런데 먹이 모두 물에 녹아 있었다. 그가 후카이원에게 가서 이를 따지자, 후카이원은 사과를 하며 그에 대한 보상으로 보다 비싼 먹을 주었다. 그러고는 더 이상 그 먹을 생산하지도 팔지도 말라고 지시했다. 또한 이미 먹을 구입한 고객들에게는 환불을 해주었다.

안후이 상인들 중 가장 유명한 사람은 아마도 후쉐옌胡雪巖일 것이다. 그는 표호票號, 중국의 옛 금융기관 – 옮긴이에서 일하던 20세의 가난한 학자 왕유링王有齡을 만났다. 당시 가난한 학자가 관직을 얻을 수 있는 유일한 길은 과거시험을 보는 것이었지만, 왕유링은 돈이 없어 베이징으로 시험을 보러 갈 수 없었다. 후쉐옌은 왕유링에게 공금을 몰래 빌려주었고, 이 때문에 그는 표호에서 해고되었다. 왕유링은 관직에 나아간 후 후쉐옌이 표호, 전당포, 약방, 비단 장사 등을 통해 큰돈을 벌도록 도왔다. 후쉐옌에게 저장성의 공금을 관리하도록 맡긴 것도 왕유링이었다. 청나라 조정이 태평천국군과 싸우고 있던 1861년에 후쉐옌은 관군에 군수품과 식량을 공급했다. 그는 또한 저장성 순무巡撫였던 쭤쭝탕左宗棠과도 가까운 사이였다. 후쉐옌은 쭤쭝탕이 프랑스와 연합하여 태평천국군을 진압하는 데 도움을 주었고, 푸젠성에 조선소를 설립하는 것도 지원했다. 그리고 그 조선소에 물자를 조달하는 임무를 맡았다. 후쉐옌은 쭤쭝탕의 추천으로 2품 관직을 수여받고 홍정상인이 되었다.주석11

후쉐옌이 관료들과 결탁한 것이 그의 성공에 크게 기여한 것은 사실이지만, 그의 사업 감각 또한 그의 성공에 중요한 역할을 했다. 그는 새로운 상품의 개발과 브랜드 구축에 큰 힘을 쏟았고, 귀중한 인재를 얻기 위해 인센티브 제도도 실행했다. 한 가지 사례를 들자면, 그는 자신의 약방인 호경여당胡慶余堂을 운영할 지배인을 뽑기 위해 3명의 후보와 면접을 했다. 그는 3명에게 지배인으로서 무엇을 할 수 있는지 질문했다. 첫 번째 사람은 자신이 약방을 맡으면 첫 해에 은 10만 냥의 이윤을 낼 수 있다고 대답했고, 두 번째 사람은 처음 2년간은 큰 수익을 내지 못하지만 3년째부터는 큰 수익을 낼 수 있다고 대답했다. 마지막 사람은 약방의 브랜드를 좋게 구축하기 위해서 최대한 많이 투자할 것을 후쉐옌에게 제안했다. 그러면 3년간은 적자를 보겠지만, 일단 좋은 브랜드로 자리를 잡으면 수익을 낼 수 있다고 대답했다. 후쉐옌은 이 말에 큰 감명을 받고 즉시 그 사람을 채용했다. 그리고 전국에서 유명한 한의사들을 초빙하면서 R&D에 엄청난 돈을 투자했다. 그는 또한 약방에 큰 기여를 한 직원에게는 특별보너스를 주기 시작했고, 이 보너스는 그 직원이 죽을 때까지 계속 지급되었다. 호경여당에 특별한 기여를 한 직원들에게는 2가지 보조금도 지급했다. '생활 보조금'과 '사후 보조금'이 그것이었다. 생활 보조금은 은퇴하거나 병에 걸린 직원들에게 지급되었고, 사후 보조금은 사망한 직원의 가족들에게 지급되었다.

산시山西 상인

명청 시기에 유명했던 또 다른 상인 집단은 중국 북서부의 산시성山西省 상인들이었다. 후이저우 상인들이 높은 지위를 누렸던 것과 비슷하게, 산시성 사람들은 '배우는 것이 뛰어나면 장사를 한다學而優則商'고 말하곤 했다.주석12 이들은 교육을 매우 중시했고, 자녀들에게 좋은 교육 환경을 만들어주기 위해 노력했다. 그러나 그 목적은 관직에 나아가는 것이 아니었고, 자녀들의 사업 능력을 기르기 위한 것이었다. 산시성 위츠 榆次의 창 Chang씨 가문은 부유한 상인으로 유명했다. 창왕치와 창왕다 형제는 창씨 가문의 9대손이었고, 둘 다 학문에 뛰어났다. 그러나 그들은 관직을 위해 과거시험을 보는 대신, 아버지를 따라 장자커우 張家口에서 가전 사업을 이었다. 주석13 두 형제는 크게 성공을 거두었고, 이들이 만든 브랜드는 산시 상인들 중 가장 경쟁력이 높았다. 창씨 12대손에 이르러서도 학문에 뛰어난 2명의 후손이 출현했다. 이들은 모두 대학에서 공부할 정도로 수재들이었으나, 이들 또한 관직 대신 선조들처럼 사업에 뛰어들었다. 주석14

산시 상인들이 안후이 상인들과 비슷한 점은 또 있었는데, 협동을 잘했다는 점이 그것이었다. 이는 산시 상인들이 만든 공동사업 체계와 상인조합에서 잘 드러난다. 공동사업이란 친구나 동업자와 함께 사업을 하며 한쪽은 자본을, 다른 한쪽은 운영을 담당한 조직적 체계를 말한다. 이런 체계는 자본을 대는 쪽이 사업을 운영할 책임자를 몇 명이나 채용할 만큼 투자하는가에 따라 그 규모가 커지게 된다. 이는 중국인들의 상업에서 획기적인 발전이었다. 상인조합은 공동사업을 기반으로 친척이나 같은 고향 사람들도 구성되었고, 중국 전역에 설립되었다.

산시 상인들이 종사한 여러 분야 중 가장 뛰어났던 것은 표호 사업이었다. 중국의 첫 번째 표호인 르성창 日升昌도 이 李씨 성을 가진 산시 상인이 세운 것이었다. 르성창의 전신은 원래 염료가게인 시위청 西裕成이었다. 가경제 嘉慶帝, 청의 7대 황제 후반에 상업이 발달하면서 다른 지역과의 현금 거래가 증가하게 되었다. 다른 지역과의 현금 거래에서 전통적인 지불 방식인 은은 불편했고 안전하지 못했다. 시위청은 처음에 베이징과 산시성 사이의 어음만 환전했다. 그리고 이런 제도가 효율적임이 증명되자, 시위청은 어음 환전을 새로운 사업으로 채택했다. 도광제 때 시위청은 이름을 르성창표호日升昌票號로 공식적으로 바꾸고, 어음 환전을 주 업무로 했다. 그 후 몇 년 안 되어 르성창은 중국 각지에 100개 이상의 점포를 내고 중국 북동부와 남서부를 모든 지역에서 환업무를 담당했다. 르성창이 가장 번성했던 시기에는 연평균 환전 금액이 은 1억 냥에 이르렀고, 대출금은 3,000만 냥에 달했다.

르성창의 비즈니스 모델은 산시성의 핑야오平遙, 치셴祁縣, 타이구太穀 등에서 모방했고, 이들 지역은 중국의 표호 산업에서 주도적인 역할을 하는 주요 3대 세력이 되었다. 중국 각지의 51개 주요 표호들 중 43개가 산시 상인들이 세운 것이었다. 1907년에 치셴에서 첫 번째로 설립된 표호인 허성위안合盛元은 일본의 도쿄, 오사카, 요코하마, 코베, 한국의 신의주에 지점을 개설하면서 국제적으로 사업을 시작했다.

산시 상인들이 흥성할 수 있었던 요인은 조정과의 관계에 있었다. 명 왕조 초기에 북쪽 변방은 원 왕조 잔당들에 의해 혼란한 상태였다. 이 때문에 명나라 조정은 9개의 주요 요새를 건설하고, 여기에 80만 명의 군사와 30만 마리의 군마를 주둔시켰다. 그러나 이 요새들에 군수품을 보급하는 것에 어려움을 겪었고, 이에 태조 주원장朱元璋은 1370년에 이들 요새에 식량을 가져오는 상인들에게는 염인鹽引을 주는 정책을 실시했다.주석15 염인은 소금을 구입하는 데 이용되었고, 특정한 지역에서 대가를 지불하고 구입해야 했다. 산시 상인들은 소금을 가까이에서 얻을 수 있었고 소금 교역에 경험이 많았기에 염인 제도를 충분히 활용할 수 있었다. 이를 통해 그들은 큰돈을 벌었고 훌륭한 상인들이라는 명성을 얻었다.

유명한 산서 상인 가문에는 차오喬씨 가문이 있다. 차오씨 가문의 기업인 다더퉁大德通의 지배인은 가오위高鈺였고, 그는 관료들과의 관계를 이용하여 사업을 키우는 데 익숙했다. 그는 고위 관료인 자오얼쉰趙爾巽과 매우 가까운 사이였고, 이 관계를 이용하여 사업에서 좋은 계약을 따낼 수 있었다. 자오얼쉰이 북동부로 발령을 받자 가오위 역시 그를 따라 북동부를 이주했고, 자오얼쉰이 다시 베이징과 쓰촨성으로 발령을 받으면 가오위 역시 그를 따라 이주하곤 했다. 다더퉁이 자오얼쉰이 필요할 때 자금을 대주었기에, 둘의 관계는 자오얼쉰의 정치 경력에도 도움이 되었다.

산시 상인들이 성공했던 것은 그들의 시대를 앞서나간 실질적인 경영 기법과 사업 철학 덕분이라고 할 수 있다. 차오 가문의 가업을 세운 차오즈융喬致庸은 첫째는 신용, 둘째는 관대함, 셋째가 이윤이라는 사업 철학을 가졌다. 이를 보여주는 사례가 하나 있다. 차오 가문은 바오터우包頭에서 참기름을 구입하여 산시성에서 팔았다. 그런데 직원이 가짜를 섞어 개인적인 이득을 취했다. 차오즈융은 이 사실을 알고, 가짜 참기름을 구입한 사람들은 그것을 반환하고 전액 환불받으라는 내용의 안내문을 도시 곳곳에 붙이도록 했다.

산시 상인들은 직원을 뽑는 데 매우 신중했고, 직원 대부분은 같은 고향 출신이었다. 견습생들은 종종 10대들을 뽑았는데, 부자나 명망 있는 인물을 보증인으로 세워야 견습생으로 들어갈 수 있었다. 이들은 3년에서 9년에 걸쳐 교육을 받고 평가를 받았다. 새로 들어온 견습생은 근무 조건이 가장 열악한 곳을 배정받았고, 그곳에서 엄격한 규칙, 전문적인 기술, 도덕적인 기준을 배웠다. 그 과정에서 견습생들은 다양한 방법으로 시험과 평가를 받았다. 가게에서 이들에게 숙소를 제공했기 때문에, 이들은 엄격한 통제를 받았다. 견습생들의 상관은 이들의 기술 및 성실함과 관련하여 광범위하고 엄밀한 평가를 내렸고, 그러한 평가를 바탕으로 뛰어나다고 판단되는 견습생은 점포 경리나 그 위의 직책인 총경리에 임명되었다.

산시 상인들의 사업체들은 내부적으로 소유자와 총경리가 분리되었다. 소유자는 자본 배분, 인사 임명, 사업 운영 등을 책임졌고, 본점에서 근무하는 총경리는 본점의 내부 업무와 해당 지역 여러 점포의 운영을 책임졌다. 점포의 사업 확장, 자본 도입, 점포 경영은 각 점포의 경리에게 위임되었다. 그러나 조직의 구조, 자본 배분, 직원의 채용 및 해고, 이윤 배분 등과 관련한 것은 모두 본점에서 처리했다. 각 점포의 경리는 해당 점포의 성과를 연말이나 회계기간 말에 소유자와 총경리에게 보고해야 했다.주석16 이때 성과를 측정하는 기준은 이윤에만 국한되지 않았으며, 보다 중요시된 것은 각 점포가 본점의 전반적인 경쟁력에 얼마나 기여했는가 하는 것이었다.

또한 산시 상인들은 지분 보유의 개념을 생각해냈다. 사업체의 지분은 지분 보유자들의 이윤을 배분받는 자격에 따라 1차 지분과 2차 지분으로 나뉘었다. 또한 지분 보유자들의 직위에 따라 그들이 가진 지분은 자본 지분과 근로 지분으로 나뉘었다. 1차 지분은 등록 자본금registered capital과 비슷하며, 지분을 상여할 수는 있어도 배당금은 받을 수 없었다. 2차 지분은 2가지로 구성되었다. 하나는 사업 소유자의 납입자본금paid-in capital이었고, 다른 하나는 지분보유자, 점포 경리, 근로 지분을 가진 점원의 지분상여였다. 2차 지분은 배당금을 받지만, 지분을 상여할 수는 없었다. 자본 지분은 사업체 소유자의 투자금을 말한다. 근로 지분은 자본을 투자하지 않은 사람들이 가질 수 있었고, 견습생을 거쳐 상당히 오랫동안 근무한 직원들을 위한 것이었다. 초기에 직원 1명은 대개 1주의 10~20% 지분을 가졌다.주석17 직원들은 능력과 성과에 따라 지분율이 점차 증가하여 최대 1주를 가질 수 있었다.

근로 지분과 자본 지분은 이윤 배분 측면에서는 차이가 없었지만, 근본적인 차이는 있었다. 자본 지분 보유자는 엄밀한 의미에서 사업체 소유자들이었고, 이들에게는 사업체에 대한 재량권이 있었다. 근로 지분은 직원들에게 주인의식을 심어주기 위한 일종의 인센티브였다. 근로 지분 보유자는 이윤을 배분받을 권리는 있었지만, 보유한 지분을 상속하거나 양도할 수는 없었다. 다만 근로 지분 보유자가 죽으면 그의 친척이나 가족이 몇 년간 배당금을 받을 수는 있었다. 그러나 해고될 경우 근로 지분 또한 몰수되었다.

닝보寧波 상인

청 왕조와 중화민국 교체기에 닝보 상인들은 안후이 상인과 산시 상인들을 대체하며 중국에서 가장 영향력 있는 상인 집단으로 부상했다. 닝보 또한 봉건주의 시대에 상인들이 높은 사회적 지위를 누린 몇 안 되는 지역들 중 하나였다. 닝보 출신의 유명한 사상가가 2명 있다. 그중 하나는 명 시대의 왕양명王陽明이다. 왕양명은 사농공상士農工商에 우열이 없다는 '사민평등四民平等'을 주장했다. 닝보 출신의 또 다른 위대한 사상가는 명말청초의 황종희黃宗羲다. 그는 산업과 상업이 국가의 근간이라고 지적했다. 그가 이끌었던 절동학파浙東學派 주석18는 교육의 초점을 실

 알리바바닷컴은 어떻게 이베이를 이겼을까?

생활에 유용한 것에 맞춰야 한다고 생각했다. 황종희는 학문이 사회현실과 연관성이 있어야 한다고 주장했고, 이러한 사상은 닝보 사람들에 의해 실천되었다. 닝보 사람들은 자녀들에게 '팔고문八股文' 대신 서예, 편지쓰기, 주산 등 훌륭한 상인이 되는 데 필요한 실질적인 기술들을 가르쳤다.^{주석19}

닝보 상인들은 명말청초에 점차 영향력을 갖기 시작했다. 숭정제 기간에 닝보의 약초 상인들은 베이징에 인셴鄞縣 조합을 설립했는데, 이는 닝보 상인들이 만든 첫 번째 상인조직이었다. 안후이 상인과 산시 상인들과 마찬가지로, 이 조합의 집회소는 집회, 예배, 공공활동 장소로 이용되었다. 이러한 활동을 통해 그들은 긴밀하게 접촉했고, 서로의 문제를 해결하는 데 도움을 주었다. 닝보 상인들은 이런 방식으로 다른 상인들보다 앞선 경쟁력을 갖추었다. 조합에는 2가지 종류가 있었다. 하나는 같은 고향 출신들을 위한 친목 조직이었고, 다른 하나는 인셴방처럼 같은 고향 출신들을 위한 상인조합이었다. 당시 매우 영향력 있던 조합은 상하이의 닝보 재단사들이 만든 '홍방紅幫'이었다. 이들은 외국인을 위해 양복을 만드는 것이 전문이었고, '빨간 머리'라는 별명을 갖고 있었다. 이 별명 때문에 '홍방'이라는 이름이 탄생되었다.

홍방을 설립한 인물은 장상이로 알려져 있다. 그는 항저우 만을 건너던 중 배가 난파했는데, 난파한 배의 판자에 매달려 여러 날을 표류하다가 일본의 요코하마에 도착했다. 자신이 외국에 상륙한 것을 안 장상이는 요코하마에 정박해 있던 러시아 선원들의 옷을 수선하며 생계를 꾸렸다. 그는 각고의 노력 끝에 명성을 얻었고, 가장 유명한 양복 재단사가 되었다. 수년 후 그의 아들인 장유쑹은 상하이로 돌아가 중국 최초의 양복점인 푸창 양복점을 열었다. 그리고 훗날 중국 전역에 점포를 열었고, 그 과정에서 그의 고향 사람들에게 재단 기술이 전수되었다. 닝보 상인들은 상하이에서 가장 번성한 상업거리의 최고급 양복점들을 오랫동안 운영했다. 이들에 의해 당시 중국 의류계에서 최초의 옷들이 많이 등장했다. 이들은 최초의 서양식 양복, 쑨원孫文 주석20이 입은 최초의 양복을 만들었고, 양복 재단 기술에 관한 중국 최초의 서적도 이들이 저술했다. 1949년 이후에 마오쩌둥을 비롯한 중화인민공화국 설립자들이 입은 옷도 거의 다 닝보 재단사들이 만든 것이었다.

안후이 상인이나 산시 상인들과 달리 닝보 상인들은 관료들과 긴밀한 관계가 없었던 전형적인 '평민 상인'이었다. 닝보 상인들에게 중요한 첫 번째 국면은 청 왕조의 건륭제와 가경제 때였다. 이때 닝보 상인들의 해상교역이 급격히 증가했다. 이들은 양쯔강 너머 먼 곳까지 여행했고, 푸젠 상인들 대신 일본인들과 구리 거래를 했다.

두 번째 중요한 국면은 아편전쟁주석21 이후였다. 해상교역 경험을 가진 닝보 상인들은 외국과의 무역시장에 열정적으로 뛰어들었다. 그들은 매판買辦 주석22이나 외국 무역 중개인이 되었다. 이는 중국에서 새로운 형태의 상인이 등장했음을 알리는 것이었다. 이들의 사업은 소규모 농업경제에서 있었던 전통적인 상품거래를 초월한 것이었고, 중국 내 농업생산물을 수출하고 서양의 산업제품을 수입하는 국제무역이었다. 1890년대 이후부터 상하이에서 닝보 매판들은 광둥성 매판의 수를 앞질렀고, 가장 많은 매판이 닝보 출신 매판들이었다. 후에 이들은 톈진과 한커우漢口에도 진출했다. 한편 닝보 무역상들은 금속, 식용색소, 기계, 제조설비 등 근대적인 산업교역에도 뛰어들었다. 닝보 무역상들이 이런 분야를 독점하긴 했지만, 이들은 서양인에 대한 의존도가 컸다. 이들 대부분은 서양인들이 운영하는 무역회사, 은행, 해운사 등에 채용되어 서양 물품의 판매를 도왔다.

닝보 상인들에게 중요한 세 번째 국면은 19세기 중후반에 있었다. 이들은 해운, 금융, 제조 등 신흥 산업 emerging industry에 자신들의 이윤을 투자했다. 몇 가지 사례를 들면 다음과 같다.

- 1854년, 닝보 상인 페이룬즈, 리예팅, 성즈관 등 3명이 중국의 첫 번째 상선을 영국에서 구입했다. 가격은 은 7만 냥이었으며 배의 이름은 '바오순'이었다. 이들은 훗날 칭청 Qingcheng 해운회사를 설립했다.

- 1862년, 닝보 상인 예청중이 상하이에서 외국산 철물점을 열었다. 이는 상하이에서 중국인이 소유한 첫 번째 철물점이었다. 그는 나중에 중국 전역으로 사업을 확장하여 38개의 점포와 108개의 합자점포를 열었다. 그는 '철물왕'이라는 별명을 얻었다.

- 1896년, 닝보 상인 바오셴창 鮑鹹昌, 바오셴언 鮑鹹恩 형제가 상무인서관 商務印書館을 설립했다. 이 회사는 당시 중국에서 가장 큰 출판사로 성장했다.

- 1897년, 닝보 상인 얀신후, 예청중, 주바오쌴이 중국 최초의 은행인 중국통상은행 中國通商銀行을 설립했다.

- 1912년, 닝보 상인 팡예셴이 상하이에 소비자 화학제품 회사 Consumer Chemicals Firm를 설립했다. 이것은 중국 최초의 소비자용 화학제품 제조사였고, 가루치약, 치약, 모기약, 비누를 생산했다.

- 1915년, 닝보 상인 위차칭虞洽卿이 싼베이 해운그룹Sanbei Shipping Group을 설립했다. 이는 당시 중국에서 가장 큰 상업 해운그룹이었다. 연간 총 용적톤수는 9만 1,000톤이었는데, 이는 중국 해운회사 전체 물량의 1/7에 해당하는 것이었다.

- 1923년, 닝보 상인 저우샹성周祥生은 상하이에서 샹성 택시회사를 설립했다. 이 회사는 1937년 기준으로 22개의 지점과 230대의 택시를 보유하여 상하이에서 가장 큰 택시회사였다.

- 닝보 상인 류훙성劉鴻生은 석탄으로 큰돈을 벌어 '석탄왕'이라는 별명을 얻었다. 그는 1930년에 성냥공장을 설립했다. 이는 당시 중국에서 가장 큰 성냥공장이었고, 중국 전체 성냥 생산량의 1/4을 생산했다. 그에 따라 류훙성은 '성냥왕'이라는 또 다른 별명을 얻었다.

닝보 상인들에게 중요한 네 번째 국면은 1940년대와 1950년대 이후의 몇 십 년 동안이었다. 이 기간에 많은 닝보 상인들이 해외로 진출했는데, 대부분은 홍콩을 선택했다. 그들 중 일부는 홍콩에서 국제적인 기업을 세우는 데 성공했다. 닝보 상인인 바오위강包玉剛은 1949년 초에 홍콩으로 이주한 후 처음에는 무역업을 했다. 그러다 1955년에 중고 화물선 한 척으로 해운업 시장에 뛰어들었다. 그로부터 20년 후 바오위강은 글로벌 해운연합Global Shipping Bloc을 형성하게 된다. 1970년 말 기준으로 글로벌 해운연합은 200척의 대형, 초대형 선박을 보유했고, 총 용적톤수는 2,000만 톤이었다. 이는 미국이나 구소련 화물선의 전체 용적톤수보다 많은 것이었다. 그는 1980년대에 영국의 소유였던 구룽창九龍倉, Wharf Holdings과 위록 마든Wheelock Marden의 지분을 사들이고, 캐세이

알리바바닷컴은 어떻게 이베이를 이겼을까?

퍼시픽과 드래곤 항공Dragon Airlines에 투자함으로써 사업 영역을 확장했다. 그의 사업 영역은 해운, 부동산, 호텔, 통신, 항공, 물류, 부두, 무역에 걸쳐 있다.

또 다른 닝보 상인 사오이푸邵逸夫, 영어명 Run Run Shaw와 그의 형은 상하이에 영화사를 차렸고, 1926년에 자신들의 영화시장 개척을 위해 싱가포르로 가서 쇼브라더스Shaw Brothers 영화사를 세웠다. 그 후 홍콩의 경제가 발전하기 시작하자, 그는 1958년에 홍콩으로 가서 쇼브라더스홍콩 사를 설립했다. 1960년대 이후에 쇼브라더스 사는 1,000개 이상의 영화를 찍었고, 홍콩과 대만의 영화제에서 수십 차례 입상했다. 쇼브라더스 사는 1970년대에 TV산업에 진출했다. 1980년에 사오이푸는 홍콩 방송국인 TVB의 최대 주주로서 동회 동사장으로 선출되었고, 이후 TVB 자사인 펄 채널Pearl Channel; TVB의 영어 채널과 제이드 채널Jade Channel; TVB의 중국어 채널 경영에 집중했다. 이 두 채널의 시청률은 홍콩에서 오랫동안 1위 자리를 지키고 있다.

동남아시아의 중국 상인들

중국 상인들이 자본주의 발전에 기여한 것은 중국에만 국한되지 않았고, 동남아에서도 중요한 역할을 했다. 중국인이 해외로 이주하는 데는 주로 4가지 원인이 있었다. 정치적 망명, 홍수나 전쟁 같은 사회적/자연적 재난, 돈을 벌기 위한 경제적 목적, 학문 연구가 그것이었다. 경제적인 목적으로 이주를 했던 중국인들은 대다수가 동남아에 정착했다.

중국인들이 다른 아시아 국가로 이주한 역사는 한 왕조 때로 거슬러 올라가지만, 그것이 급격히 증가한 것은 당 왕조618~907년에 이르러서였다. 배를 만드는 기술과 항해술이 급격히 발달하고 국력이 커지면서 해외로의 이주가 늘어났고, 이는 중국과 많은 아시아 국가들 간의 무역을 크게 증가시켰다. 이후 명 왕조 중반까지 700~800년간 중국 상인들은 여러 아시아 국가에 정착하여 경제력을 구축했다.

중국인들이 동남아로 가장 많이 이주한 시기는 16세기 중반부터 아편전쟁이 발생한 1840년 사이였다. 서구 식민주의 국가들이 아시아에서 경제를 개발하면서 노동자들에 대한 수요가 급증한 것도 이 기간이었다. 이 노동자들 중 다수가 푸젠성과 광둥성 출신들이었다. 이 시기에 다른 아시아 국가로 이주한 중국인의 수는 총 100만 명에 달했다.

많은 중국 상인들이 노동자로 계약을 맺어 해외로 진출했지만, 이들 중 상당수는 계약 기간이 종료되면 자신의 사업체를 운영했다. 독점적인 영국 기업들의 원자재에 대한 엄청난 수요를 본 중국 상인들 중에는 원자재를 가공하는 공장을 차린 사람들도 있었고, 중개무역을 하는 사람들도 있었다. 19세기에는 중국의 은행과 무역협회가 자본의 흐름을 용이하게 했다. 그러나 당시 중국 상인들의 활동은 서구 식민주의 세력들에 비해 상대적으로 미미했다.

제2차 세계대전이 끝나고부터 1960년대까지 동남아 국가들은 하나씩 독립했고, 과거 식민지 국가의 경제력을 장악했던 세력들이 약화되었다. 그러면서 자국 내 자본이 성장할 수 있는 기회가 열렸다. 여러 동남아 국가가 관세 인상, 수입 제한, 환율 절상 등을 통해 '수입 대체import substitution' 전략을 시행했다. 많은 중국 상인들은 이 기회를 이용하여, 사업 분야를 상업과 무역에서 산업 기업으로 전환했다. 인도네시아의 린林씨 가문의 살림 그룹Salim Group이 정향clove, 향신료의 재료 무역에

알리바바닷컴은 어떻게 이베이를 이겼을까?

서 밀가루 및 섬유 생산으로 전환한 것도 이때였다. 말레이시아의 쿽브라더스Kuok Brohers 사는 설탕 및 밀가루 생산업에서 밀가루 및 섬유 생산으로 전환했다. 동남아 국가들이 관세 인하, 수출에 대한 보상, 외국 투자 장려 등을 통해 '수출 지향적' 정책을 취한 것은 1970년대가 되어서였다. 많은 중국 상인들은 외국 투자자들과 합자하여 기업을 세우고, 국제 시장을 겨냥해 산업제품과 중급제품을 가공하고 조립했다. 그중 한 예가 일본 자동차의 판매 및 조립에서 유럽 시장과 북미 시장을 겨냥한 자동차 부품 생산으로 전환한 말레이시아의 탄충 그룹Tan Chong Group이다. 이때부터 지금까지 탄충 그룹은 말레이시아에서 가장 큰 자동차 부품 제조사이며 수출 기업이다.

이 기간에 주식에 대한 개념이 동남아 국가들에 도입되었고, 주식시장이 열렸다. 많은 중국인 소유 기업들이 주식시장에 상장되었고 다른 기업의 지분을 사들이는 데 많은 투자를 했다. 이를 통해 그들은 사업 영역을 확장해갔다. 예를 들어 1970년대부터 살림 그룹은 제분소, 시멘트 공장, 자동차 공장, 은행을 인수 및 합병했다. 그 결과 살림 그룹은 밀가루 생산 및 유통, 시멘트 생산, 자동차 제조, 금융에서 점차 주도적인 역할을 하게 되었고, 인도네시아에서 가장 큰 중국인 소유의 기업들 중 하나가 되었다. 싱가포르의 중국인 소유 기업인 유나이티드 오버시스 뱅크United Overseas Bank는 4개의 은행들을 인수함으로써 도시국가인 싱가포르에서 개인이 소유한 가장 큰 은행이 되었다.

1980년대에 동남아 국가들은 기간산업을 개발하기 위한 여러 정책을 채택했고, 거대 산업 및 화학 공장이 많이 건설되었다. 이 기간에 많은 거대 그룹들이 사업을 확장했는데, 특히 말레이시아의 라이온 그룹Lion

Group, 태국의 사하비리야 밀 플레이트_{Sahaviya Mill Plate}와 SSP 그룹과 같은 철강산업 분야 업체들이 그러했다.

〈포브스〉가 선정한 '2005 동남아 최고 부자 40인'에서 약 30명이 중국인이었고, 상위 10명 중 9명이 중국인이었다. 이 중 1위는 퀵브라더스의 회장인 로버트 퀵_{Robert Kuok, 중국명 郭鶴年}이었다. 그의 아버지는 푸젠성 출신으로, 1909년에 말레이시아에 정착하여 힘든 여건에서 사업을 시작했다. 로버트 퀵은 싱가포르에서 대학을 졸업한 직후인 1948년에 해운업을 시작했다.

1957년에 말레이시아가 영국으로부터 독립하자, 로버트 퀵은 영국인이 철수한 말레이시아의 소비재시장에 공백이 생길 수밖에 없다고 생각했다. 그는 1959년에 말레이시아에 첫 설탕 정제소를 세우는 정부의 계획에 합류하여, 태국에서 원당_{原糖}을 구입하여 가공한 후 말레이시아 전역에 유통시켰다. 그리고 몇 년 후 말레이시아의 설탕산업을 장악하게 되었다. 1968년에 로버트 퀵은 정부로부터 566km²의 땅을 임대하여, 사탕수수를 재배하고 정제소를 세웠다. 그의 노력으로 말레이시아는 설탕을 자급자족할 수 있게 되었다. 그는 국제 시장에서 설탕 가격이 오르기 전인 1970년에 엄청난 양의 원당을 구입하여, 미래의 설탕시장을 위해 엄청난 투자를 했다. 그 결과 퀵브라더스의 말레이시아 설탕시장 점유율은 80%까지 올라갔고, 여러 나라와의 설탕무역을 통해 매년 150만 톤의 설탕을 공급했다. 이는 세계 설탕시장의 10%에 해당된다.

그는 1971년에 싱가포르에 샹그릴라 호텔을 짓는 데 1억 링깃_{말레이시아의 화폐 단위 – 옮긴이}을 투자하며 호텔산업에 진출했다. 그 후 말레이시아, 태국, 홍콩, 피지, 서울, 필리핀, 중국에까지 호텔을 세워, 샹그릴라 호텔과 리조트를 세계 5대 호텔 브랜드 중 하나로 만들었다. 그는 이 기간에 또 다른 전략을 실행했다. 1974년 1월에 선물거래를 전문으로 하는 케리 그룹Kerry Group을 홍콩에 설립했던 것이다. 몇 년 후 홍콩 정부는 침사추이尖沙咀 동쪽지역을 개발하기로 결정했다. 로버트 퀵은 이 기회를 이용하여 홍콩의 부동산 개발자와 계약을 맺어 땅을 구입했다. 그리고 그중 일부에 샹그릴라 호텔을 지었고, 대성공을 거두었다. 호텔이 문을 연 얼마 후 홍콩의 잡지들은 이 호텔을 세계에서 가장 좋은 호텔 3위로 선정했다.

로버트 퀵은 1999년대에 사업 분야를 미디어, 영화, TV로 확장했다. 케리 그룹은 영자신문인 〈사우스차이나 모닝포스트South China Morning Post〉를 인수했고, TVB에 투자하며 주요 주주가 되었다.

문화대혁명 기간의 민간경제

중화인민공화국 설립 초기까지만 해도 마오쩌둥 주석은 중국이 크게 발전할 수 있도록 자본주의가 허용되어야 한다고 제안했다. 그러나 1951년 말에 이른바 '삼반三反운동'이 시작되면서 중국 민간 경제의 운명은 바뀌기 시작했다이때까지만 해도 사영기업의 운영과 이윤추구가 합법적으로 허용되었다 – 옮긴이.

반부정부패에 초점을 맞춘 삼반운동은 공산당 내부의 부정부패를 청산하기 위한 것이었고, 이를 통해 뇌물 수수자와 증여자가 모두 드러났다. 그중에는 25개 정부기관의 간부 65명에게 뇌물을 바친 상하이의 약국 주인도 있었다. 뇌물 외에 다른 부정행위도 적발되었는데, 한국전쟁에서 사용될 장비에 기준 미달의 부품이 들어간 경우가 그 일례라 할 수 있다. 삼반운동은 곧 오반伍反운동으로 이어졌다. 오반운동은 뇌물, 탈세, 국유재산 절취, 노력과 시간 및 재료의 속임, 국가경제 정보의 절취를 근절하기 위한 것이었다. 오반운동은 합법적인 방법으로 시행되지 않았기에 큰 혼란이 발생했고, 많은 민간 사업자들이 부당하게 고발당했다. 그들 중에 선박왕 루쭤푸盧作孚가 있었다.

쓰촨성에서 태어난 루쭤푸는 1926년에 민성공사民生公司를 설립했다. 그는 자링강嘉陵江의 운송노선을 개척했고, '고객이 최우선'이라는 경영철학을 가졌다. 경리에서 선원에 이르기까지, 정도의 차이는 있었지만 민성공사의 모든 직원들은 고객을 직접 접대해야 했다. 민성공사는 고객들에게 완전하고도 세심한 서비스를 제공했다. 루쭤푸 자신도 종종 배에 승선하여 승객들을 접대했다. 민성공사는 사업 첫해에 2만 위안 이상의 이윤을 냈다. 루쭤푸는 1929년에 촨장항무관리처장川江航務管理處長에 임명되었다.주석23 당시는 경쟁이 매우 치열했다. 많은 외국 해운사들이 중국 해운사들을 파산 위기로 몰면서, 중국 해운사들의 입지를 약화시켰다. 루쭤푸는 충칭으로 향하는 외국 선박들이 촨장항무관리처에서 세관 검사를 받도록 규제했다. 또한 작은 회사들이 규모가 큰 1개의 회사로 통합하도록 장려했고, 1930년부터 민성공사는 중국인 소유의 해운회사들을 인수합병하기 시작했다. 민성공사는 1년도 되지 않아 7개의 회사를 성공적으로 합병했고, 1935년에는 미국 및 영국 회사들과의 경쟁에서 승리를 거두었다. 그 후 민성공사는 선박 11척을 추가로 구입하면서 42척의 배를 보유하게 되었고, 총 용적량은 1만 6,884톤이 되었다. 민성공사는 촨장 수로 운송의 61%를 점유하게 되었다.

항일전쟁이 끝나자 루쭤푸는 양쯔강에서 상하이로 관심을 돌렸다. 상

 알리바바닷컴은 어떻게 이베이를 이겼을까?

하이에서는 대만, 홍콩, 롄윈강連雲港, 톈진, 칭다오, 잉커우營口로 향하는 새로운 노선을 만들 수 있었다. 민성공사는 대만, 광저우, 홍콩에 지점을 냈고, 1949년이 되자 민성공사의 배는 150척에 용적량은 7만 2,000톤으로 늘어났다. 루쭤푸는 1950년에 홍콩을 떠나 베이징으로 돌아갔다.

1952년 2월, 오반운동 집회에서 루쭤푸의 사환이 그를 뇌물증여 혐의로 고발했다. 루쭤푸가 공공 지분 소유주(국가-민간의 공동소유제 기업에 임명된 정부 관료)들에게 저녁과 경극 관람을 접대했으며, 양털 코트까지 선물했다는 것이었다. 루쭤푸는 그 며칠 전 회사의 선박이 바위를 들이받아 침몰한 것 때문에 이미 큰 부담감을 갖고 있었다. 그것이 단순한 사고가 아니라 국민당 요원들이 고의로 침몰시켰다는 소문이 돌았기 때문이었다. 그 때문에 회사 내부에서 긴장감이 감돌고 있었다. 그런 상태에서 뇌물증여 혐의로 고발을 당하자, 루쭤푸는 더 이상 부담감을 이기지 못하고 3일 후에 자살했다.

오반운동의 결과와 평가를 보면, 민간 사업체의 10~15%만이 '법을 준수'하는 것으로 분류되었다. 50~60%는 '기본적으로 준수,' 25~30%는 '어느 정도 준수,' 4%는 '심각한 위법'을 저지르는 것으로 분류되었다. 그리고 1%는 '전혀 준수하지 않는 사업체'로 분류되었다. 이 결과로 인해 중앙정부는 민간 사업체에 대한 정책을 바꾸게 되었다.

1953년 말에 중앙정부는 민간 사업체들을 변신시키기 위한 계획에 착수했다. 그 첫 단계는 석탄, 금속, 화학제품, 섬유 등 주요 물품을 통제하고, 원자재의 공급도 국가가 통제하는 것이었다. 그에 따라 민간 기업에 대한 자원 공급이 축소되었다. 이와 동시에 중앙정부는 곡물, 식용유, 목화 등 주요 농산물의 구입과 판매를 국가가 통제하고 독점하는 정책도 시행했다. 이 조치로 인해 민간 사업체들은 해당 농산물들을 유통시킬 수 없게 되었다. 두 번째 단계는 민간도매상, 소매상, 무역상들을 변신시키는 것이었다. 이 정책으로 도매업자의 역할은 국가 소유의 상업조직이 대신하게 되었고, 소매상들은 국가 소유 상업조직의 매장으로 바뀌었다. 그리고 민간 수출입업체들은 2가지 형태의 소유제로 바뀌었는데, 위원회 소유로 바뀌거나 국가-민간의 공동소유제로 바뀌었다.

1954년 9월에 '국가-민간의 공동소유제'에 대한 국가 정책이 공표되었다. 공동소유제를 통해 중국 정부는 이전에는 민간 사업체였던 기업에 투자를 하고 간부들을 임명했다. 1956년에 공동소유제 기업으로의 전환이 완료되자, 80만 명 이상의 민간사업자들이 소유권을 잃었다. 그리고 민간 소유의 기업은 찾아보기 어려웠다.

중화인민공화국 수립 초기에는 5,000만 명 이상의 독자적으로 일하는 기술자들이 있었지만, 이들 또한 중앙정부의 계획에서 벗어날 수 없었다. 먼저 이들을 변신키기 위한 계획은 협동조합식 모델로 시작되었다. 이 모델을 통해 소규모 조합이 만들어졌고, 이들이 만든 제품은 국영기업이나 '공급수매 합작사[供銷合作社]'를 통해서만 판매할 수 있었다. 1955년에는 이 모델을 개혁하여 일련의 새로운 정책들이 시행되었다. 모든 기술자들은 수공예조합에 의무적으로 가입해야 했고, 이는 집단소유제 형식이었다. 1956년 7월에 이르면 대부분의 기술자들이 조합에 가입해 있었고, 독자적으로 활동하는 비율은 10%에 지나지 않았다.

1949년에는 650만 개의 소규모 가게 구멍가게가 있었다. 이들을 변신시키는 것은 다음의 단계를 따랐다. 1) 이 가게들을 국가소유의 상업조직을 위한 매장으로 활용한다. 2) 국가소유 상업조직과 매장이 공동으로 물품을 구매하고 판매는 따로 한다. 3) 이 경우 이윤과 적자에 대한 책임은 양자가 따로 진다. 4) 국가소유 상업조직과 매장이 공동구매와 공동판매를 할 경우에는 양자가 이윤과 적자에 대한 책임을 함께 부담한다. 국가-민간의 공동소유제 개혁은 1956년에 이러한 소규모 가게에 대해서도 시행되었다. 그해 말이 되자 공동소유제로 전환되지 않은 소규모 가게는 14.9%에 지나지 않았고, 이들 대부분은 외진 곳에 있거나 제대로 운영이 되지 않는 가게들이었다.

민간 부문에 대한 변신 작업이 있은 지 3년이 지난 1956년이 되자, 중국의 민간 사업체는 간신히 명맥만 유지하게 되었고, 문화대혁명을 통해 완전히 사라지게 되었다. 1966년 9월에 중앙정부는 국가-민간 공동소유제 가게들을 국가 소유의 가게로 전환한다는 정책을 공표했다. 국가-민간 공동소유의 가게로 전환되지 않았던 모든 소규모 가게들도 국가 소유의 가게로 전환되었다. 1968~1970년 사이에 중앙정부는 민간의 상업 활동을 '불법적인 이윤을 추구하고 투기를 하는 행위'이며 '반혁명적 경제활동'으로 규정하고, 이를 강력히 금지시키는 규제책을 시행했다. 이 규제책은 국유 부문을 제외한 어떤 조직이나 개인도 상업 활동을 하지 못하도록 했고, 반복적으로 시행되었다. 또한 어떤 조직도 시장, 농촌의 인민공사 등으로부터 물품을 구입하지 못하도록 했다. 문화혁명 기간에는 개인의 독자적인 구두 수선, 자전거 수리, 재단사, 행상 등도 금지되었다. 1973년 기준으로 해당 산업 부문에서 독자적으로 활동하는 기술자들은 0.8%만 남게 되었고, 이들의 판매량은 0.2%에 지나지 않았다.

한편, 농부들은 아무런 보상 없이 자신들이 수확한 것을 지역 인민공사에 기증해야 했다. 가축 사육, 채집, 길쌈과 목수 작업, 대장간과 주조 또한 금지되었다. 일부 지역에서는 1가구당 돼지 1마리와 닭 1마리를 기르는 것이 허용되기도 했지만, 돼지의 수를 통제하기 위해 암돼지를 기르는 것은 금지되었다. 일부 지역에서 가축을 기르도록 허용된 것도 자급자족을 위해서였고, 시장에 판매를 하기 위한 것이 아니었다. 달걀 을 파는 것도 '불법적인 이윤추구이며 투기 행위'로 규정되었다. 랴오닝 성遼寧省의 한 현에서는 돗자리를 짜는 것이 농부들의 전통적인 부업이 었다. 문화대혁명 이전에 이 지역의 연간 돗자리 생산량은 16만 개에 이 르렀지만, 이것이 금지된 이후인 1976년에는 생산량이 5,000개로 급감 했다.

중국의 민간경제가 사라진 것은 민간경제에 일어난 변화를 개괄하는 것 외에도, 민간 사업체들에 대한 국가의 이윤배분 정책을 보면 보다 직 접적으로 알 수 있다.

- 1950년에 있었던 민간 사업체들에 대한 임시규제책에 따르면, 민간 사업체의 이윤 중 세금과 공공 예비금 10%를 뺀 최소한 60%의 이 윤이 사업자에게 돌아갔다.
- 1953년, 이윤 배분은 34.5%의 세금, 15%의 직원 복지비, 30%의 공 공 예비금을 뺀 20.5%만 사업자에게 돌아갔다.
- 1956년에 있었던 국가-민간 공동소유 개혁 이후에는 고정적인 비율 로 바뀌었다. 즉, 민간 사업자는 초기 자본재capital goods의 5%만 자 신의 이윤으로 가져갈 수 있었다.
- 문화대혁명 기간에는 모든 민간 사업체가 국가 소유로 바뀌면서, 기

업 이윤의 5%만 가져갔던 제도도 폐지되었다.

'계급투쟁'이 중심이었던 문화대혁명은 중국에서 정치적, 사회적, 경제적 혼란을 가져왔고, 국가 경제는 몰락 직전까지 갔다. 중국의 오래된 속담처럼 '비뚤어진 둥지 안에 온전한 계란이 없다'는 격이었다.

개혁개방기의 민간경제

앞서 살펴본 것처럼, 중국 민간경제의 운명은 정부 정책에 의해 결정되었다. 이는 1976년에 시작된 개혁개방 정책 때도 반복되었다. 개혁개방 정책이 민간경제에 미친 영향은 3단계로 나눌 수 있다.

1. 민간경제에 대한 규제 폐지
2. 민간경제에 불어닥친 또 다른 시련
3. 민간경제의 급속한 발전

민간경제에 대한 규제 폐지

1978년 말에 중국공산당 제11차 전국대표대회 제3차 중전회中全會, 중앙위원회 전체회의에서는 침체된 경제를 재건하는 노력의 일환으로, 국가 경제의 근간이랄 수 있는 농업을 되살리고 발전시킨다는 중요한 결정이 내려졌다. 이 중에는 농업 부문에서의 민간경제에 대한 규제를 폐지하는 내용이 포함되었다. 개인의 경작, 가축 사육, 채집, 길쌈 등을 허용하고, 이를 시장에서 판매하는 것도 허용되었다. 1980년 가을부터 1982년 말까지 중국 농촌지역에서는 가정계약제가 널리 채택되었다. 가정계약제란 농업 및 부업 활동의 생산량을 할당하여 이를 계약하고, 할당량 이외의 생산물은 자신의 소득으로 하는 것이었다. 이를 통해 농부들은 충분한 소득을 올렸고, 주택, 저금, 생산 수단 등의 개인 재산을 갖게 되었다. 이와 동시에 가정계약제는 농촌지역에서 기업가 정신을 자극하여, 1984년 이후 급격히 발전한 향진기업 鄕鎭企業, 향과 진은 중국의 행정단위로 우리나라의 읍면 정도에 해당된다 – 옮긴이의 토대가 되었다. 주석24

도시지역에서는 문화대혁명 기간 중 농촌으로 파견되었던 '교육을 받은 도시 젊은이들'이 문화대혁명이 끝난 후 도시로 돌아왔다. 이들에게는 일자리가 시급한 문제였다. 이를 고민한 중앙정부는 1979년부터 1983년까지 개인의 자영업을 합법화하고 장려하는 일련의 정책을 시행했다.

1980년에 정부는 경제개혁을 시험하기 위한 '실험장'으로 4개의 경제특별구역을 선전, 주하이 珠海, 산터우 汕頭, 샤먼 廈門에 설립했다. 야망에 찬 수만 명의 젊은이들이 경제특구로 몰려들었고, 이들 중 다수는 힘들게 사업을 시작하여 성공적인 기업을 이루었다.

1984년 10월에 열린 중국공산당 제12차 전국대표대회에서는 경제개혁을 단행하고 시장경제를 건설한다는 결정이 내려졌다. 이와 함께 자영업이 합법적이며, 경제발전과 고용증가에서 중요한 보조적 역할을 수행한다는 점을 인정했다.

우리가 인터뷰한 20명의 뛰어난 기업가들 중 2명이 이 결정이 내려진 이후에 사업을 시작한 사람들이었다. 1985년에 저장성 출신의 루원룽은 향진기업 운영을 계약함으로써 백만장자가 되겠다는 목표를 세웠다. 1986년에 16세이던 류충잉은 다른 가게에 딸린 가로×세로 3m짜리 공간을 계약하여 신발 장사를 시작했고, 이는 자본금이 수백만 달러인 아이밍얼 가죽제품공사의 토대가 되었다.

1988년 4월에는 국가가 사영기업을 허가하고, 이들의 법률적 권한과 이익을 보호한다는 수정 헌법이 통과되어 공표되었다. 같은 해 중앙정부는 사영기업에 대한 임시규제법안 및 사영기업의 소득세에 대한 임시규제법안을 공표했다. 이 법률들은 민간 부문이 합법적임을 선언하고 있다.

중앙정부가 하이난海南 섬을 경제특구로 지정하여 돈을 쫓는 많은 젊은이들이 몰려들게 한 것도 1988년이었고, 우리가 인터뷰한 기업가들 중 1명이 국영기업을 그만두고 하이난중신화공海南中信化工을 설립한 곳도 하이난이었다.

민간경제에 불어닥친 또 다른 시련

1989년에서 1991년까지 '자본주의 대 사회주의'에 관한 전국적인 논란으로 중국에서 민간경제의 발전이 주춤거렸다. 일부에서는 가정계약제, 자영업, 향진기업 등이 중국을 자본주의 국가로 변질시키지는 않을까 하는 의문을 제기했다. 많은 자영업자 및 민간 기업가들은 문화대혁명이 다시 출현한다는 두려움에 사업을 접기도 했다.

1989년 2/4분기 통계를 보면, 등록된 자영업체는 1,234만 개로 감소했고, 종사자 수는 총 194만 4,000명으로 감소했다. 이는 각각 전년도에 비해 15%, 15.7% 하락한 수치였다. 1988년에는 민간기업 총수가 200만 개였으나, 1989년 말에는 그 수가 90만 6,000개로 감소했다. 그 수는 1990년이 되면서 약간 증가했고, 1991년에도 전년도보다 다소 증가한

100만 개가 되었다.

민간경제의 급속한 발전

1990년에 중앙정부가 상하이의 푸둥신구_{浦東新區}를 개방하기로 결정함에 따라 돈을 쫓는 수많은 사람들이 몰려들었다. 우리가 인터뷰한 기업가 20명 중 절반이 상하이에서 사업을 시작했다. 그들 중 5명은 푸둥에 대한 정부의 호의적인 정책 때문에 상하이를 선택했다.

1992년 초에 덩샤오핑_{鄧小平}은 중국 남부지역을 방문하여 '남순강화_{南巡講話}'라는 유명한 연설을 했다.주석25 중국공산당 제14차 전국대표대회가 그해 10월에 열렸고, 여기에서 경제발전과 개혁개방 속도를 높인다는 결정이 내려졌다. 남순강화와 전국대표대회의 결정을 통해 자영업과 민간기업에 드리워졌던 불확실성이 제거되었다. 이와 동시에 많은 정부 관료와 지식인들이 자신의 직업을 그만두고 사업에 뛰어들었다. 이런 현상은 '바다에 뛰어들기'로 불렸다. 국가인사부_{國家人事部}의 통계에 따르면, 12만 명의 정부 관료들이 사표를 내고 사업에 뛰어들었다. 또한 공무원직을 유지하면서 상업 활동을 하는 관료들은 1,000만 명에 이르렀다. 우리가 인터뷰한 기업가들 중에는 2명이 공무원을 그만두고 사업에 뛰어든 사람들이었다.

이런 과정을 통해 중국의 민간경제는 빠르게 쇠퇴기를 벗어났다. 1993년에 사영기업의 수는 237만 개로 늘어났고, 1994~1995년 사이 등록된 총자본은 2,400억 위안에 이르렀다. 이는 1989~1990년 사이보다 20배나 증가한 것이었다. 우리가 인터뷰한 기업가들 중 1/4이 1994~1995년에 사업을 시작한 사람들이었다.

1997년에 열린 중국공산당 제15차 전국대표대회에서는 민간경제를 국가경제에서 '중요한 요소'라고 칭했다. 앞서 민간경제를 국가경제에 있어 보조적인 역할을 한다고 선언한 것과 비교하면, 민간경제의 위치가 크게 강화된 것이었다. 이로 인해 중국의 민간경제는 발전 속도가 가속화되었고, 우리가 인터뷰한 20명의 기업가들 중 5명이 1997년에 사업을 시작했다.

원저우溫州

이 기간에 중국의 민간경제 발전에서 원저우 사람들이 했던 역할은 이전에 안후이, 산시, 닝보 상인들이 했던 역할만큼이나 중요한 것이었다. 1970년대 말~1980년대 초 이후부터 원저우에서는 소규모 가내공장의 수가 급격히 증가했다. 1980년대 중반 기준으로 소규모 제품을 생산하는 가내공장이 원저우에는 30만 개 있었고, 이들은 산업생산 가치의 70%를 차지했다. 이는 '원저우 모델溫州模式'이라고 불렸다.

우리가 다루는 사례 중 하나인 마이클 마Michael Ma는 원저우 출신이고, 그의 비즈니스 모델은 전형적인 원저우 모델이다. 그는 이렇게 말한다. "당시에는 장기간 지속할 기업을 건설하는 것이 목적이 아니었습니다. 그냥 돈을 버는 것이 목적이었죠. 돈을 벌 수 있는 곳이면 어디서든 돈을 벌었습니다. 저의 경우는 한꺼번에 3~5개의 사업체를 운영하기도 했습니다." 그는 원저우 사람들의 특별한 점이 무엇이냐는 질문에 자신들이 다른 지역 사람들보다 똑똑한 것은 아니라고 말했다. 단지 차이점이라면 원저우 사람들이 일찍 사업을 시작했고, 실험정신이 투철하다고 했다. 그는 다음처럼 실험정신이 잘 나타난 2가지 사례를 말해주었다.

원저우의 룽강진龍港鎭은 한때 지방 정부가 경제 및 정치개혁을 촉진하는 데 큰 성과를 거둔 것으로 유명했다. 당시 룽강진은 새로 생긴 마을이었기에 이곳으로 이주하려는 사람이 거의 없었다. 지방 정부는 이곳으로의 이주를 장려하기 위해 땅을 싸게 팔기 시작했지만, 별 효과가 없었다. 그러자 지방 정부는 정부 공무원들에게 땅을 매우 낮은 가격에 '할당'하기로 결정했다. 이런 2가지 정책은 지금으로 보면 매우 과감하게 보일 정도지만, 1984년 당시에는 누구도 들어보지 못한 혁신적인 것이었다. 땅 값이 올라감에 따라 룽강진의 인구도 증가했다.주석26 실험정신이 나타난 또 다른 사례는 원저우시 정부가 1990년대 초반에 내린 지침에서 알 수 있다. 당시 시 정부는 공무원들에게 사표를 내고 사업에 뛰어들도록 장려했고, 그런 공무원들에게는 현금을 지급했다. 마이클 마의 부인도 이 정책을 이용하여 4만 위안을 현금으로 받았다. 당시 시 정부 공무원의 평균 월급은 300~400위안에 지나지 않았다.

원저우에서 민간경제가 급성장한 것은 지방 정부의 정책적 지원이 어느 정도 역할을 한 것이 분명하다.

[주석]

1. 기원전 8세기에서 기원전 3세기까지 중국은 중앙아시아 지역을 서역이라고 불렀다.

2. 중앙아시아의 유랑 유목민족. 흉노족은 기원전 3세기 말에 거대한 부족연합체를 구성하여 500년 넘게 중앙아시아 지역을 점령했다.

3. 냥은 중국의 무게 단위로, 20냥은 약 1kg이다.

4. 지금의 안후이성 황산시黃山市. 안후이 상인 대부분이 이 지역 출신이다.

5. 조는 수로를 통한 수송을 뜻한다.

6. 명 왕조의 제16대이자 마지막 황제로, 1627~1644년 통치.

7. 양저우는 당시 정치적, 경제적으로 중요한 곳이었고, 화이어 강 지역 소금 교역의 중심지였다.

8. 장쑤성에 있는 중국의 주요 강.

9. 명청 시기에는 관료들이 빨간 장식이 달린 모자를 썼다. 홍정상인이란 관직과 상업을 겸하는 상인을 말한다.

10. '문'은 옛 중국의 화폐 단위이며, 도광제 초기 은 1냥은 1,000문이었다.

11. 청 왕조의 관직은 모두 9단계의 품계였으며, 2품은 각 성의 총독이나 순무에 해당된다.

12. 이는《논어論語》에 나오는 '배우는 것이 뛰어나면 관직에 나아간다學而優則仕'를 바꿔 인용한 것이다.

13. 산시성 북동쪽에 있는 허베이성의 도시.

14. 대학은 당시 최고의 교육기관이었다. 대학의 학생들은 과거시험 없이 졸업과 동시에 관직이 주어졌다.

15. 염인이 사용된 것은 송 왕조960~1279년로 거슬러 올라간다. 소금 교역에 종사하는 상인들은 조정이 발행하는 염인이 있어야만 했다. 대개는 돈을 주고 염인을 사는 경우가 많았다. 이 제도를 통해 국가가 소금 교역을 독점했다.

16. 회계기간은 대개 3~5년이었다.

17. 1차 지분의 수는 10~15주였다.

18. 닝보는 저장성 동쪽 해안 지역에 있다.

19. 팔고문은 명청 시대에 과거시험을 보는 데 사용된 문장 형식이다. 대부분의 사람들은 팔고문을 과거시험 이외에는 쓸모없는 것으로 여겼다.

20. 1911년 선포된 중화민국의 대총통이었던 쑨원 1866~1925년은 중국 남성용 의류를 근대화한 것으로 여겨진다. 그는 닝보 출신의 양복 재단사에게 일본과 동남아에서 중국 남성이 일상적으로 입을 수 있는 옷을 디자인하도록 지시했다고 한다.

21. 19세기 중반에 영국과 중국 간에 벌어진 두 차례의 전쟁 1840~1843년, 1856~1860년. 제2차 아편전쟁에서는 프랑스가 영국을 도와 참전했다. 영국은 영국령 인도에서 중국으로 아편을 밀수입했고, 이에 대해 중국이 법을 집행하는 과정에서 충돌이 일어났다. 중국은 두 차례의 전쟁에서 모두 패하여 아편무역을 승인해야 했으며, 여러 항구를 개방하고 홍콩을 영국에 할양한다는 불평등조약을 맺었다. 그 후 여러 국가가 영국을 따라 중국에 불평등조약을 강요했다.

22. 외국 사업체에 고용되어 무역거래를 중개했던 중국인이나 다른 아시아인.

23. 여기서 川江은 '쓰촨성에 있는 강들'이라는 뜻이다. 쓰촨성에는 양쯔강 외에도 자링강, 민강 岷江 등 주요 강들이 있다.

24. 향진기업은 농촌의 향과 진에서 운영하는 기업으로, 농촌의 농부나 개인들이 운영한다. 초기에 대부분의 향진기업들은 집단소유제였다가 점차 개인소유제로 바뀌었다.

25. 1992년 1월에 덩샤오핑은 중국 남부를 시찰하며 일련의 연설을 했다. 그 내용은 중국의 지속적인 개방과 개혁 심화를 촉진하는 것이었다. 이때의 연설들을 합쳐서 '남순강화'라고 한다.

26. 2006년 말에 룽강진의 인구는 20만 명에 이르렀다.

3가지 이야기

▰ 마이클 마의 이야기

국영 구조에서 탈피

1980년대 중반에 원저우에서는 30만 명이 소규모 상품을 만드는 가내공장에 종사하고 있었다. 이는 급속한 경제적 구조조정과 원저우의 도시화로 이어졌다. 원저우시는 중국 내에서 이른바 '원저우 모델'로 유명해졌다.

원저우에서 학생이었던 마이클 마는 대학 입시에서 아슬아슬하게 떨어졌다. 당시 대학입학은 경쟁이 매우 치열하여, 지원자의 3%만 대학에 갈 수 있었다. 1980년에 18세이던 그는 중국인민은행의 지방 지점에서 일을 시작했고, 1983년에 중국공상은행 中國工商銀行이 설립되자 그 은행 지점으로 발령을 받았다. 그리고 1987년에 룽강진 정부가 중국공산주의 청년단 주석을 선거로 뽑기로 함에 따라, 이에 출마하기 위해 은행을 그만뒀다.

1차 선거에 출마한 후보자는 1,000명이었고, 4차 선거까지 치른 후 마이클 마가 당선되었다. 대부분의 후보자들에게 정부 관직은 도시 거주자의 지위를 얻는 의미가 있었고, 이는 관직 자체보다 더 중요했다. 그러나 마이클 마는 관직 자체를 원했다. 관직이 그에게 자유를 주고 스트레스를 덜 받을 수 있기 때문이었다. 그러나 실망스럽게도 현실은 그가 기대했던 것과 달랐고, 4년 후 그는 관직을 그만두기로 결정했다. 그의 결정은 부모의 강한 반대에 부딪혔는데, 부모는 둘 다 정부기관에 근무하고 있었다. 그는 부모에게 다음과 같이 말했다.

"만약 관직에 계속 머무를 경우, 운이 좋고 능력이 된다면 50세에는 현의 당 서기지방 정부의 지도자가 될 수도 있겠죠. 그렇다고 해도 그게 뭐 대단하겠어요? 나한테 관용차가 주어지겠지만, 60세에 은퇴하면 다시 가져갈 텐데요. 그러나 내가 충분히 돈을 벌면 내가 죽을 때까지 가질 수 있는 차를 살 수 있잖아요. 아버지 어머니는 제가 실패해서 빈털터리가 될까 걱정하시는 거죠? 그렇다면 제가 지금까지 저축해놓은 돈을 모두 드릴게요. 그리고 제가 나중에 실패하면 언제든 아버지 어머니께 돌아올 수 있잖아요."

이윤추구를 지향하는 경영

마이클 마가 정부 관직을 그만둔 것은 관직에 대한 비관적 전망 외에 다른 이유도 있었다. 그는 은행에서 일하던 1984년에 부업으로 작은 공장을 열었다. 그의 주요 생산라인은 아이스크림 박스와 종이컵과 같은 포장재였다. 원저우의 다른 가내공장들과 마찬가지로 그의 비즈니스 모델도 매우 단순했다. 즉, 고객의 선불금을 받은 후 제품을 생산하고, 고객이 제품을 검사한 후 배달이 완료되면 잔금을 받는 것이었다.

그는 우리에게 사업 초기에 있었던 사건 하나를 말해주었다. 그는 상하이 비누 제조업체로부터 비누 포장지를 주문받았다. 그런데 고객이 제품을 수령하지 못하자, 마이클 마는 고객에게 제품을 전달하기 위해 생산한 포장제품을 갖고 상하이로 갔다. 그가 가진 유일한 정보는 전화번호뿐이었다. 그는 전화를 하는 과정에서 그 고객이 제조업자가 아닌 중간상인 것을 알게 되었다. 계속 수소문한 끝에 그는 제조업자를 찾게 되었고, 그에게 제품을 전달한 후 잔금을 받을 수 있었다. 이를 통해 그는 그 제조업체와 직접 계약을 맺게 되었다.

사업이 번창하면서 그는 곧 한 달에 수천 위안을 벌게 되었고, 이는 그의 은행 월급 100위안과 관직에서 받던 월급 200~300위안과 너무나 차이가 나는 액수였다. 그는 이러한 엄청난 차이 때문에 관직을 그만두고 1991년에 사업을 확장하면서 거기에만 몰두하게 되었다. 그는 이미 상하이의 업체들과 거래를 하고 있었기에, 상하이에서 더 큰 기회를 찾기 위해 시 외곽에 창고를 임대했다. 그러나 그의 사업은 당시 흔히 있던 문제, 즉 고객들이 제때에 대금을 지불하지 않는 문제로 어려움을 겪었다. 그는 대금을 받기 위해 고객들 대신 그들의 제품을 팔기까지 했다.

그는 1992년에 원저우로 되돌아와서 200만 위안의 자본금으로 유한 책임회사를 세웠고, 비스킷 공장과 포장재 공장에도 투자를 했다. 그 당시 중국의 비스킷산업은 생산라인이 거의 없었고, 규모도 작았다. 1980년대 말에서 1990년대 초에 홍콩, 마카오, 대만의 투자자들이 주장 삼각주珠江三角洲 지역에 30개 이상의 비스킷공장을 세웠다. 선진기술과 비스킷 제조법으로 이들은 중국 비스킷시장의 절반 이상을 점유했다. 이러한 성공을 본 많은 중국 본토의 기업가들도 이들의 비즈니스 모델을 흉내 내면서 공장을 세웠다.

그러나 마이클 마는 비스킷 사업이 만만치 않음을 곧 알게 되었다. 그는 600만 위안을 비스킷 공장에 투자했음에도 이윤이 극히 적었고, 결국 1996년에 100만 위안의 손실을 본 후 공장을 닫기로 결정했다. 그는 자신의 실패를 되돌아보면서 그 요인을 2가지로 축약했다. 1) 우선 그는 비스킷산업에 대한 이해가 부족했고, 핵심역량core competency도 부족했다. 2) 규모의 경제를 달성하지 못하는 공장이라면 조금이라도 수익을 내기 위해서는 그의 부모처럼 부지런하고 절약하는 사람들이 공장을 운영해야 했다.

마이클 마가 수익을 내지 못하면서도 비스킷 사업을 오랫동안 유지했던 이유는 그가 다른 원저우 사람들처럼 신용에 대해 크게 신경을 쓴 때문이었다. 원저우는 사업에서 사금융private financing이 매우 활발한 역할을 했던 유일한 곳이었다. 만약 그가 1~2년 사이에 공장을 닫았다면 이는 그의 신용에 영향을 끼쳤을 것이다. 그를 신용하는 사람들이 거의 없었을 것이고, 그러면 훗날 그가 사금융을 통해 자금을 조달하는 데 큰 어려움을 겪었을 것이다. 그는 이 때문에 비스킷 공장을 운영하는 데 자

　　　알리바바닷컴은 어떻게 이베이를 이겼을까?

신이 그동안 포장재 공장에서 벌어들인 돈을 쏟아부었던 것이다.

마이클 마는 1993년에 상하이시 정부와 함께 부동산에 투자했다. 그는 이윤을 남기고 되팔 목적으로 상하이 교외의 개발지에 있는 땅을 많이 구입했다. 그러나 그해 중앙정부의 통제 조치가 부동산 부문에 영향을 미쳐, 땅을 사려는 사람이 나타나지 않았다. 그가 은행에서 대출한 대출금의 금리가 1993~1995년 사이 22%로 상승했다. 원저우의 은행들은 당시 금리를 자신들이 직접 정하지 않고, 시장에 의해 결정되는 방식을 실험 중이었다. 채무자들은 은행과 금리를 협상할 수 있었지만, 마이클 마의 걱정은 정부가 자신이 구입한 땅의 개발을 중단하지는 않을까 하는 것이었다. 그래서 그는 가격을 낮춰 자신이 구입했던 땅 대부분을 팔았다. 이 경험을 통해 그는 원저우와 상하이에서 많은 아파트를 산 다음 가격이 치솟을 때 이를 되팔았다. 그러나 그는 자신이 부동산업자라고는 생각하지 않았다. 그는 "그것은 개인적이 투자였을 뿐입니다"라고 말했다.

장시간 지속가능한 기업 건설

마이클 마는 2000년에 한 카레이서로부터 포춘 오토모빌 레이싱클럽 Fortune Automobile Racing Club을 사들였다. 당시 그 클럽은 제대로 경영되지 않아 곧 파산할 지경이었다. 마이클 마는 이전의 사업들과는 달리, 장기간 지속가능한 기업을 설립하기로 결심했다. 그가 이러한 결정을 내린 것은 2가지 이유 때문이었다. 즉 우선 투자비용이 낮았고, 그가 자동차산업과 스포츠산업 둘 다 전망이 좋다고 보았기 때문이었다. 2000~2002년 사이 전문가들은 중국의 자동차산업 성장이 불안하다고 보고 있었다.

마이클 마는 2002년에 상하이 교외의 땅 약 13만㎡를 사들여 2003년 5월에 카레이싱 서킷 circuit을 완공했다. 이는 상하이의 첫 카레이싱 서킷이었고, 정부가 투자한 상하이 국제서킷 Shanghai International Circuit보다 앞선 것이었다. 마이클 마는 이를 설계하기 위해 세계 정상급 디자이너들을 채용했고, 세계 기준을 준수하여 국제자동차연맹 FIA, Federation of International Automobiles과 국제모터사이클링연맹 IMF, International Motorcycling Federation의 승인을 받았다. 나중에는 상하이 헤븐레이싱 회사 Shanghai Heaven Racing Company을 설립하여 레이싱팀들의 연습 및 기업들의 주요 홍보와 마케팅 이벤트 장소로 서킷을 임대했다. 마이클 마는 이 회사의 동사장으로 있었고, 전문적인 경리들을 고용하여 매일의 운영을 감독하게 했다.

마이클 마는 2000년에 포춘 오토모빌 레이싱클럽을 사들인 후, 상하이 폭스바겐 및 상하이 GM과 후원 계약을 체결하기 시작했다. 공교롭게도 당시는 독일 폭스바겐, 상하이 폭스바겐, 상하이기차집단 上海汽車集團이 막 합자 판매회사를 설립한 때였다. 독일 측 경영진은 브랜드를 판촉하고 마케팅하는 데 카레이싱이 효과적인 것을 잘 이해하고 있었다. 그들은 후원 계약을 맺었고, 상하이 폭스바겐이 포춘 오토모빌 레이싱클럽의 경주팀인 포춘 레이싱팀의 대표 후원사가 되었다. 나중에는 캐스트롤 Castrol, 호마크 Homark, 요코하마 타이어 Yokohama Tires 등 자동차 오일 및 부품 업체들과도 후원 계약을 체결했다. 이후 마이클 마는 클럽 이름을 스피드업 레이싱클럽 Speedup Racing Club으로 바꾸고, 직접 경영에도 참여했다.

새로운 비즈니스 모델 개발

스피드업 레이싱클럽의 초기 비즈니스 모델은 기존과 다를 것이 없었다. 후원사로부터 재정적인 지원을 받은 후 카레이싱에 참여한다. 경주에서 우승할 경우 언론의 관심을 끌게 되고, 그로 인해 후원사의 브랜드가 제고되면서 보다 많은 후원사들이 몰려든다. 이러한 비즈니스 모델은 초기에는 매우 성공적이었고, 마이클 마의 레이싱클럽은 중국에서 선발주자였던 덕분에 가장 잘 자리 잡은 레이싱팀들 중 하나였다. 그러나 그의 레이싱팀은 수많은 우승경력이 있었고 후원사들도 많았지만, 닛산Nissan, 도요타Toyota, 시트로엥Citroën, 현대 등의 후원을 받는 레이싱팀들이 점점 늘어났다. 후원과 투자를 위한 경쟁뿐만 아니라, 경주 자체에 대한 경쟁도 치열해졌다. 이에 대해 마이클 마는 다음과 같이 설명한다.

> "여러 자동차 제조사들이 관여하면서 레이싱팀의 수준이 급격히 향상되었습니다. 단순히 돈 문제가 아니라 기술의 문제이기도 했습니다. 카레이싱에서는 기술이 아주 중요한 역할을 하죠. 중국 자동차 업계의 기술은 다소 뒤처져 있습니다. 모든 레이싱팀들이 외국 자동차 업체의 기술 지원을 받습니다."

새로운 경쟁에서 이기기 위해, 마이클 마는 수익을 창조할 수 있는 새로운 전략과 수단을 시도하기 시작했다. 이를 위한 영감 중 하나를 F1 프로모터인 버니 에클레스턴Bernie Ecclestone으로부터 얻었다. 버니 에클레스턴은 2000년에 FIA와 100년간 F1 경주의 운영 및 프로모션 계약을 맺었다. 마이클 마는 "F1 경주는 매우 유명하지만, 그것은 FIA 덕분이 아닙니다. 바로 버니 에클레스턴 덕분이죠"라고 말한다.

F1이 인기가 높다는 것은 이를 통해 큰 수익을 낼 수 있다는 뜻이 된다. FIA의 F1 경주를 유치하려는 나라는 베너 에클레스턴의 포뮬러원협회FOA, Formula One Administration에 신청해야 한다. FIA는 F1 경주를 유치하려는 나라의 트랙 안전을 증명하는 운영비로 10만 달러를 받는다. 매년 F1 경주로 발생하는 수억 달러가 FOA로 들어가는 것이다. 스피드업 레이싱클럽은 이 제도를 모방하여 카레이싱 프로모션을 시작했고, 중국자동차스포츠협회FASC가 주관하는 2개의 주요 경주를 프로모션하는 계약을 맺었다.

도전과제들

마이클 마는 스피드업 레이싱클럽을 운영하는 데 가장 큰 도전은 노련한 경리를 찾기 힘든 점이었다고 말한다. 그의 경리들은 조직 내부에서 교육을 받고 승진을 한 사람들이었다. 6개의 부서를 각 부서가 이윤을 발생시키는 독자적인 부서로 전환하는 것은 각 부서의 책임자가 독립적으로 사업을 운영한다는 의미였다. 이들이 임무를 제대로 수행할지, 각각의 부서가 원래 의도대로 이윤을 발생시킬 역량이 있을지가 도전과제였다.

■ 류충잉의 이야기

어렵게 시작한 사업

류충잉은 쓰촨성 청두 근처의 농가에서 태어났다. 그의 아버지는 공장에서 일했고, 어머니는 농사를 지었다. 류충잉은 어린 나이에 이미 부모님들이 겪는 고충과 고난을 알았고, 8세 때부터 우물물을 길어오는 등 허드렛일을 하며 부모님을 돕기 시작했다. 그녀는 1986년에 중학교를 졸업한 후 600위안으로 가로세로 3m의 공간을 계약하여 신발을 팔면서 사업을 시작했다.

류충잉이 계약한 공간은 이발소 뒤에 딸린 좁은 공간이었고, 초라한 신발 진열대만 있었다. 그녀는 자전거를 타고 청두의 신발 도매점으로 가서, 한 번에 겨우 두세 켤레의 신발만을 사와서 팔았다. 그녀의 가게는 허름했지만, 류충잉은 30~50위안에 사온 신발을 2~3배 높여 파는 등 과감하게 장사를 했다.

당시에는 보다 비싸고 디자인이 뛰어난 제품에 대한 수요가 점차 나타나기 시작했다. 류충잉이 사업을 시작한 다음해에는 이발소 자리를 인수하여 가게 공간이 두 배로 확장될 정도로 사업이 잘되었다. 그리고 판매 제품도 운동화에서 가죽제품으로 확대되었다. 당시 가죽신발은 매우 고급 신발로 여겨졌고, 소수만이 신을 수 있었다.

사업 3년째가 되던 해, 류충잉은 도매상을 통하지 않고 직접 소규모 신발제조업체와 거래를 했다. 가죽신발이 매우 드물었기에, 류충잉은 소량의 제품만 공급받을 수 있었다. 그녀는 이 문제를 해결하기 위해 당시 귀했던 캔디를 사서 가죽신발 주문을 처리하는 핵심인사들에게 선물했다. 이후 새로운 디자인의 가죽신발이 나올 때마다, 이 핵심인사들은 류충잉을 위해 수십 켤레를 따로 챙겨줬다.

같은 해 류충잉은 $75m^2$의 가게를 구입했다. 1년 후, 제품 수급이 여전히 부족하자 그녀는 제조업자에게 한 가지 제안을 하게 된다. 제조업자들을 접대하는 자리에서, 그들의 제품을 독점적으로 판매하여 그들의 브랜드를 판촉한다는 것이었다. 류충잉과 제조업자들은 서로 합의하기에 이르렀고, 새로운 제품이 출시되면 그녀에게 가장 먼저 고를 기회가 주어졌다.

사업이 번창하면서, 류충잉은 도매업 진출을 고심하기 시작했다. 앞서 운영하는 2개의 가게 외에도 다른 곳에 9명의 직원이 딸린 $90m^2$짜리 가게도 운영하고 있었다. 그녀는 가게를 하나 더 임대하여 소매와 도매업을 동시에 운영했다. 거래를 하는 신발 공급업자들은 더 이상 청두에만 국한되지 않았고, 광저우, 스스石獅, 진장晉江의 업자들과도 거래했다. 덩샤오핑의 남순강화로 경제개혁이 이 시작되기 1년 전인 1991년에, 21세이던 류충잉은 처음으로 100만 위안을 벌었다. 대부분 사람들의 연간 소득이 1,000위안 이하였기에, 100만 위안은 상상조차 할 수 없는 금액이었다.

류충잉은 도매업을 운영하던 중 자신이 직접 대규모 신발생산 공장을 차리면 좋겠다는 생각이 들자, 하찮은 삼류 신발제조업체들이 놀라운 성장을 이루는 것을 처음으로 보게 되었다. 그녀는 1995년에 약 $2,000m^2$의 대지를 구입하여 신발공장 건설을 시작했고, 그 이듬해부터 운영에 들어갔다. 수년간 그녀가 소매상 및 도매상들과 다진 관계 덕분에, 신발제조업자로서 첫해 이룬 매출은 꽤 양호한 편이었다. 선양, 하얼빈, 시안, 란저우, 우한武漢, 항저우의 소매상 및 도매상들이 그녀에게 주문을 했고, 첫해에 300만 위안의 판매액을 올렸다.

2년차 되는 해에 그녀의 회사는 제품의 질과 미수금 문제로 어려움에 처했다. 신발 밑창이 갈라지는 문제로 300만 위안어치의 제품이 반품

되었고, 이로 인해 회사는 파산하여 문을 닫을 지경에 이르렀다. 그해 말에 류충잉은 개인적으로 규모가 큰 거래처 3곳을 방문했으나 미수금 중 일부만을 회수할 수 있었다. 그 돈으로 직원들에게 월급을 주고나자 원자재를 공급한 거래처에 줄 대금이 거의 없을 정도였다. 신발의 품질 문제는 1998년 여름에도 발생했고, 이로 인해 모든 주문이 취소되기도 했다.

이즈음에 러시아에서 금융위기가 완화되었고, 러시아에서 사업하기가 쉽다는 보도들이 나오기 시작했다. 중국 내에서 힘든 경쟁에 직면했던 류충잉은 신발 샘플을 들고 모스크바로 갔다. 거기에서 그녀는 통역사와 함께 낮에는 시장을 방문하고 밤에는 기숙사에서 잠을 자며 3개월을 보냈다. 그리고 몇 건의 주문을 따낸 후 중국으로 돌아왔다.

해외에서의 첫 주문은 비록 소량이었지만, 이 거래로 얻은 수익을 통해 류충잉은 죽어가던 신발제조 사업을 다시 살릴 수 있었고, 아이밍얼이 신발 수출에 뛰어드는 계기가 되었다. 일단 러시아로의 채널이 뚫리자, 아이밍얼은 리투아니아, 체코공화국, 우크라이나 등의 유럽 국가와 카자흐스탄, 키르기스스탄, 투르크메니스탄 등의 중앙아시아 국가들에도 진출했다. 이들 국가들에서 팔린 제품 중 50%는 아이밍얼의 자체 브랜드였고, 나머지는 자가 브랜드private brand; 제조업자의 상표가 아닌, 도매상 · 소매상이 붙이는 상표였다.

중국은 WTO 가입을 준비하던 2000년에 국제무역에 대한 통제를 완화하기 시작했다. 수출과 수입을 하려는 기업들은 허가 없이 신고만 하면 되는 것으로 바뀌었고, 이는 개인 투자가들에게 매우 중요한 변화였다. 이전의 제도 하에서는 민간 사업체가 외국과의 무역을 위해 허가를 받는 것이 거의 불가능했기 때문이었다. 그 다음 해에 아이밍얼은 중국에서 수출입을 할 수 있는 첫 사영제조업체가 되었다.

수출이라는 새로운 분야의 전망에 고무된 류충잉은 국제 시장을 탐색하기 시작했고, 미국 시장을 첫 목표로 삼았다. 그녀는 뉴욕 도서관에서 여성용 신발에 관해 조사했고, 중국에서 무역을 했던 경험이 있는 통역사를 알게 되었다. 두 사람은 잠재적인 고객들의 명단을 작성한 후, 명단의 상위 5개 회사와 연락하여 직접 방문했다. 류충잉이 첫 번째로 방문한 회사는 작은 유통업체였는데, 즉석에서 계약을 체결하고 이후에도 꾸준한 거래처가 되었다. 두 번째로 방문한 곳은 첫 번째보다 큰 업체였다. 이 업체는 아이밍얼 제품에 관심을 보이며, 아이밍얼이라는 기업과 그 제품의 질을 평가하기 위한 팀을 파견했다. 아이밍얼의 제품들은 품질 테스트를 통과했으나, 아이밍얼 기업의 경영은 그들의 기대에 미치지 못했다. 두 업체 간에 아무런 거래가 없었음에도 류충잉은 이 업체와 계속적으로 접촉했다. 2006년에 그 업체의 부사장과 4명의 중역들이 아이밍얼의 시설을 조사하기 위해 방문했고, 결국 2007년에 류충잉은 이 업체로부터 주문을 받는 데 성공했다.

또한 류충잉은 거래처를 확장하기 위해 미국에서 열리는 무역박람회에도 참여했다. 한 번은 무역박람회에 참여한 한 사람이 류충잉이 디자인을 훔치려 박람회에 참여한다며 비난했다. 그러나 그는 류충잉의 샘플을 본 후 아이밍얼 제품의 스타일과 질에 감탄했고, 이후 아이밍얼의 고객이 되었다.

성과 + 효율 + 정서

아이밍얼의 모든 신입사원들은 처음 한 달간 손으로 직접 두 켤레의 신을 만들면서 제품이 생산되는 과정을 배워야 한다. 따라서 모든 직원들은 신발 한 켤레를 만들려면 106단계 이상을 거쳐야 한다는 사실을 알고 있다. 이 한 달간 직원들은 제품의 생산과정에 대해서만 배우는 것이 아니라, 자신의 업무에 대해 정신적으로 준비 자세를 갖추게 된다. 이 과정에서 경리급들은 문제를 파악하고 해결할 방법을 알게 된다. 또한 이런 실습을 통해 생산라인 직원들을 존중하게 되어 더 나은 소통을 할 수 있게 된다. 사실상 직원들이 경리로 승진하는 데 가장 중요한 것은 팀을 이해하고 공감하는 능력이다.

경영을 위한 심리적, 육체적 훈련에 대한 류충잉의 철학은 다음의 언급에서 잘 드러난다.

"이러한 교육을 하는 주요 장점은 팀워크 배양이다. 사람의 심리적 균형이 깨지는 것은 대부분 타인과의 비교 때문에 생긴다. 다른 사람이 자기보다 더 많이 가진다고 생각할 때 느끼는 감정, 또는 어떤 사람이 다른 사람들보다 더 많이 기여한다고 생각할 때 일어나는 감정이 그런 예이다. 정신과 육체를 훈련하는 것은 프로젝트에 따라, 기간에 따라, 업무의 진행과정에 따라 각자가 다양하게 기여하고 있다는 생각을 가짐으로써, 이러한 '비교하려는 마음'을 바꾸기 위한 것이다."

아이밍얼은 경리들의 이직률이 비교적 낮다. 아이밍얼은 경영훈련 프로그램과는 별도로 육체와 정신을 훈련시키기 위한 프로그램도 운영하고 있다. 전자에는 비용 통제, 성과측정 기술, 리더십 역량 등이 포함된다. 후자는 경리들의 심리적, 정신적 안정을 향상시키기 위한 훈련이며, 대개 도교 단체와 심리학자들이 제공하는 훈련법을 채택한다. 류충잉은 사람들이 '비교하는 마음'이 들 때 심리적 균형이 깨진다고 생각한다. 자신과 다른 사람이 같은 정도의 기여를 하고 그에 대한 보상을 받을 경우, 사람들은 다른 사람이 자신보다 더 많은 보상을 받는다고 느낀다. 또는 똑같은 보상을 받을 경우에는 자신이 다른 사람보다 더 많은 기여를 했다고 생각하는 경향이 있다. 아이밍얼은 1999년부터 연평균 40%의 성장세를 기록했다. 이런 빠른 성장으로 경리들은 업무 성과를 바탕으로 높은 보너스를 받았고, 계속 아이밍얼에서 근무한 사람들은 봉급이 5~10% 인상되었다.

'내부인'이나 가까운 관계인 사람을 전문 경리로 승진시키는 문제에 관해 류충잉의 생각은 단호하다. 그녀는 개인의 능력을 고려해야 하며, 내부인인지 아닌지는 중요하지 않다고 생각한다. 이는 그녀가 오랫동안 소매업을 할 때 판매원을 채용하면서 얻은 교훈이었다. 아이밍얼의 재정, 마케팅 및 디자인 등 다양한 부서의 경리 직책은 전문성을 갖춘 경리들이 맡고 있지만, 조달을 책임지는 부서만큼은 류충잉의 남편이 맡고 있다.

균형

중국에는 '가난한 집안의 아이는 어릴 때부터 가정을 꾸리는 방법을 안다'는 말이 있다. 류충잉은 가난에 찌든 어린 시절을 겪으며 교육도 제대로 받지 못했지만 3억 위안의 매출을 올리며 3,000명의 직원을 거느린 신발 공장을 3개나 가진 기업가로 성공했다. 류충잉은 소매업에서 도매업, 신발제조사로 성장한 과정을 다음과 같이 설명한다.

"성공적인 기업이 되는 데 필요한 가장 중요한 자질은 건전한 사고 방식이다. 즉 자기 사진은 물론이고 타인도 행복하게 만들겠다는 사고 방식을 말한다. 이런 정신 상태를 갖기 위해서는 균형 잡힌 계획과 균형 잡힌 정신이 필요하다."

또한 류충잉은 임원들에게 부모를 존경하고 감사의 마음을 갖도록 자극한다. 그녀는 부모에게 감사를 표현하는 것이 단순히 돈이나 선물을 주는 것보다 더 중요하며, 부모에게 더 큰 기쁨을 주는 것은 부모님을 찾아뵈어 가족들이 함께하는 것이라고 생각한다.

누구나 실수와 잘못된 전략으로 회사에 손실을 끼칠 수 있다. 대체로 경영자들은 힘들었던 시절에 겪은 경험에 사로잡히는 경향이 있다. 류충잉은 자신이 어릴 때 경험했던 춘절春節, 중국의 가장 큰 명절로 우리의 설에 해당된다 - 옮긴이을 떠올림으로써 올바른 관점을 유지한다. 그녀의 인생에서 당시는 가장 가난했던 시절이었지만, 그녀는 사탕과 구운 해바라기씨를 주머니에 가득 담고 이웃집을 방문했던 당시가 매우 즐거웠다. 그녀는 당시를 자신의 인생에서 가장 기뻤던 순간들 중 하나라고 생각한다. 그녀는 현재 엄청난 재산을 갖고 있지만, 자신에게 가장 중요한 것은 '건강과 행복'이지, '얼마나 벌었는가'가 아니라고 믿는다.

새로운 도전들

아이밍얼은 2000년에 서유럽 시장으로 진출하면서, 서구 고객들이 요구하는 것이 러시아의 고객들과는 다르다는 것을 발견했다. 새로운 시장의 요구사항을 만족시키기 위해 아이밍얼은 새로운 디자인과 스타일을 만들어내야 했다. 류충잉은 이를 고려하여 광저우중국 신발산업의 허브에 R&D센터를 설립했다. 후에 류충잉은 신발제조 공장과 창고를 짓고, R&D센터를 공장 내로 옮김으로써, 개발, 생산, 물류 업무를 한 곳에서 처리했다.

아이밍얼의 R&D팀은 40명의 유명 디자이너, 3,000종 이상의 신개발 제품을 갖춘 비교적 강력한 R&D팀으로 성장했다. 이와 동시에 아이밍얼은 자체 브랜드를 개발하기 위해 외국의 재능 있는 디자이너들도 활용했다.

당시 수출품의 70%는 자가 상표private label였고, 30%가 아이밍얼의 자체 상표였다. 아이밍얼의 수익은 꽤 높았지만, 이는 자가 상표 제품의 시장점유율이 높은 것이 주요 원인이었다. 이를 인식한 류충잉은 자체 브랜드를 개발하기 위해 R&D에 대한 투자를 늘렸다.

중국 경제가 급속히 발전하면서, 중국 내 소비 수준도 오르기 시작했다. 류충잉은 2005년부터 언젠가는 중국에서 자체 상표를 단 신발을 팔겠다는 희망을 갖고, 중국 시장을 주의 깊게 관찰했다. 그리고 2006년 말 현재 류충잉은 불확실성에 직면했다. 그녀는 과연 중국 내 소매업에서 자사 브랜드로 사업을 시작할 수 있을까? 아이밍얼이 하나의 브랜드로서 충분한 영향력을 발휘할 수 있을까? 아이밍얼은 어떤 마케팅 포지션marketing positoin을 가져야 할까? 외국과의 교역을 통해 소매업을 지원하는 데 필요한 것을 얻었을까?

■ 허우정위의 이야기

실연의 아픔으로 시작된 기업

허우정위는 1969년에 장쑤성 훙쩌현 洪澤縣의 농부 집안에서 태어났다. 그의 할아버지와 아버지는 국민당 당원이었기에, 이들은 문화대혁명 기간 중 '계급투쟁'을 위한 대규모 집회에서 자주 비판을 당하곤 했다. 이로 인해 허우정위는 가족들로부터 인생에 대한 중요한 교훈을 얻었다. 즉, 가족들은 그가 어릴 때 큰 목표를 설정하는 것이 얼마나 중요한지, 인생에서 뒤처지고 어려움을 겪을 때 이를 긍정적인 태도로 대처하는 것이 얼마나 중요한지를 그에게 가르쳤던 것이다.

허우정위는 직업학교에서 경영과학을 공부하여 1989년에 졸업한 후, 1년간 이 학교에서 교육실습생으로 머물렀다. 그 후 학교에서 운영하는 공장의 경리대리를 맡으면서, 허우정위는 당시 중국을 휩쓸던 '자본주의 물결'에 자극을 받아 야망을 품게 된다. 그가 인생에서 쓴맛을 처음 본 것도 이때였다. 100위안이었던 그의 월급으로는 생활이 불안정하다는 이유로 여자 친구가 그를 떠났기 때문이었다. 그는 몇 달간 방황한 후 직장을 그만두고, 후둥 滬東조선소에서 계약직 사원으로 일하기 위해 상하이로 갔다.

그는 자신의 운명을 바꾸겠다는 굳은 결심을 하고, 성공하고 부자가 되어 고향으로 돌아가 헤어진 여자 친구의 사랑을 다시 찾는 날을 꿈꿨다. 그는 1992년에 상하이 도착했는데, 이는 덩샤오핑이 남순강화를 한 그해였다. 당시는 이미 푸둥신구에 대한 개방정책이 2년째 진행되고 있었다. 허우정위는 푸둥신구의 개방이 개혁의 온상임을 알아차렸고, 상하이에 많은 기회가 있음을 즉시 간파했다. 그는 후둥조선소에서 일을 하는 동시에 학교를 다니며 비즈니스 경영을 공부하여 2년 만에 학위를 받았다. 그는 조선소에서 많은 근로자들이 이전에는 농부였던 이주근로자들이고, 점점 많은 외국 기업들이 상하이로 몰려들고 있음을 알아차렸다. 허우정위는 이 외국 기업들이 근로자를 채용하려면 도움이 필요할 것이라는 생각이 들었다.

1996년에 훙쩌현 근로국은 상하이에 사무소를 개설하였고, 허우정위는 친척의 추천을 받아 이곳 직원으로 채용했다. 1996년 여름에 허우정위는 극동컨테이너Far East Containers에서 근로자들이 필요하다는 소식을 듣고는 회사를 찾아가 훙쩌현 출신 근로자들을 공급해주겠다고 제안하지만 거절당한다. 그러나 허우정위는 16번을 직접 방문하고 108차례의 전화통화를 하는 등 끈질기게 설득하여 62명의 근로자를 채용하겠다는 계약을 체결했다. 그러나 일주일도 되지 않아 허우정위가 공급한 직원 중 50명이 직장을 그만뒀다. 극동컨테이너 회사에서는 이처럼 대규모로 사직한 사례가 없었고, 이로 인해 큰 손실이 발생했다. 당연히 이 회사는 허우정위에게 배상을 요구했다. 또한 허우정위가 공급한 근로자들도 자신들이 속았다면서 허우정위에게 고향으로 돌아갈 경비를 요구했다. 1년 반이 넘도록 협상을 해도 해결이 나지 않자, 허우정위는 너무나 스트레스를 받아 자살까지 생각했다. 그때 한 친구가 그에게 '실패를 두려워말고 새로 시작해라'라는 문자를 보냈고, 그는 이 말에 용기를 얻어 모든 것을 처음부터 다시 시작했다.

허우정위는 자신이 실패한 계약을 되돌아보고 3가지 교훈을 끌어냈다. 1) 그는 노동법에 대해 무지했고 계약사항을 제대로 이해하지 못했다. 또한 계약으로 인해 발생하는 결과도 제대로 알지 못했다. 2) 두 번째는 숙소 문제였다. 근로자들을 위한 숙소가 너무나 열악하여 농부 출신 근로자들은 그곳에서 잠자는 것이 불가능하다고 느낄 정도였다. 3) 마지막은 농부 출신 근로자들에게 올바른 직업 기술이 없었다는 것이었다. 이것이 가장 중요한 요소였다. 이런 근로자들은 대체적으로 제대로 교육을 받지 못한 사람들이었고, 직업 기술 수준도 낮았다. 따라서 이들은 3개월간의 수습기간을 통과할 확률이 거의 없었다.

당시 근로자 조달을 책임지던 인력공급 에이전트 대부분도 허우정위와 비슷한 계약을 했다. 이들은 근로자들을 공급하기만 했을 뿐, 일정한 기술을 갖춘 인력을 공급하거나 이들을 파견하기 전에 필요한 교육을 시키지 않았던 것이다. 더구나 대부분의 경우 근로자들에게 숙식을 제공하지 않았다. 허우정위의 경우 근로자들에게 숙소를 제공하긴 했지만, 환경이 상당히 열악했다. 이런 모든 요소들로 인해 파견 근로자들은 고용주의 요구조건을 만족시키지 못했다.

허우정위는 자신이 실패했던 요인을 인식하고, 노동법과 관련 규제에 관해 연구했다. 그러면서 더 나은 서비스모델을 찾기 위해 노력했다. 그가 생각한 새로운 모델에는 2가지 고려사항이 포함되었다. 1) 파견 근로자들이 고용주가 요구하는 전문적인 기술을 갖출 것, 2) 파견 근로자들에게 숙식이 제공될 것 등이 그것이었다.

푸둥에 진차오金橋 수출가공지역이 새로 개발되었고, 여기에 팩시밀리 공장을 설립한 일본의 제조업체인 리코Ricoh 사는 1997년에 80명의 생산직 직원 및 품질관리 직원을 필요로 했다. 이때 허우정위는 자신의 새로운 비즈니스 모델을 시험했고, 이미 어느 정도의 기술을 지닌 훙쩌현 기술학교 졸업생 여러 명을 성공적으로 채용했다. 허우정위는 이들에게 리코 사에서 요구하는 기술을 추가로 교육시켰고, 근로자들에게는 숙소를 제공했다. 이는 큰 성공을 거두었고, 진차오 지역 외국 기업들 사이에서 허우정위의 명성이 높아졌다.

1998년에 장쑤성 노동국이 상하이에 사무소를 개설하여 장쑤성 산하 여러 현의 사무소를 통합했다. 당시 훙쩌현 상하이 사무소 부국장으로 승진해 있던 허우정위는 새로 통합된 장쑤성 상하이 사무소의 책임자로 임명되었다. 2000년에 민영화 운동으로 허우정위의 사무소도 구조조정을 겪으면서 퉁다 Tongda로 이름을 변경했다. 그리고 허우정위는 상무부 총경리가 되었다. 허우정위의 비즈니스 모델을 적용하여 퉁다는 곧 진차오 수출가공지역, 와이가오차오 外高橋 자유무역지대, 장장 張江 첨단기술단지의 기업들에게 인력을 공급하는 주도적인 업체가 되었다.

2002년에 중국의 인력 및 인적자원 전문업 시장이 민간에 개방되었다. 1년 뒤 허우정위는 퉁다를 그만두고 자신의 회사인 브리지HR Bridge HR을 창업했다. 브리지HR은 급격히 성장하여, 2007년에는 5개의 지사를 거느리게 되었다. 브리지HR의 연 성장률은 130%에 이르렀고, 수익률은 27~30%를 유지했다.

수직통합 vertical integration

중국의 인력공급시장 주석1이 중국 내 민간기업에 개방된 것은 2002년이었고, 외국기업에 개방된 것은 2003년이었다. 주석2 중국 내 민간기업과 외국기업들이 노동시장에 뛰어들면서 점차 경쟁이 심화되었다. 거대 국영업체인 외기인력자원복무유한공사外企人力資源服務有限公司, 이하 FESCO와 중국국제기술지력합작공사中國國際技術智力合作公司, 이하 CIIC는 화이트칼라 전문가와 고위 중역들을 공급하는 고급시장에 초점을 맞췄다. 외국인이 투자하여 설립된 합자기업들 대부분은 고급 헤드헌팅시장에 주력했다. 인건비가 싼 블루칼라와 그레이칼라 부문에서는 업체 수는 많았지만 이렇다 할 큰 업체는 없었다. 이들 대부분은 저가 전략을 바탕으로 경쟁하고 있었고, 서비스 질이 대체로 형편없었다. 또한 확고하게 자리를 잡은 업체도 없었다. 브리지HR이 뛰어든 것은 이 시장이었다. 그리고 다른 경쟁사들이 관심을 갖지 않는 틈새를 노렸다. 즉, 상하이와 양쯔강창장(長江) 삼각주 주변에 기반을 둔 외국 제조업체들, 특히 전자 및 설비 제조업체들을 공략했다. 또한 특정한 기술교육을 받은 직업학교나 기술학교 졸업생들을 공급했다.

브리지HR의 공급망supply chain은 노동자원 공급자가 위에 있고, 외국기업 고객들이 아래에 있는 구조였다. 외국기업들은 특정한 기술을 가진 인력을 필요로 했기에, 직업학교 졸업자들은 이상적인 자원이었다. 브리지HR은 장쑤성에 있는 직업학교 50곳과 장기계약을 맺었다. 허우정위는 또한 지방정부와 함께 공동으로 투자하여 주요 국립직업학교 2곳을 설립하기도 했다. 허우정위의 고향인 화이안시淮安市 정부는 1990년대 중반부터 인력 송출을 촉진하는 일련의 정책들을 내놓았다. 여기에는 농촌지역 노동자들을 훈련시키기 위한 보조금, 노동자들을 타지로 송출하는 데 따르는 보상금 등이 포함되었다. 노동자 1명당 100위안의 훈련 보조금이 지급되었고, 노동자 1명을 타지로 송출하면 10위안의 보상금을 지급했다. 브리지HR은 인력을 송출하고 직업훈련을 시키면서 정책적으로 지원을 받았고, 많은 정부 보조금도 받았다. 브리지HR은 잘 훈련된 인력을 외국기업에 공급했기에 보다 가격이 낮은 다른 업체들과의 경쟁에서 이기는 경우가 많았다. 또한 삼성, 리코 등 규모가 큰 국제적인 기업들과 장기계약을 맺게 되었다.

브리지HR은 유명한 교수, 전문가, 주요 기업의 인사부 책임자 등을 초청하여 강연을 듣는 행사를 정기적으로 열었다. 외국기업의 인사부 책임자들도 많이 초대되어 강연을 했다. 이는 잠재적인 고객들을 끌어들이고 브리지HR의 브랜드를 자리 잡도록 하는 효과적인 방법이었다. 2007년 기준으로 상하이 푸둥신구의 외국기업들에 인력을 공급하는 서비스시장에서 브리지HR의 시장점유율은 25%1만 8,000명의 근로자 공급였다. 양쯔강 삼각주 지역에 공급한 근로자 수는 총 10만 명에 이르렀다.

중국의 급속한 경제성장으로 중국에 대한 외국인들의 투자는 계속 늘어났고, 이는 외국기업들의 근로자에 대한 수요를 점차 증가시켰다. 이런 높은 수요로 인해 중국의 외국기업들은 인력을 공급하는 업체에 의존하게 되었고, 만족할 만한 근로자와 서비스를 제공하는 업체를 신뢰하게 되었다. 이런 2가지 요소로 인해 허우정위는 '수요견인형 demand-pull' 공급방식을 실행하게 되었다. 즉, 기업들의 요구조건에 맞도록 근로자들을 훈련시키고 공급하는 것이었다. 예를 들어, 2002년 초에 필립스Philips는 허우정위에게 기계를 조작할 직원 100명이 8월에 필요할 것이라고 통지했다. 여기에는 전자 및 컴퓨터과학에 대한 기본 지식, 기술과 관련된 적절한 영어실력 등이 필요했다. 허우정위는 즉시 연계를 맺은 직업학교에 이 사실을 전달했고, 직업학교에서는 필립스의 요구사항에 맞추어 교육을 진행했다. 필립스에 채용된 근로자들은 자신

의 업무에 빠르게 적응했고, 수습기간 이후 치른 자격시험을 모두 통과
했다.

브리지HR의 인적자원관리

브리지HR은 HRhuman resources, 인적자원 서비스 공급업체로서 내부
HRMhuman resources management, 인적자원관리 또한 전문적이고 창의적이며,
전문성을 크게 강조한다. 브리지HR은 상하이에 기반을 둔 외국기업들
을 타깃으로 하기 때문에 자사 직원들에게 다음과 같은 전문적인 기술
을 요구한다. 즉, 영어 말하기/듣기에 능숙할 것, 외국기업의 운영방식
에 익숙할 것, HR 및 이와 관련된 정부 정책에 대한 지식이 해박할 것
등이 그것이다. 허우정위는 "신입직원들은 모두 HRM이나 경영관리와
관련된 교육을 받은 사람이어야 합니다. 중간관리자나 상급관리자들은
모두 HRM 분야에서 일한 경험이 있어야 하죠."

또한 브리지HR은 직원들이 자사의 기업문화를 아는 것을 중요시한
다. 브리지HR의 기업강령은 '고객에게는 만족할 서비스를, 주주에게는
만족할 투자수익을, 직원에게는 만족할 경력을 줄 수 있어야 한다'이다.
브리지HR은 채용면접에서조차 입사지원자들이 이 강령을 이해하는지
시험한다. 허우정위는 이렇게 말한다.

"면접자들이 고객을 1순위로, 주주를 2순위로 중요시하지 못한다면
우리는 그 사람을 채용하지 않습니다. 이들 중 많은 수가 자신의 경력
을 쌓는 것을 1순위로 꼽습니다. 우리는 그들에게 5분을 주어 다시 한
번 생각해보라고 합니다. 그런 후에도 올바른 대답을 못한다면 다시 5

분을 더 줍니다. 우리는 기업강령을 우리와 완전히 공유할 수 있는 사람들만 채용합니다.”

허우정위는 이 간단해 보이는 방법이 직원들이 브리지HR의 가치관을 제대로 알고 있는지 시험하는 방법이라고 생각한다. 그는 이렇게 덧붙인다. “우리의 가치관을 이해하는 사람들은 종종 뛰어날 때가 많습니다. 우리의 가치관을 이해하지 못하는 사람들은 수습기간이 끝나면 회사를 떠나게 될 것입니다.”

브리지HR의 상급 관리자들은 국제적인 기업과 일한 경험들을 갖고 있다. 198명의 관리자들 중 21명이 국제적인 기업에서 일했던 사람들이다. 몇몇은 브리지HR에 입사하기 전에 인사부서의 책임자급이었던 이들도 있다. 부총경리 중 1명은 브리지HR의 주요한 고객사 중 하나인 쑤저우_{蘇州} 삼성전자의 인사부부장이었다. 이들이 국제적인 기업이라는 안정된 직장과 높은 연봉을 포기하고 브리지HR처럼 신생기업에 입사한 이유는 무엇일까? 허우정위는 재능 있는 인물들이 브리지HR에 끌리는 것은 돈, 경력개발, 개인적인 성취감 이외의 요소가 있다고 생각한다.

허우정위는 외국기업에서 근무하는 중국인들에게는 이른바 ‘유리 천장_{glass ceiling, 여성 등의 집단이 높은 지위에 이르지 못하도록 막는 장애물 – 옮긴이}’이 있지만, 브리지HR에는 그것이 없다고 말한다. 이는 브리지HR에서 보다 큰 발전 잠재력을 찾을 수 있다는 뜻이다. 그는 또한 고위 관리자들의 애착심을 고취시키는 방법도 알고 있다. 그는 이렇게 말한다. “만약 내가 배울 점이 있는 직원을 발견한다면, 전 그 사람을 스승으로 대할 겁니다. 만약 자신의 업무를 잘 수행하는 직원이 있다면, 전 그를 친구로 대할 겁니다. 만약 회사에 큰 기여를 하지 못하는 직원이 있다면, 전 그를 손님으로 대접할 겁니다." 또한 브리지HR은 고위 관리자들에게 회사 주식을 양도하여, 성과가 높으면 훨씬 더 많은 보상을 기대할 수 있도록 한다. 중간급 관리자들 또한 장기간 근무할 경우 스톡옵션의 혜택을 기대할 수 있다.

정부와의 좋은 관계 유지

브리지HR의 성공에는 혁신적인 비즈니스 모델과 수직통합 구조 전략 외에도 허우정위가 정부에서 일했던 경험도 중요한 역할을 했다. 그는 수년간 정부에서 일하면서 여러 인력공급업체에 대해 알게 되었고, 관련된 정책과 법규에 대해서도 자세히 배우게 되었다.

또한 다양한 정부 공직을 거치면서 정치적 영향력도 갖게 되었다. 그는 공산주의청년단 중앙위원회에 의해 모범적인 젊은 기업가로 선정되었고, 국무원 부총리인 후이량위回良玉는 그와 그의 비즈니스 모델을 칭찬하는 친필 사인을 주기도 했다. 이는 그가 정부기관과 문제가 생길 때마다 매우 효과적인 '정치적 카드'의 역할을 했다.

허우정위는 상하이의 관련 정부기관들과 긴밀한 관계도 맺고 있다. 푸둥신구에 있는 상하이시 노동국은 브리지HR의 지점 지분 20%를 매입했다.주석3 그는 또한 준 정부기관인 상하이 노동안정협회의 상무국장도 맡고 있다. 타지에서 온 근로자들에게 숙식을 제공하는 허우정위의 비즈니스 모델은 이들에 대한 상하이시 정부의 행정에 실질적인 도움이 되었고, 정부기관의 승인을 받게 되었다. 관련 정부기관과의 좋은 관계 덕분에 타지에서 온 노동자들과 관련된 골치 아픈 문제들을 해결할 수

있게 되었고, 관련된 정부 정책이 변화해도 빠르고 쉽게 대처할 수 있게
되었다.

잠재적인 위험

허우정위는 정부기관의 정책과 의사결정 과정에 익숙한 사람이기에,
그는 자신이 직면할 수 있는 주요 위험 가운데 하나가 정부 정책의 불확
실성임을 잘 알고 있다. 그는 이렇게 말한다. "중국에서는 정부 정책에
불확실한 측면이 많이 있습니다. 정책이 계속 변하는 것은 흔히 있는 일
이죠. 우리에게는 정부의 정책 변화에 대처할 해결책이 다양하게 있긴
하지만, 대처하는 데는 시간과 노력이 소모됩니다."

2007년 6월에 전국인민대표자대회 이하 전인대, 입법기관에 해당 - 옮긴이는
새로운 노동계약법을 승인했고, 2008년부터 효력을 발휘한다. 이 법에
명시된 새로운 내용들은 브리지HR의 비즈니스 모델에 위험을 안겨줄
수 있다. 예를 들어, 새로운 노동법은 인력을 공급하는 업체는 근로자와
2년 이하의 계약을 하도록 명시하고 있다. 인력을 공급받은 업체가 근
로자와의 계약을 단축할 경우, 인력을 공급한 업체가 나머지 기간 동안
최소임금을 근로자에게 지불해야만 한다. 새로운 노동법으로 인해 인력
을 공급하는 업체들의 비용이 증가할 것으로 보인다.

브리지HR이 직면하게 될 또 다른 주요 위험은 외국 기업들이 중국
내 기업과의 합자를 통해 중국의 노동시장에 진출하는 것이다. 2006년
한 해에만 미국, 일본, 네덜란드의 외국기업 3곳 이들은 각 나라에서 가장 큰 인
력공급업체들이다이 이러한 방법으로 중국에 진출했다. 미국의 대형업체인
몬스터 Monster는 ChinaHR.com과 협력관계를 맺었고, 리쿠르트 Recruit는

 알리바바닷컴은 어떻게 이베이를 이겼을까?

51Job과, 랜드스테드Randstad는 탤런트 상하이Talent Shanghai와 각각 손을 잡았다. 이들은 당분간 초급 헤드헌팅시장에 주력할 것이다. 앞서 말했듯, 중국 내 대형업체인 FESCO와 CIIC는 화이트칼라와 고급인력 시장에 주력하고 있기 때문에, 이들도 브리지HR의 직접적인 경쟁 상대는 아니다. 그러나 허우정위는 이들의 주력 시장에 진출할 것을 고려하고 있다.

"우리는 블루칼라와 그레이칼라 노동력을 공급하는 데만 머물지 않을 것입니다. 우리는 화이트칼라 인력을 공급하는 부가가치시장으로 진출할 계획입니다. 우리는 그들보다 비용을 잘 관리하고 있기에, 그들보다 나은 수익을 올릴 것이라고 기대합니다."

자본력 측면에서 브리지HR은 FESCO나 CIIC, 또는 국제적인 기업들과 비교가 되지 않는다. 이들은 브리지HR에 앞서 고급인력 시장을 선점했고, 이는 브리지HR이 극복하기 어려운 점이다. 더구나 브리지HR의 핵심역량core competence은 블루칼라와 그레이칼라 시장이다. 새로운 시장으로 진출하게 되면 이러한 역량을 재조정하지 않을 수 없으며, 이는 짧은 기간에 이루기 어렵다.

[주석]

1. '노동시장labor market'에는 블루칼라작업현장 노동자와 그레이칼라화이트칼라 노동자와 블루칼라 노동자의 중간 형태의 노동자 인력을 공급하는 업체, 전문가와 경리를 공급하는 HR 전문업체, 최고위 중역들을 공급하는 헤드헌터 업체들이 포함된다.

2. 중국의 노동시장에 외국인이 투자할 수 있는 것은 합자기업의 형태로만 가능하다. 그리고 외국기업은 이러한 합자기업의 지분 중 49%를 넘게 보유할 수 없다.

3. 상하이시 노동국은 지금도 브리지HR 지사의 주주다.

제3부
현재의 중국
기업가에 대한 이해

어떤 것이 전형적인 기업가인가?

전형적인 기업가란 어떤 사람이며, 어떤 특징을 갖고 있을까? 이에 대해서는 많은 논의가 있다. 2006년에 열린 '와튼 기업가정신 컨퍼런스 Wharton Enterpreneurship Conference'에서, 뉴욕에 있는 직업정보 회사인 볼트닷컴Vault.com의 CEO 샘 해머드Sam Hamadeh는 소수민족, 이민자, 동성애자 등 이른바 아웃사이더들이 사업에 뛰어들 가능성이 보다 높다는 의견을 피력했다. 캘리포니아에 있는 가디언 모바일모니터링 시스템즈 Guardian Mobile Monitoring Systems의 회장이며 CEO인 존 테데스코John Tedesco도 이 의견에 동의하면서, 안정적인 직업과 높은 연봉을 받는 사람들 중에 직장을 그만두고 사업에 뛰어드는 경우는 매우 드물다고 지

알리바바닷컴은 어떻게 이베이를 이겼을까?

적한다. 이런 견해는 기회비용 opportunity cost에 바탕을 둔 것이다. 즉, 많은 것을 가진 사람일수록 기회비용도 높아진다. 아무것도 가진 게 없는 사람은 실패하더라도 잃을 게 없지만, 성공할 경우에는 모든 것이 완전히 바뀐다.

따라서 사회적, 금전적으로 불안정한 사람일수록 사업에 뛰어들 확률이 보다 높다는 것을 쉽게 상상할 수 있다. 그러나 우리가 인터뷰한 20명의 기업가들의 경우, 일부만이 이 견해에 해당된다. 우리는 '누가 사업에 뛰어들 확률이 보다 높은가?'라는 주제에 관해 중국과 서구에서 어떤 견해 차이가 있는지를 확실히 나타내기 위해, 우리가 인터뷰한 20명의 기업가들을 4가지 유형으로 분류했다.

- 일반 서민: 금전적으로 불안정하고 사회적 지위가 낮은 사람
- 전문가: 특정 산업분야에서 많은 전문성과 경험을 쌓은 사람
- 정부 공직자: 사업에 뛰어들기 위해 공직을 포기한 사람
- 전문성을 갖춘 경리: 다국적기업에서 경험을 쌓고 중역이었던 사람

▬ 일반 서민에서 기업가로 변신한 사람들

제1장에서 언급했듯이, 우리가 인터뷰 대상자를 선정하는 데 적용했던 기준 중의 하나는 재정적, 또는 정치적 특권 없이 사업에 성공한 사람들이었다. 이런 의미에서 보면, 우리가 인터뷰한 20명 모두는 평범한 가정 출신들이었다. 이들은 다음과 같이 분류될 수 있다. 1) 가난한 가정에서 태어나 어린 나이에 보다 나은 삶을 살겠다고 결심한 사람, 2) 만족할 만한 직업을 가질 수 없거나 대학을 졸업한 후 취업을 못해서 사

업을 시작한 사람들, 3) 기존의 국영기업에서 탈피하려는 반항적 기질을 가진 사람들.

하이난 중신화공의 총경리인 차오샹라이는 첫 번째 유형에 속하는 대표적인 인물이다. 그는 후베이성 湖北省의 가난한 농촌에서 태어났다. 그는 어린 시절 교육을 받을 수 있었고, 어려운 환경에도 불구하고 성실한 학생이었다. 그의 집은 외진 곳에 있었기에 2km나 떨어진 초등학교를 매일 걸어서 다녀야 했다. 중학교는 집에서 15km나 떨어져 있었기에 기숙사에서 생활하며 주말마다 집에 오곤 했다. 당시 하룻밤을 집에서 지내기 위해 집에 오려면 4시간을 걸어야 했다. 그는 먼 길을 걸어 학교와 집을 오갈 때마다 가난한 가족을 생각했고, 자신의 운명을 바꾸고 가난에서 가족들을 벗어나도록 하겠다는 결심을 했다.

차오샹라이는 1984년에 대학입시에 합격하여 우한공업대학에 입학했다. 우한공업대학은 지원자 중 5%만이 들어갈 수 있는 대학이었고, 그는 고향에서 대학에 진학한 첫 번째 사람이었다. 그는 기계공학을 전공하여 졸업한 후 기계를 만드는 국영기업에 취업을 배정받았다. 1990년대 중반까지 대학졸업자들은 정부에 의해 국영기업이나 정부기관에 일자리를 배정받았다. 국영기업 직원들은 성과나 업무에 상관없이 모두 동등한 월급을 받았고, 다른 사람들과의 관계가 좋아야 했다.

그는 국영기업에서 일한 지 채 6개월도 안 되던 1988년 말에 직장을 그만두고 더 나은 기회를 찾기 위해 하이난으로 갔다. 그는 당시 하이난에 대해 아는 게 거의 없었지만, 이때 하이난은 새로운 경제특구로 지정되기 직전이었다. 차오샹라이만 새로운 기회를 찾아 하이난으로 간 것이 아니었다. 당시 하이난은 지식인층과 젊은 대학졸업자들로 넘쳐났고, '10만 명이 하이난으로 몰려든다'는 말까지 있었다. 그러나 하이난의 한 인력소개업체에 등록한 취업희망자가 18만 명이었고, 새로 하이난에 온 사람들이 모두 이 업체에 등록했다고는 볼 수 없는 점 등을 고려해보면, 당시 하이난으로 기회를 찾아온 사람은 10만을 넘어선 것으로 보인다.

하이난에서 차오샹라이는 처음 몇 해를 힘들게 보냈다. 그는 노점상, 건설현장 인부 등 생계를 위해 할 수 있는 것은 다 했다. 이때 외국 무역회사에서도 일했는데, 이는 그가 훗날 화학제품을 취급하는 무역회사를 설립하는 데 중요한 밑거름이 되었다.

과거 가난에 대한 차오샹라이의 기억은 그의 뇌리에 지울 수 없는 각인을 남겼다. 그와 비슷한 경험을 한 다른 사람들처럼, 그는 사업을 하는 데 웬만해서는 돈을 빌리려 하지 않았다. 그는 이렇게 말한다. "부모님은 제 학비 때문에 돈을 빌리셨습니다. 그런데 춘절 연휴 때 채권자가 찾아와 돈을 갚으라고 요구했죠. 채권자를 대했던 당시의 고통스러운 경험이 제 기억에 깊이 남아 있습니다. 그래서 다른 선택이 있는 한, 돈을 빌리지 않는 것이 저의 기본적인 원칙이 되었습니다. 그와 반대로 저는 돈을 빌려주는 것은 좋아합니다. 다른 사람을 도울 수 있고, 나에게 그럴 능력이 있음을 보여주기 때문이죠." 그러나 이런 태도 때문에 그는 재정적으로 어려움을 겪었고, 사업에 성공하는 데 장애를 겪었다.

항저우에 있는 하이텍스 娛坦斯布藝有限公司의 회장 루윈룽 또한 가난한 시골 농가에서 태어났다. 그에게는 차오샹라이처럼 자신의 인생을 바꾸겠다는 욕망이 깊게 자리 잡고 있었다. 그러나 그는 타고난 사업가적 기질 때문에 사업을 하겠다는 열망을 가진 것이었고, 차오샹라이처럼 가족들에 대한 책임감 때문은 아니었다. 루원룽 역시 차오샹라이처럼 중학교 때는 성실한 학생이었다. 그러나 고등학교에 진학할 수 있도록 그의 마을에 할당된 정원은 2명뿐이었다. 이는 당 간부의 자녀들에게만 주어진 것이었기에, 그는 독학으로 학업을 계속했다. 그가 가장 좋아했던 과목은 과학과 기술이었고, 손으로 무언가를 고치거나 만지작거리는 것을 좋아했다. 그는 가족의 농사일을 도우면서 돈을 벌 수 있는 기회를 계속 주시했다.

그는 15세에 녹이 슨 낡은 자전거를 좀 나아보이도록 페인트칠을 하고, 여기에 오리를 싣고 20~30km 떨어진 시장으로 배달했다. 몇 년 후에는 친구 몇 명을 고용하여, 돌을 모아서 공장 건설현장에 팔았다. 그의 이런 시도들은 뛰어난 비즈니스 감각과 사업에 대한 확신을 나타내는 것이었다.

루원룽은 18세에 시골 고등학교의 선생이 되어 물리와 수학을 가르쳤다. 그리고 5년 후인 1983년에 교직을 그만두고, 그 지역의 방직공장 향진기업에 취직했다. 그는 당시 자신에게 이렇게 말했다. "부자가 되려면 기업을 운영하는 것이 유일한 길이야. 교사로는 절대 부자가 될 수 없어." 그는 몇 년 안에 향진기업 공장의 주임이 되겠다는 목표를 세웠고, 그렇게 될 수 있다고 확신했다. 2년 후에 그는 공장의 운영을 책임지게 되었고, 그가 확신한 대로 주임이 되었다. 당시에 그 공장은 비효율적인 경영으로 큰 빚을 지고 있었고, 루원룽의 기획안이 소유주향 정부에 의해 즉시 받아들여졌다. 그가 공장 경영을 맡은 지 3개월도 안 되어 그의 경영은 성공적임이 입증되었고, 그는 또 다른 향진기업까지 운영하게 되었다. 루원룽은 1989년에 향진기업을 그만두고 자신의 회사를 설립했다. 그는 이렇게 말한다. "향진기업을 아무리 잘 운영해도 버는 돈 대부분은 다른 사람이 차지했습니다." 그가 향진기업을 운영하며 6년간 갈고닦은 네트워크, 고객자원 customer resources, 경영기법은 그가 사업을 하는 데 굳건한 초석이 되었다.

톈진룽타이샹 금속제품 天津隆泰祥金属制品有限公司의 총경리인 쑹창 또한 가난한 가정에서 태어났다. 더구나 부모가 아닌 친척에 의해 양육되었다. 그는 매우 어린 나이에 다른 사람들의 반응을 알아차리는 것과 예의 바르게 행동하는 법을 배웠다. 그는 이렇게 말한다. "전 항상 다른 사람이 싫어할 행동을 피했습니다. 사람들을 대할 때 그들을 배려하려 노력했습니다." 그의 이런 태도는 그가 사업을 하는 데 귀중한 자산이 되었다.

룽타이샹은 고철을 수입하여 이를 중국 시장에서 원자재로 판매한다. 폐기물을 수입하는 것은 국가에 의해 엄격한 통제를 받기에 여러 정부기관의 승인을 받아야 하고, 세관과 자주 접촉해야 한다. 이 때문에 대부분의 사람들은 이 분야의 사업을 꺼리지만, 쑹창은 정부 공직자들을 다루는 데 타고난 사람이었고 좋은 관계를 유지했다. 그의 관점에서는 정부 공직자들은 사업가와 전혀 다를 것이 없었다. 세관 근무자들은 정부 정책에 익숙했고 무역회사가 수출입을 하는 데 도움을 주었다. 이들은 컨설턴트와 비슷한 역할을 했지만, 그에 대한 수수료는 전혀 받지 않았다. 쑹창은 "고철을 수입하여 돈을 벌 때마다 세관원 근무자들의 도움을 잊은 적이 한 번도 없습니다"라고 말한다.

상하이즈항 국제화운 上海致航國際貨運有限公司의 총경리인 창쉐훙은 만족할 만한 직업을 찾지 못해 사업을 시작한 경우이다. 그는 다롄해사대학

大連海事大學에서 항해학을 전공하고 1990년에 졸업했지만, 배를 타고 세계를 여행할 수 있다는 자신의 꿈을 이룰 수 없었다. 대신에 그는 상하이 해운국에 일자리를 얻어 국내선을 탔고, 그는 단 1년만 근무한 후 직장을 그만뒀다. 그 후 상하이 운송학교에서 학생들을 가르쳤지만, 월급이 100위안뿐이었다. 이는 그가 혼자 생활하기에는 충분했지만, 저축을 하기에는 충분치 못했다. 여기서 2년간 근무한 후, 창쉐홍은 변화가 있어야만 한다고 생각했다. 당시 중앙정부는 상하이 푸둥신구를 개방하여 개발한다는 계획을 발표했다. 창쉐홍은 자신의 다음 진로를 준비하기 위해 외국무역에 관한 강의를 들었다.

1993년 초에 창쉐홍은 중국원양운수공사COSCO, China Ocean Shipping Company의 자회사에 일자리를 얻었다. 그러나 COSCO와 같은 국영기업에는 정규직원 수에 대한 엄격한 제한이 있었다. 창쉐홍은 정규직원이 아니었기에, 이는 그의 경력을 쌓는 데 도움이 되지 못했다. 그래서 그는 COSCO를 떠났고, 직업이 없는 상태에서 결혼을 했다.

창쉐홍은 1994년에 몇몇 친구와 함께 해운업을 시작했다. 그러나 일거리가 이따금씩 들어왔고, 지속적으로 일을 의뢰하는 고객은 확보하지 못했다. 이들은 1995년 하반기에 돈을 빌려 10만 위안의 자본으로 회사를 설립했다. 이들은 경영기법이 부족했고 시장에 대한 지식이 거의 없었기 때문에 유일했던 고객을 잃은 후에 문을 닫았다. 이후 창쉐홍은 10개월간 직업이 없이 지냈지만, 이 경험으로 그는 사업을 운영하는 가장 좋은 방법이 무엇인지 고민하게 되었다. 이를 통해 그는 다시 사업을 시도하게 되었고, 국제화물운송회사를 차리는 계기가 되었다.

에이퉁 에어익스프레스의 회장인 러우슈화는 기존 체제의 제약에서 탈피하려는 반항적 기질을 가진 유형이다. 그녀는 저장성 이우義烏 태생으로, 1991년에 저장이공대학浙江理工大學을 졸업하고 이우방직총공장의 실험실 연구원으로 일자리를 배정받았다. 이 공장은 이우에서 얼마 안 되는 국영기업이었기에 봉급이 매우 높았다. 그러나 러우슈화의 업무는 다소 판에 박힌 것이었고, 큰 인내심과 조심성을 요하는 것이어서 답답함을 느꼈다. 그녀는 자신의 업무를 얼른 끝내고 나면 친구들과 함께 근처 시장을 돌아다녔다. 이들 중에는 그 시장에서 장사를 하는 친구도 있었다. 공장 정문에는 출퇴근 기록카드가 있었기에, 그녀는 업무 시간 중에 이를 피하려 공장 담을 넘어 빠져나가곤 했다. 그리고 업무가 끝날 시간이 가까워지면 다시 담을 넘어 들어간 후, 정문을 통해 퇴근을 했다.

이 공장의 계층적 시스템은 전형적인 국영기업의 특징을 그대로 갖고 있었다. 즉 복잡하고, 다층적multi-leveled이며, 나이에 따른 순서로 얽혀 있었다. 수많은 러우슈화와 같은 대학졸업자들이 승진을 대기하고 있었고, 이들 중 일부는 40대도 있었다. 러우슈화는 향후 10~20년간 지금의 회사, 지금의 직책에 머물러야 한다는 사실이 참을 수 없었다. 그녀는 회사를 그만두고 항저우로 갔다.

그녀는 항저우에서 에어컨을 만드는 한 사영기업에 일자리를 얻었다. 초기에 그녀는 청소, 차 심부름, 은행 심부름 등 하찮은 일을 맡았지만, 점차 승진하여 총경리의 비서가 되었다. 그녀는 아이를 갖게 되자 1994년에 이 회사를 떠났지만, 이 회사에서의 경험을 통해 많은 것을 배웠다. 그녀는 이렇게 말한다. "나에게 기회의 문이 열리는 것 같았어요. 매일 매일 배울 것이 있었죠." 그녀는 출산 후 1년간 집에서 아이를 양육

했고, 1995년에 그녀와 그녀의 남편은 30만 위안을 친척들에게 빌려 특급운송업을 시작했다.

가난이 어떤 사람이 사업을 시작하도록 자극하는 외적인 요소라면, 내적인 요소는 "나는 큰일을 하기 위해 태어났어. 한 곳에 묶여 시간을 낭비해서는 안 돼"라는 믿음일 것이다.

■ 전문가에서 기업가로 변신한 사람들

이 책에서 말하는 기업가로 변신한 전문가란 사업을 시작하기 전에 다양한 산업분야에서 인적 네트워크와 전문성 및 경험을 축적한 사람들을 말한다. 허우하이량이 그런 경우이다. 그의 오리지널 엔터프라이즈는 전선, 또는 전선에 쓰이는 고분자 재료를 만드는 고무 및 플라스틱 제품을 생산한다. 그는 허페이合肥공업대학에서 고분자 재료학을 공부했고, 1984년에 졸업하면서 정저우鄭州전선공장에 취업을 배정받았다. 그는 이 공장의 말단 기술직에서 시작하여 9년 만에 부주임이 되었다.

당시 이 공장은 중국에서 가장 큰 3대 전선공장국영기업 중 하나였으며, 국가기계부의 직접적인 감독을 받았다. 그리고 허우하이량이 근무했던 연구센터 직원 500명을 포함하여 총 1만 명의 직원이 근무했다. 여기에서 그는 높은 연봉을 받으며 직접적인 경험을 쌓을 수 있었다. 이 공장은 성 정부나 시 정부가 아닌 중앙정부 산하의 조직으로 그 위치가 비교적 높았기에, 허우하이량은 전국적 차원의 산업관련 회의에 참여하거나 산업계에서 중요한 인사들을 만날 수 있었다.

그러한 인물들 중에 미국계 중국인 화학 교수가 있었고, 그는 허우하이량의 재능과 잠재력을 알아봤다. 둘은 좋은 친구가 되었고, 그 교수는 허우하이량이 국영기업을 떠나 톈진에 있는 자신의 회사에 들어오도록 설득했다. 허우하이량은 1993년에 그 회사로 옮겼고, 1994년 말에 그 회사는 미국의 한 기업과 함께 상하이에 합자기업을 설립했다. 그리고 허우하이량은 이 합자기업의 미국 측을 대표하며 부회장이 되었다. 1996년에 미국 측 기업이 철수하며 그 지분은 중국 측에 팔았고, 허우하이량은 선택의 기로에 놓였다.

당시는 상하이 푸둥신구를 개방하고 개발한 지 6년째 되던 해였고, 거의 모든 산업분야에 커다란 잠재력이 있었다. 허우하이량은 앞에 언급한 교수와 함께 미국으로 갈 수도 있었지만, 그는 자신의 사업을 시작하기로 결심했다. 1997년에 그는 업무상 알게 된 친구 2명과 함께 오리지널 엔터프라이즈를 설립했다. 허우하이량은 자신의 전문성을 고려하여 전선시장을 선택했다. 그는 당시 시장에서 요구하는 것이 무엇인지, 기존의 업체들이 공급하지 못하는 제품이 무엇인지를 이미 알고 있었다. 그는 전선과 관련된 제품을 전문적으로 생산하면서 동일한 외국제품보다 낮은 가격정책을 취했다.

전문가에서 기업가로 변신한 또 다른 사례는 런웨이 테크놀로지의 회장 퉁리췬이다. 퉁리췬은 대학에서 통신공학을 전공하고, 졸업과 함께 우전부郵電部 산업국에 취업을 배정받았다. 산업국은 우전부 산하의 28개 자회사를 관리하던 곳이었고, 훗날 국가의 직접적인 감독을 받는 중국우전공업총공사 中國郵電工業總公司, CPTIC가 되었다.

처음에 퉁리췬은 비서로 일을 시작했고, 나중에는 마케팅 부서로 옮겨 커다란 프로젝트를 진행했다. 2년간 마케팅 부서에서 근무한 후, 그는 통신과 관련된 다양한 측면에 대해 확실한 이해를 하게 되었다. 1993

년에 CPTIC는 독자적인 경영을 시험하는 프로젝트의 일환으로 전화, 호출기, 1G 이동전화, 팩시밀리 등의 통신장비를 거래하는 자회사를 하나 설립했다. 퉁리췬은 이 회사에서 2년 가까이 근무하여 통신단말기에 익숙해졌다. 1994년 말에 그는 CPTIC의 자회사 부사장으로 승진했지만, 상관과의 마찰로 6개월 후 회사를 그만두고 사업에 뛰어들었다.

퉁리췬은 기존의 통신장비 시장에 주룽巨龍, 다탕大唐, ZTE, 화웨이華爲 등의 중국기업과 노텔Nortel, 알카텔Alcatel 등의 외국기업이 이미 자리 잡고 있어서 자신에게는 들어갈 틈이 거의 없음을 알았다. 그는 자신의 회사를 디지털통신산업으로 포지셔닝했는데, 이 분야는 시장이 매우 작았다. 현재에도 디지털통신산업 분야는 전체 통신 분야의 총수익 중 20%에 지나지 않는다. 그 당시 디지털통신산업의 시장점유율은 전체 통신산업 시장의 2~3%에 지나지 않았다. 퉁리췬은 디지털통신산업 분야가 혁신적이고 기술지향적이어야 하며, 이 분야에는 큰 경쟁사가 없다고 생각했다. 이런 요소들은 규모가 작은 회사에 매우 적합한 것이었다. 작은 회사는 한두 개의 세분시장에 일단 진출만 하면 많은 가능성이 있었다. 이런 전망을 갖고 런웨이 테크놀로지는 디지털통신장비 판매업체로 출발했다.

앞서 소개한 브리지HR의 CEO인 허우정위 또한 전문가에서 기업가로 변신한 예에 속한다.

그의 사업에서는 화이트칼라와 헤드헌팅 서비스를 전문으로 하는 인력공급업체들보다 해당 분야에서의 경험이 다소 더 요구되기 때문이다. 그는 현장에서 6년간의 경험을 통해 인력공급시장 및 관련 법규들에 대해 깊이 알게 되었다. 또한 블루칼라와 그레이칼라 인력을 서비스하는 것과 관련된 정보들, 특히 농촌을 떠나온 노동자들의 숙식 문제 등을 직접 체득한 것은 그가 훗날 회사를 설립하는 데 밑거름이 되었다.

전문가에서 기업가로 변신한 인물들 중 특별한 경우가 있다면 바로 항저우완구방직 杭州萬穀紡織有限公司 회장인 옌한일 것이다. 그의 회사는 디자인, 개발, 선염 先染 실크 자카드직물 jacquard 등을 전문으로 한다. 그러나 옌한은 이 분야에서 일한 경험이 없으며, IT 분야에서 소프트웨어 개발자로 일했다. 그가 자카드직물에 대한 핵심적인 기술을 습득한 것은 소프트웨어를 개발하면서였다.

그는 한때 철도원, 화물 취급 등의 일을 했으며, 야학과 독학을 통해 대학 학위를 땄다. 그는 완구방직을 설립하기 전에 친구들과 함께 컴퓨터와 소프트웨어를 파는 작은 가게를 운영했다. 그들은 1992년에 직접 캐드 CAD 소프트웨어를 만들어 방직 회사에 팔기 시작했다. 당시 중국의 모든 방직 회사에서 자카드직물을 디자인하는 데 사용하는 소프트웨어는 모두 수입품이었고, 가격이 약 150만 위안이었다. 옌한과 친구들이 만든 소프트웨어는 15만~25만 위안에 팔렸다. 옌한은 고객의 필요에 부응하는 소프트웨어를 만들고, 그것을 방직회사 직원들이 사용할 수 있게 훈련시키기 위해서는 고객들과 가까운 관계를 유지해야 했다.

옌한이 자카드직물을 디자인하는 핵심기술과 방직산업에 대해 제대로 이해하게 된 것도 이런 경험을 통해서였다. 옌한은 이렇게 말한다. "1997년이 되자 우리는 자카드직물을 디자인하는 데 있어 업계의 선두 주자가 되었습니다." 이들은 성공하긴 했지만, 이윤은 만족스럽지 못했다. "디자인 하나당 50~60위안밖에 받지 못했습니다. 방직공장을 갖고 있으면 직물 1m당 수십 위안을 벌 수 있었습니다. 그러니 내가 직접 방직공장을 운영하지 않을 이유가 없었죠." 당시 중국의 실크산업은 사양산업이었고, 시기와 기회로 볼 때 옌한이 방직산업으로 전환한 것은 적절한 것이었다.

전문가에서 기업가로 변신한 사람들이 갖는 특징 중 하나는 이들이 옌한의 경우는 제외하고 모두 국영기업이나 정부기관에서 수년간 근무했다는 점이다. 이들이 종사한 분야들은 불완전한 상태로 사업을 시작하기에는 어려움이 많은 분야들이다. 즉, 경험과 인적 네트워크가 요구되는 분야들인 것이다.

■ 공직자에서 기업가로 변신한 사람들

정부 공직자에서 기업가로 변신하는 것은 중국에서 많이 볼 수 있는 사례이다. 이들이 공직자라고 해서 정치적으로 영향력을 끼치는 집안 출신이라는 뜻은 아니며, 말 그대로 상당 기간 정부에서 일했다는 뜻이다.

토니 그룹의 회장인 토니 장Tony Zhang은 6년간 정부에서 일했다. 그는 쓰촨농업대학에서 임학林學을 전공했고, 1983년 졸업과 동시에 쓰촨성의 현 정부에 취업을 배정받았다. 그는 정치적 장래가 보장된 예비간부로 선발되어, 1985~1987년 사이 부현장을 지냈다. 이후 그는 현 정부로 복귀하여 행정처 주임을 지냈다. 그는 이런 경험들을 통해 사회성을 크게 향상시켰고, 복잡한 정부의 관료체제를 깊이 알게 되었다.

그는 1989년에 이빈宜賓에 있는 한 국영 무역회사에서 일하도록 제의받았다. 그가 이 제의를 받아들일 것인지를 고민하고 있을 때, 그가 근무하는 현의 현장은 그 제의를 받아들이지 말라고 설득했다. 그러나 그는 공직자로서의 삶이 제약을 많이 받는다고 느꼈고, 그가 비록 승진하여 더 높은 직위에 이를 수는 있지만 그 정도로는 억눌린 삶에 대한 충분한 보상이 되지 못한다고 생각했다. 그는 그 제안을 받아들였고, 업무를 매우 잘 수행했다. 1995년에 그는 쓰촨성외무총공사四川省外貿總公司의 상하이 지사로 자리를 옮겼다. 그리고 1년 후 세금환급을 줄이는 정부의 정책과 1997년에 터진 아시아 금융위기로 중국의 대외무역업체들은 크게 위축되었다. 많은 국영 무역회사들이 파산 직전에 몰렸고, 쓰촨성외무총공사도 같은 상황에 처했다. 그러나 토니 장의 상하이 지사는 쓰촨성외무총공사 총수익의 70~80%를 차지할 정도로 성과가 좋았다. 나중에 토니 장은 4억~5억 위안으로 이 회사를 인수하여 자신의 사업을 시작했다.

스피드업 자동차 레이싱클럽의 총경리인 마이클 마도 공직자에서 기업가로 변신한 사례이다. 그는 고향에서 중국공산주의청년단 주석으로 선출되었지만, 그 이전에 가내공장에 손을 대고 있었다. 그는 다른 원저우 상인들처럼 엄밀한 의미에서 기업가는 아니다. 그는 특정한 분야에 주력하지 않고 돈이 되는 것은 무엇이든 손을 대며, 한꺼번에 3~5개의 사업을 벌이는 경우도 종종 있다.

공직자에서 기업가로 변신한 이들은 자신이 처한 상황을 정확히 알고 있다. 이들은 공무원으로서의 미래는 분명하게 알 수 있지만, 기업가로서의 미래는 불투명함을 잘 안다. 그럼에도 이들은 후자를 선택한다.

■ 전문성을 갖춘 경리에서 기업가로 변신한 사람들

전문성을 갖춘 경리에서 기업가로 변신한 것 또한 중국의 기업가정신이 갖는 또 다른 독특한 면이라 할 수 있다. 이들은 앞에서 다룬 기업가들에 비해 일반적으로 젊다는 특징이 있다. 이들은 1990년대 중반부터 후반 사이에 외국인투자기업이 급속이 성장하면서, 이를 통해 서구의 사업체 운영방식과 전문적인 경영기술을 습득함으로써 많은 직업상의 기회를 갖게 되었다. 이들은 충분한 전문성을 갖춘 후에 사업을 시작했다.

SPN 테크놀로지의 총경리인 왕즈는 지린성 출신이다. 약사인 아버지와 은행원인 어머니 덕분에 중국에서 그의 집안은 '지식인 집안'이라고 볼 수 있다. 왕즈는 창춘 長春광학기기연구소에서 광학기기를 전공했고, 1992년에 졸업과 동시에 창춘광학연구소공장의 R&D부서에 취업을 배정받았다.

왕즈는 자신의 연구소에서 새로 제품을 개발한 사실을 알게 되었고, '하룻강아지 범 무서운 줄 모른다'는 속담처럼, 그는 혼자서 그것을 설계할 수 있다고 생각했다. 그는 몇몇 친구들과 함께 직장을 그만두고 사업을 시작하자는 계획을 세웠다. 그러나 막상 그가 직장을 그만두자 친구들이 사업에 대한 확신을 갖지 못했고, 이로써 사업을 하겠다는 그의 첫 번째 시도는 실패를 맞았다. 직업이 없던 왕즈는 전국대학원입학시험에 합격하여 창춘광학기계연구소의 입학을 허가받았다. 거기에서 그는 광학기기 석사학위를 받았다.

왕즈는 학위를 딴 후인 1998년에 리코 상하이 지사의 R&D부서에 입사했으나, 만족을 느끼진 못하고 1년도 안 되어 그만뒀다. 그는 이렇게 말한다. "제가 상하이로 간 것은 화이트칼라로서 높은 직책에 오르기 위한 것이 아니었습니다. 리코는 그냥 거쳐 가는 곳이었을 뿐이죠. 전 대학원을 졸업한 순간부터 사업을 하겠다고 결심했습니다." 그는 처음에 자신이 개발한 기술에 투자할 사람을 물색했으나 아무도 관심을 갖지 않았다.

그는 계획을 바꿔 대만의 무역회사에 입사했다. 그 회사는 독일제 광학기계를 판매하는 회사였다. 그는 시장에 대해 배우고, 이러한 수입판매상을 하려면 무엇이 필요한지부터 배우겠다는 계획을 세웠다. 그는 제품 관리자로 일했고, 나중에는 그 회사의 베이징 지점장이 되었다. 그는 베이징 지점의 구조를 개편하고, 베이징에서 시장을 개척하기 위한 계획을 세웠다. 그러고는 회사를 그만뒀다. 그는 이렇게 말한다. "대만인 사장은 의심이 많았습니다. 직원들을 믿지 않았죠. 그가 나를 베이징으로 보낸 것은 일석이조를 노린 것 같습니다. 하나는 상하이의 핵심사업에서 나를 배제하는 것이었고, 또 하나는 베이징에서의 사업에 전기를 마련하기 위한 것이었죠. 당시 베이징에서의 실적이 좋아 않았거든요."

왕즈는 이 회사에서 많은 것을 배웠고, 특히 수입판매상이 어떻게 운영되는지를 배웠다고 솔직히 인정했다. 또한 대만인 사장처럼 직원들을 불신해서는 안 된다는 교훈도 얻었으며, 리코에서는 일본의 경영방식을 배웠다. 그리고 엄격한 위계구조와 지나치게 엄격한 경영방식이 혁신을 가로막는 것도 보았다. 그는 대만의 회사를 떠난 후, 마침내 사업을 하겠다는 자신의 꿈을 실현했다.

상하이산양화공 上海香洋化工有限公司의 CEO인 셰릴 천Cheryl Chen은 비교적 학식 있는 가정에서 태어났다. 그녀의 아버지는 작가였고, 어머니는 출판사 편집자였다. 그녀는 1991년에 상하이세관학원 上海海關學院을 졸업한 후 창춘 세관으로 일자리를 배정받았다. 정부기관의 문화가 마음에 들지 않았던 그녀는 다른 일자리를 찾기 위해 노력했고, 지린성의 해외무역공사에 들어갔다. 그녀는 한국어를 할 수 있었던 덕택에 한국 지사로 파견되었고, 여기에서 2년간 목재와 수제품 수출입 업무를 담당했다. 그리고 아시아의 금융위기가 끝난 1999년에 중국으로 귀국하여, 한국 기업의 상하이 지사에 입사한 후 점차 승진하여 상하이 지사장이 되었다.

2003년에 사업을 하던 그녀의 언니가 사업 확장을 위해 상하이로 왔다. 그리고 자신의 사업에 동참하도록 그녀를 설득했다. 셰릴 천은 이에 동의했고, 둘은 동업자가 되었다. 그녀는 이렇게 말한다. "언니는 사업가적인 기질이 많아요. 누구 밑에 있길 싫어하죠. 전 조심스럽고 성실해요. 다른 사람 밑에서 일하기를 좋아하죠." 그녀의 한국어 능력, 한국 문화에 대한 지식과 이해, 한국 기업에서의 경험 덕분에 그녀는 이상적인 동업자였다. 그래서 둘은 잉크, 인쇄용 잉크 등 문구류를 한국에서 수입하는 무역회사를 설립했다.

비즈니스 모델

■ 초기 자본

중국의 은행들이 개인 기업가들에게 대출을 해주기 시작한 것은 2002~2003년이 되면서였다. 개인 기업가에 대한 은행의 대출 규정은 지나치게 엄격했다. 대출을 받으려면 담보, 저당, 또는 보증인이 있어야 했지만, 사실상 이는 불가능했다. 따라서 중국의 기업가들은 기본적으로 은행의 융자를 받을 수 없었다. 우리가 인터뷰한 20명의 기업가들 대부분이 친척이나 친구들에게 돈을 빌렸다. 이 외에도 이들이 초기 자본을 확보한 것은 다음의 2가지 방법이었다.

- 좋은 기회를 잡아 이익을 선점하는 것

- 거목의 보호 아래에서 이익을 선점하는 것

좋은 기회를 잡아 이익을 선점하는 것

중국의 개방 움직임은 계획경제가 시장경제로 점차 이행되는 현상을 동반했다. 이 이행기 동안 시장의 무질서와 불균형적인 정보로 많은 기회가 발생했다. 이런 기회를 알아차리고 용기 있게 그 기회를 잡은 사람들은 그만한 보상을 받았고, 이익을 선점할 수 있었다. 그들 중 하나가 아이밍얼 가죽제품공사 회장인 류충잉이었다. 그녀는 작은 가게에서 신발장사를 시작할 때, 도매점에서 30~40위안에 신발을 사서 300~400%의 이윤을 남기며 팔았다. 그녀는 신발장사를 시작한 첫 해에 정확히 얼마나 벌었는지는 기억 못하지만, 매우 높은 수익을 올렸다는 것은 분명했다.

장사가 너무나 잘돼서 2년째에는 가게를 두 배로 늘렸고, 3년째에는 네 배로 늘렸다. 이런 확장세로 5년째에 그녀는 처음으로 수익이 100만 단위를 넘어섰다. 1980년대에 중국 도시 일반인의 월소득은 수십 위안에 지나지 않았고, 가죽신발과 운동화는 사치품으로 여겨질 정도였다. 당시에 중국인들의 생활수준은 비교적 낮았지만, 비싸고 디자인이 좋은 제품에 대한 수요가 생기기 시작했다. 이 때문에 류충잉의 가게에서 100위안이 넘는 운동화가 잘 팔린 것이었다. 당시 많은 중국인들은 '철밥통鐵飯碗, 해고될 위험이 없는 직장 – 옮긴이'인 국영기업에서 일하는 것에 만족하고 있었고, 누구도 사업을 하겠다는 생각을 하지 않았다. 이런 상황에서 16세이던 류충잉은 과감하게 학업을 중단하고 장사를 시작했다.

에이퉁 에어익스프레스의 회장인 러우슈화도 좋은 기회를 선점하여 큰 수익을 올린 경우였다. 1990년대 초반에 홍콩과 대만의 많은 노동집약적 기업들이 합자기업을 설립하는 형식으로 중국 남부 주장 삼각주로 이전했다. 이들 합자기업들은 제품을 대량으로 생산하기 이전에 샘플 제품을 홍콩으로 보내어 검사와 승인을 받아야 했다. 이로 인해 홍콩과 주장 삼각주 사이의 우편서비스에 대한 수요가 급격히 증가했다. 제품의 샘플, 문서, 카탈로그 등은 배달 속도가 생명이었지만, 중국의 우편제도를 이용할 경우 3일이나 걸렸다. 이로 인해 두 지역 간에 민간 특급운송 서비스가 크게 발전하게 되었다.

러우슈화는 사업을 시작하기 전에 남편과 함께 에어컨 및 관련 부품을 생산하는 회사에서 근무했다. 그녀의 남편은 하이얼에 부품을 판매하는 업무를 담당했고, 칭다오에 있는 하이얼에 샘플을 보내는 데 종종 2일이나 걸리곤 했다. 또한 칭다오로 가는 기차를 타려면 배를 타고 100km나 떨어진 항저우까지 가야 했다. 이 회사가 40~50위안짜리 샘플을 보내는 데는 1,000위안이나 들었지만, 판매되는 부품 가격은 100위안에 지나지 않았다. 러우슈화의 남편이 특급운송 서비스 회사를 설립하는 것을 생각하기 시작한 것이 이때였다.

두 사람은 1995년에 친척으로부터 30만 위안을 빌려 특급운송 회사를 차렸다. 당시에 중국의 우편제도는 속도도 느리고 불편했지만, 중국 북동부에서 특급운송 서비스를 이용하는 기업들은 매우 드물었다. 러우슈화는 이 기업들을 찾아가 특급운송 서비스에 대해 소개했고, 많은 기업들이 긍정적이었다. 당시에는 경쟁사도 없었고 정해진 가격도 없었기에, 큰 수익을 올릴 수 있었다. 에이퉁 에어익스프레스의 설립 첫해 월평균 수입은 10만~20만 위안이었고, 총수익은 100~200%였다. 당시 운송료가 가장 비싼 구간은 항저우와 베이징 사이의 구간이었고, 1,600위안이었다. 같은 구간에 중국의 우편제도를 이용할 경우 21.5위안에 지나지 않았지만, 그 속도가 훨씬 느렸다.

런웨이 테크놀로지의 회장인 퉁리췬은 해당 분야에 대한 광범위한 지식과 전문적인 노하우를 가진 덕택에 기회를 잡을 수 있었다. 통신공학에 대한 교육을 받은 퉁리췬은 사업을 하기 전에 5년간 통신 분야에서 근무했다. 그는 극심한 경쟁을 피할 수 있고 대형 경쟁사가 없다는 이유로 디지털통신장비시장을 선택했다. 기존의 통신장비시장은 대형 기업들이 다수 있었으나, 소규모 기업에게는 혁신적이고 기술집약적인 디지털장비시장이 더 어울렸다. 당시 미약한 중국의 네트워크 기반시설이 급격히 발전하고 있던 것도 퉁리췬이 이 분야를 선택한 또 다른 이유였다.

런웨이 테크놀로지는 당시 막 시작한 기업이어서 자체적인 핵심기술이 없었다. 퉁리췬은 최신기술과 제품에 대한 자신의 지식을 바탕으로, 당시 중국에 새로 막 소개된 유망한 제품들을 대행해서 판매하는 에이전트를 선택했다. 중국에서 퉁리췬의 회사를 첫 에이전트로 선택한 기업은 이스라엘의 레드Red 사였다. 당시에는 디지털통신장비가 다소 고가였고, 수요도 그다지 많지 않았다. 그러나 이익률profit margin은 매우 높아서, 120만 위안짜리 주문일 경우 순수익이 50%나 되었다. 당시 월 평균 판매액은 1,000만 위안이 넘었다. 뒤에 퉁리췬은 통신산업 분야의 급격한 기술 변화에도 재빨리 대처했으며, 이를 통해 기회를 포착하고 그것을 잡을 수 있었다.

톈진룽타이샹 금속제품의 총경리인 쑹창은 세관의 통관대행업을 하

알리바바닷컴은 어떻게 이베이를 이겼을까?

던 중, 폐기물을 수입하는 것이 큰돈이 된다는 것을 깨닫게 되었다. 폐기물에 값을 매기는 것이 힘들기 때문이었다. 그는 이미 폐기물 수입과 관련된 절차에 익숙했고, 이는 그의 장점으로 작용했다. 그가 폐기물 수입업을 시작한 직후 전 세계적으로 원자재 가격이 급격히 상승했고, 룽타이샹은 설립 2년차부터 큰 수익을 낼 수 있었다. 쑹창은 기회를 포착하여 그것을 잡았기에 이익을 선점할 수 있었던 것이다.

거목의 보호 아래에서 이익을 선점하는 것

중국은 WTO 가입에 대비하는 과정에서 거대 국영기업들이 막대한 수익을 올리며 독점하던 일부 산업에 대한 규제를 없애는 정책을 시행했다. 그러나 이 과정에서 많은 국영기업들이 부실경영과 보다 효율적인 다른 기업들과의 경쟁으로 시장점유율이 하락하거나 심지어 시장에서 철수하는 경우까지 발생했다. 그중 한 사례를 중국의 수출입산업에서 찾아볼 수 있다. 우리가 인터뷰를 한 기업가들 중 많은 수가 사업을 하기 전에 국가가 독점하던 산업분야에서 이른바 '거목'으로 여겨지는 국영 대외무역회사에서 근무하던 사람들이었다. 이러한 거목의 보호 아래에서 그들은 경험을 축적하고 인적 네트워크를 형성하면서 큰돈을 벌었다. 대외무역시장이 개방되어 경쟁이 붙게 되면서 이들 중 상당수가 국영기업을 떠나 사업을 시작했다.

이런 방식으로 이익을 선점한 사람들 중 하나가 하이난중신화공의 차오샹라이였다. 그는 1990년에 친구의 추천으로 중국화공건설총공사中國 化工建設總公司, 이하 CNCCC 하이난 지사에 입사했다.주석1 당시 CNCCC는 중국에서 화학제품을 수출입하는 가장 큰 2대 기업 중 하나였고,주석2 이

곳은 그가 관련 업무를 익히는 데 더 없이 좋은 곳이었다.

1994년 말에 CNCCC 하이난 지사는 다른 국영기업들과 마찬가지로 운영상에 큰 허점이 있었고, 사업이 크게 위축되다가 문을 닫게 되었다. 차오샹라이는 2가지 선택에 직면했다. 하나는 상사를 따라 CNCCC 베이징 본사로 가서 중간급 간부가 되는 것이었고, 다른 하나는 CNCCC와 계약을 하여 하이난에서 CNCCC 지사를 운영하는 것이었다.주석3 그는 후자를 선택했다.

계약에 따르면 차오샹라이는 자본 및 인력 부족 등을 포함한 모든 문제를 스스로 해결해야 했다. 그가 CNCCC로부터 받은 유일한 지원은 회사이름뿐이었다. 그러나 그에게는 과거 CNCCC에서 일하면서 구축한 인적 네트워크가 큰 힘이 되었다. 1996년에 정부는 수출기업에 대한 세금환급액을 낮추었고, 여기에 1997년의 아시아 금융위기가 겹쳐 국영 대외무역회사들은 큰 타격을 입었다. 1999년이 되자 차오샹라이는 더 이상 빚을 내지 않으면서 기업을 운영하는 것이 힘들어졌고, 회사를 그만둔 후 하이난에서 사업을 시작했다. 거목인 CNCCC에서의 일했던 그는 이미 한몫을 잡은 상황이었다. 그가 회사를 설립하며 등록한 자본은 500만 위안이었고, 이는 모두 그의 돈이었다.

앞에서 언급했듯이, 토니 그룹의 토니 장은 1989년에 공직자의 길을 포기하고 국영 무역회사에 들어갔고, 사업에 뛰어들기 전까지 8년을 이 회사에서 근무했다. 차오샹라이에 비해 토니 장이 '거목'에 있었던 기간은 짧았지만, 관련 분야에서 방대한 인적 네트워크를 구축하기에는 충분한 시간이었다. 그가 공직에 있으면서 기른 사회성과 성실성 또한 산업분야에서 중요한 인물들과 접촉하는 데 도움이 되었다.

　1990년대 초반에는 전반적인 정보 교환이 잘 이루어지지 않아 제조업체들은 국내 시장과 해외 시장의 시세에 대해 아무것도 알 수 없었다. 토니 장은 산업계에 종사하는 사람과 접촉하여 시장에 대한 최신정보를 얻을 수 있었고, 이를 통해 큰 이윤을 남겼다. 예를 들어 그는 시장가격에 대한 정보를 입수한 후, 독시사이클린doxycline, 항생제의 일종을 1톤당 20만 위안의 가격으로 총 5톤을 구입했다. 3~5개월 후 독시사이클린의 국제 시장에서의 가격이 톤당 150만 위안으로 치솟았고, 그는 막대한 이윤을 남겼다.

　1997년에 토니 장이 일하던 모기업이 도산 위기에 처했지만, 토니 장이 운영하던 상하이 지사는 높은 성과를 내며 모기업 총수익의 70~80%를 담당하고 있었다. 토니 장이 이 회사를 400만 위안에 인수한 것은 당연한 일이었고, 그 돈은 그가 8년간 두 군데의 국영 대외무역회사거목에서 일하며 번 것이었다.

　이상 살펴본 초기 자본을 확보하는 2가지 방법기회를 잡는 것, 거목의 보호 아래 있는 것은 중국이 계획경제에서 시장경제로 이행하던 특정한 시기에 가능했다. 계획경제가 시행되던 때에는 몇몇 국영기업들이 자원을 독점했고, 이는 우리가 인터뷰한 기업가들 중 몇몇국영기업에 근무했던 사람들에게는 인큐베이터와 같은 역할을 했다. 반면에 중국의 개혁개방 정책과 그에 따른 급속한 경제발전은 많은 기업가들에게 사업에 뛰어들 기회를 제공했다.

▬ 비즈니스 모델

최근 해외에서 돌아온 중국인들이 설립한 IT 분야의 '새로운 형태의 사영기업'들을 제외하고는, 전략이나 사업제안서_{business proposal} 등의 개념은 대부분의 초기 사영기업들에게는 생소한 것이었다. 이들 대부분은 기회를 포착했을 때 사업을 시작하겠다는 결정을 내렸던 것이다. 우리가 인터뷰한 20명의 기업가들 대부분도 이런 유형이었다. 이들은 초기 단계에서 대부분 비용이 적게 드는 전략을 채택했고, 경쟁이 치열해져서 이익이 감소하거나 다음 단계로 발전해야 할 경우에는 차별화, 특정 제품서비스에 주력, 통합 등의 전략을 채택했다. 이들은 비즈니스 모델을 다음과 같이 조정하기도 했다.

- 제품/서비스 차별화
- 차별화에 주력
- 틈새시장
- 수직통합

제품/서비스 차별화

상하이즈항 국제화운의 주요 사업은 국제화물운송이었고, 국내 특급운송 서비스업도 겸하고 있었다. 그러나 국내 운송업은 주력이 아니었고, 국제운송의 보조적인 서비스였다. 총경리인 창쉐훙은 이것을 경쟁력 있는 차별화된 서비스로 생각했고, 주요 고객들에게는 상하이즈항 국제화운을 이용하는 것이 아웃소싱 서비스처럼 여겨졌다. 즉, 창쉐훙의 직원들이 고객의 공장에 배치되어 고객들의 요구사항을 보다 많이 충족시켰던 것이다. 이러한 현장 대응 서비스는 간접비용을 줄여주었고, 고객들과의 관계를 강화시켰다. 더 중요한 것은 화물이 대부분 귀중한 것이어서 이러한 특급운송 서비스는 다른 것들보다 훨씬 더 높은 이윤을 발생시킨다는 점이었다.

차별화에 주력

어우푸조명은 가정용 조명기기와 형광등을 생산하는 업체이다. 이 분야의 업체들은 중간 규모의 업체 두세 곳을 제외하고는 대부분 소규모이며, 저가제품 시장에 주력하고 있다. 이들의 전략은 생산단가를 낮게 유지하며 저가의 제품을 공급하는 것이다. 파나소닉, 필립스, GE 라이팅 등 몇 안 되는 국제적인 기업들은 고급제품 시장에 주력한다.

1996년에 왕야오하이가 어우푸를 설립했을 때, 그의 초기 사업은 일반적인 조명기기를 조립하는 것이었다. 1996년 말에 중앙정부는 중국에 절전형 조명기구를 소개하며 '녹색조명 프로젝트' 운동을 벌였다. 어우푸는 다른 경쟁사들과 마찬가지로 절전형 조명기구 분야에 뛰어들었고, 1998년이 되자 극심한 가격전쟁이 발생했다. 어우푸가 '품질제일주의' 전략을 수립한 것이 이때였다. 1999년에 왕야오하이는 '어우푸'를 브랜드 상표로 등록하고, 중간급 가정용제품 시장을 공략하기 시작했다. 어우푸의 제품은 다른 중국 브랜드에 비해 품질이 뛰어났고, 국제적인 브랜드에 비해 가격이 낮았다. 차별화에 성공했던 것이다.

어우푸는 제품에서 발산되는 빛의 품질을 개선하는 데도 노력했다. 어우푸는 혁신적인 디자인을 만들기 위해 투자를 했으나 다른 업체들이 어우푸의 디자인을 마구잡이로 표절하여 큰 이익을 얻지 못했다. 그러자 어우푸는 빛의 품질이는 표절하기가 어려웠다을 개선하는 데 최우선순위를 두고, 디자인은 그 다음이라는 전략을 취했다. 소비자들이 제품을 구입할 때 고려하는 것도 이런 순서를 따랐기 때문이었다. 어우푸의 이러한 차별화 전략은 큰 성공을 거두었고, 2006년 수익이 10억 위안을 넘어서며 업계의 선두주자가 되었다.

어우푸와 달리 옌한의 항저우완구방직은 사업 초기부터 앞선 기술력을 갖고 있었다. 1994년 말부터 1995년 사이에 중국 실크산업의 기록적인 생산량과 유럽 및 미국에서의 불경기가 겹쳐, 유럽과 미국의 실크산업 시장이 급격히 쇠퇴했다. 수출이 크게 줄면서 중국 시장에서 실크 공급이 넘쳐났고, 중국의 실크산업은 장기간의 침체기를 맞았다. 기술적인 측면에서 봤을 때 대부분의 중국 업체들은 전통적인 직기를 사용하고 있었고, 컴퓨터를 이용한 디자인과 해외에서 수입된 최신 직기를 사용하는 업체는 거의 없었다. 옌한은 방직관련 소프트웨어 개발에 종사했고 자카드직물을 디자인하는 데 있어 중국에서 가장 앞선 기술력을 갖고 있었기에, 그는 1997년에 방직산업에 뛰어들 때 이미 다른 업체들보다 유리한 고지를 점령하고 있었다.

세계 실크 생산량의 80%가 중국에서 생산되지만, 대부분의 중국 실크제품들은 부가가치가 거의 없는 중저가제품들이다. 실크산업은 극심한 경쟁과 한계 때문에 이익률이 점차 줄고 있다. 완구방직이 넥타이용 실크직물을 수출하기 시작했을 때는 1m당 120위안의 이윤을 냈지만, 지금은 20위안에 지나지 않는다.

완구가 수입한 선진 방직기와 최신 디자인 소프트웨어는 사업 초기부터 완구의 제품을 고급제품의 위치에 올려놓았다. 옌한은 기업이 성장하려면 양보다는 질이 관건이라고 생각했다. 그는 이렇게 말한다. "실크처럼 자연섬유는 고급상품이어서 대중적인 시장을 목표로 해서는 안 됩니다. 실크를 평범한 상품으로 만드는 행동은 제살 깎아먹기입니다." 완구방직은 사업이 확장되고 성장하는 과정에서 고급제품 시장에 점점 주력했다.

완구방직의 이탈리아 협력사는 실크직물을 공급하는 기업이며, 패션계에서 세계적인 명성을 갖고 있는 기업들에도 납품한다. 두 기업 사이의 협력으로 완구방직은 직물생산에서 경쟁력을 갖추었고, 색상, 질감, 패턴 등에서 최신 경향과 기술력도 확보하게 되었다. 완구방직은 던힐Dunhill, 셀리나Celina, 샤넬Chanel, 피에르가르뎅Pierre Cardin 등의 기업에 주문자생산 형태로 직물을 납품했다. 또한 스카프, 커튼, 침대보, 가정장식용 직물을 만타니Mantani라는 자체 브랜드로 생산하기도 했으며, 만타니 브랜드로 고급제품 시장, 그중에서도 유럽과 일본 수출을 겨냥하기도 했다. 완구방직의 생산량은 다른 업체에 비해 매우 낮지만, 이익률은 매우 크며 판매량 또한 안정적이다. 완구방직의 2005년 영업매출은 2억 7,000만 위안에 이르렀다.

부동산개발은 자본집약적인 분야며, 특히 대규모이거나 고급 프로젝트일 경우 더욱 그렇다. 쑤저우메릴랜드 부동산개발 회장인 가오치는 어려움 속에서 사업을 시작하며 이를 잘 인식하고 있었다. 그래서 그녀는 효율성을 기반으로 경쟁력을 구축하면서 소규모 주택 프로젝트에 주력했다. 개발업자는 일을 추진하기 전에 4개 분야에서 허가를 받아야만 하고, 이는 대부분 6~10개월이 걸린다. 메릴랜드는 이를 3~4개월로 단축할 수 있었고, 이 덕분에 새로운 개발 프로젝트에서 요구되는 자금의 흐름이 원활할 수 있었다. 메릴랜드는 일반적인 소비자도 겨냥하여, 보다 합리적인 가격에 주택을 팔기도 한다. 메릴랜드의 CFO 최고재무관리자는 이렇게 말한다. "다른 개발업자가 1개 프로젝트를 끝내는 시간이면 우리는 1.5~2개를 끝낼 수 있습니다." 중국에서 대규모 부동산개발 프로젝트는 대개 10만m^2 이상이고, 큰 개발업자일 경우 20만m^2가 넘는 규모도 그리 드물지 않다. 가오치가 부동산개발에 뛰어든 4년간 그녀가 연관을 맺은 프로젝트는 총 40만m^2가 넘으며, 이들 모두는 소규모 프로젝트였다. 메릴랜드는 소규모 일반주택에 주력함으로써, 적은 자본에도 불구하고 급격한 성장을 이룰 수 있었다.

틈새시장

허우정위가 브리지HR로 성공할 수 있었던 것은 틈새시장을 공략한 덕분이었다. 그 이전까지 중국의 노동시장은 관련 정부기관에서 독점하고 있었다. 2000년부터 점차 새로운 정책이 도입되기 시작했고, 2002년에는 중국의 고용시장 및 HR 전문서비스 시장이 중국 내 사영기업에 완전히 개방되었다. 2003년에는 외국인 투자자들도 중국 기업과의 합자 형태로 이들 시장에 진출할 수 있게 되었다. 주석4 현재 화이트칼라 인력을 공급하는 고급 HR 전문서비스 시장과 기업의 중역을 공급하는 헤드헌팅 시장은 2개의 거대 국영기업인 FESCO와 CIIC가 장악하고 있고, 외국인 투자로 설립된 합자기업들은 고급 헤드헌팅 시장에 주력하고 있다. 반면에 블루칼라와 그레이칼라 인력을 공급하는 저가의 노동력 시장에는 거대 업체가 전무한 실정이다.

허우정위의 브리지HR이 목표로 삼은 것이 바로 이 시장이다. 또한 틈

알리바바닷컴은 어떻게 이베이를 이겼을까?

새시장인 상하이 및 인근 지역의 외국 제조업체에 인력을 공급하는 데도 초점을 맞추고 있다. 브리지HR은 특정 기술을 교육시킨 후 인력들을 고객업체들에 공급하며, 이들 중 1/3은 기술학교 졸업자들이다. 브리지HR은 전문적인 기술을 갖춘 인력을 필요로 하는 고객업체들을 만족시킴으로써, 저가 전략을 내세우는 경쟁사들에 비해 높은 경쟁력을 갖추게 되었다. 또한 브리지HR은 삼성, 리코와 장기 계약을 맺고 있다. 브리지HR이 공급한 인력은 총 1만 8,000명이며, 지난 몇 년간 매년 매출액이 130%씩 증가하고 있다.

수직통합

하이난중신화공의 주요 사업은 화학제품 및 의학제품 무역이다. 중신화공이 어느 정도 성장하자, 공급망을 통합하기 위해 자체 기술과 브랜드를 쓰기 시작했다. 중신화공은 브랜드 구축과 R&D 강화를 통해 단순한 무역업체에서 공급자로서의 기능을 겸하는 업체로 발전했다. 또한 물류 분야에도 진출하기 시작했다. 당시 중신화공의 전체 비용 중에서 20~30%가 물류비용이었다. 차오샹라이는 이렇게 말한다. "제가 물류 분야에 진출한 것은 수익이 목적이 아니었습니다. 물류서비스의 질과 비용을 관리하기 위함이었습니다." 중신화공과 거래하는 국제적인 거대기업들은 모두 화물운송을 전문적인 물류회사에 아웃소싱해야 했다. 중신화공은 주요 기업들과의 관계를 강화하고 단일 제품 공급자에서 통합서비스 제공자로 거듭나기 위해 이런 기업들에게 물류서비스를 제공했다. 차오샹라이는 물류사업을 운영할 물류 전문가를 고용하려 했다.

브리지HR은 상하이의 외국 기업들에게 블루칼라와 그레이칼라 인력을 공급하는 데 주력했다. 농부에서 노동자로 변신한 사람들에게는 필요한 기술이 부족했기 때문에, 브리지HR의 CEO인 허우정위는 기술학교 운영에 참여하기 시작했다. 브리지HR은 지방 정부의 지원을 받아 50개가 넘은 기술학교와 동맹을 맺었고, 또한 투자를 통해 2개의 기술학교를 세워 직접 운영하기도 했다. 이를 통해 브리지HR은 외국 기업들의 필요에 따라 인력을 훈련시킬 수 있었고, 기술적으로 경쟁력을 갖춘 노동력을 공급할 수 있었다. 브리지HR은 정기적인 포럼을 개최하였고, HR 관련 교수, 전문가, 거대 기업 인사부 책임자 등을 초빙하여 강연을 하도록 했다. 이런 방법으로 브리지HR은 기업들 사이에서 점차 브랜드 네임을 구축했고, 방대한 고객자원을 확보할 수 있었다. 현재까지 브리지HR은 상하이 외국 기업들에 블루칼라 및 그레이칼라 인력을 공급하는 시장의 90% 이상을 점유하고 있다.

■ 중국 특유의 비즈니스 모델

앞에서 언급한 비즈니스 모델들은 대체로 다른 나라에서도 통용되는 것들이었다. 이런 비즈니스 모델들 외에도, 우리가 인터뷰한 기업가들 중 일부가 채택한 비즈니스 모델 중에는 '중국 특유의 비즈니스 모델'이 있다. 중국에서 일부 산업 분야는 국가의 엄격한 규제를 받기 때문에 '꽌시關係'가 매우 중요한 역할을 한다. 이는 특히 사영기업에게 더욱 그렇다.

텐진룽타이샹 금속제품은 고철을 수입하여 가공한 후, 이를 원자재로 판매한다. 이런 분야의 사업체는 정부의 규제를 받기 때문에, 정부의 승인을 받으려면 공직자들을 다루는 노련한 능력이 요구된다. 또한

수입에 종사하는 업체이기에 세관 근무자들과도 좋은 관계를 유지해야
한다.

총경리인 쑹창은 사업을 하기 전에 중국-일본 합자기업에서 일하면
서 세관 근무자들과의 연줄이 있었고, 그가 사업을 하면서 그 관계가 더
가까워졌다. 쑹창이 가진 사회성과 남을 배려하는 성향은 어릴 때부터
개발된 것이었고, 그가 다른 사람들과 좋은 관계를 유지하는 데 도움이
되었다.

룽타이샹의 수익원은 2가지였다. 하나는 관세를 절약하는 것이었고,
다른 하나는 고철의 수입가와 이를 원자재로 가공한 후 판매하는 가격
의 차액이었다. 관세는 수입품의 가격에서 몇 %로 계산하여 부과되는
데, 룽타이샹이 수입하는 고철은 정확한 가격을 매기는 것이 어려웠다.
이 때문에 세관의 담당직원이 개인적인 판단으로 가격을 정했고, 이에
따라 관세를 절약하는 것이 가능했다. 쑹창은 2000년에 시장에 진출했
을 때 주로 구리와 알루미늄의 수입에 주력했고, 우연히도 이 두 자재의
국제가격이 급등했다. 그는 구리 가격은 3배, 알루미늄 가격은 거의 2배
로 올랐었다고 말한다.

쑹창이 내는 이익률은 우리가 인터뷰한 대부분의 기업가들보다 높았
지만, 회사의 미래에 대해서도 다른 기업가들보다 더 많은 걱정을 했다.
그가 걱정하는 근본적인 원인은 정치적 위험요소였다. 중국은 계획경제
에서 시장경제로 이행하고 있기에, 정부 공직자들이 다른 어느 때보다
자주 교체되고 있다. 이는 지방 정부에서 특히 그렇다. 그가 연줄이 닿
는 공직자가 다른 사람으로 바뀔 것에 대한 두려움 때문에 그는 계속해
서 공직자들과의 관계를 확장하고 강화하고 있었다. 그는 직위가 너무

높은 공직자나 너무 낮은 공직자들과는 관계를 맺지 않는다. 직위가 낮으면 영향력이 적고, 직위가 너무 높으면 정치적 타깃이 될 수 있기 때문이다. 그는 이렇게 말한다. "규정이 분명히 명시되기를 바랍니다. 규정만 따라도 된다면 회사를 운영하는 것이 더 쉬울 테니까요. 분명하게 명시된 규정이 없으면 공직자들과의 관계에 의존하여 사업을 할 수밖에 없습니다. 전 미래에 대해 확신을 갖지 못하겠습니다."

상하이 즈청커뮤니케이션의 주요 사업은 통신엔지니어링 프로젝트이며, 통신사들이 고객이다. 총경리인 추이리젠은 이 계통에서는 꽌시가 매우 중요하고 인정하면서, 꽌시를 맺는 자신만의 방법이 있다고 말한다. 그는 쑹창과는 다른 방법으로 꽌시를 맺고 있다. 그는 유대관계를 맺기 위해 종종 선물을 이용했지만, 그의 경쟁사들은 빌라 등 값비싼 선물을 주곤 했다. 그래서 그는 보다 마음을 움직이는 쪽으로 접근했다. 그는 통신산업 분야에서 영향력 있는 인물들 대부분이 나이가 많고 교육 수준이 비교적 낮다는 점에 주목했다. 한편 그는 다양한 것에 흥미와 취미가 있었고, 즈청을 설립하기 전에는 IT와 주식투자 분야에서 일을 했다. 그는 이들과 사진, 골프, 첨단기술, 투자포트폴리오 등에 대해 자주 대화를 나눴다. 간단히 말해 이들과 친해지는 데 시간을 투자했던 것이다. 카메라 구입에 관해 조언을 하기도 했고, 초대하여 차를 대접하기도 했다.

또한 자신의 인적 네트워크를 확장하기 위해 취직을 시켜주기도 했다. 한번은 영향력 있는 인물 중 한 사람의 동생이 추이리젠을 찾아와 일자리를 부탁했다. 그는 그 사람을 즉시 채용했고, 만족할 만한 월급을 주었다. 그는 다른 직원들보다 원만하게 업무를 처리했다. 추이리젠은 이렇게 말한다. "한 예로, 우리가 고객사의 전산실에서 일을 처리해야 할 경우 그 회사의 해당 책임자에게 담배 등 자그마한 선물을 제공해야 합니다. 그런데 그 사람이 가면 선물을 주지 않아도 자발적으로 도와주려 하더군요." 추이리젠은 그때부터 이런 사람들을 채용하는 데 우선순위를 두었다.

추이리젠은 교묘한 방법을 쓰기도 했다. 그는 가끔 중요한 거물이 즈청커뮤니케이션을 돌봐주고 있다는 '비밀'을 슬쩍 발설하곤 했다. 그는 이렇게 말한다. "당신이 중요한 거물과 친하다고 다른 사람들이 생각하도록 만들 필요가 있습니다. 그러나 다 까발리지는 말고 신비감을 남겨둬야 하죠. 그 중요한 거물이 누구인지 분명히 아는 사람은 아무도 없습니다. 이 방법은 정말 효과가 좋습니다. 이런 방법으로 곤란한 상황에서 여러 번 벗어날 수 있었죠."

이처럼 쑹창과 추이리젠이 사업 특성상 중요한 인물들과 관계를 맺고 이를 유지하기 위해 노력했다는 것은 분명하다. 그러나 둘 다 이런 방식으로 사업을 운영하는 것을 내켜하지는 않는다. 이들은 동등한 위치에서 능력에 따라 경쟁할 수 있는 비즈니스 환경을 더 선호한다.

■ 미국식 비즈니스 모델의 무용성

우리가 조사를 하며 얻은 결과들 중 하나는 미국 기업에서 전반적으로 채택되는 비즈니스 모델이 중국에서는 효과가 없다는 것이었다. 그것들 중 하나는 IT 분야에서의 벤처캐피털venture capital, 벤처기업에 투자되는 자본 – 옮긴이이며, 천신의 사례가 이에 해당한다. 천신은 미국에서 대학을 졸업하고 IBM과 AMD에서 IC 설계자로 10년간 일했다.

사업을 시작하는 미국식 비즈니스 모델은 우선 좋은 기술력이 있어야 하며, 그 다음에 벤처캐피털이나 엔젤캐피털angel capital, 기술력만 있고 자금이 부족한 신생 벤처기업에 투자되는 자금 - 옮긴이을 찾아 자금을 지원받은 후 갖고 있는 기술을 시장에 내놓는 것이다. 설사 시장의 반응이 만족스럽지 못하다 해도, 좋은 기술이 있는 한 그 기술에 관심을 갖는 기업들은 항상 있기 마련이다. 그러나 이는 중국에서는 통하지 않는다. 일단 중국에서는 벤처기업에 대한 투자가 발달되어 있지 않으며, 기술 자체가 아닌 완제품이나 그 제품을 팔 시장에 초점이 맞춰지기 때문이다.

천신과 그녀의 동업자는 미국과 대만의 시스템 제조업체 및 엔젤 투자자로부터 초기 자금을 투자받아, 네트워크 보안칩 설계 사업을 시작했다. 대만인 투자자가 사업 본사가 대만에 있어야 한다고 요구함에 따라 천신은 대만에 머물다가, 상하이 지사를 맡기 위해 중국으로 돌아갔다. 미국의 칩 제조사들은 시스템 제조사들이 칩 설계에서 요구하는 사항을 충족시키기 위해 이들과 협력할 수 있었지만, 중국에서는 이러한 맞춤형 칩 제조방식이 발달되지 않았다. 중국에서 제조사들은 기존 시장, 말하자면 기존 가전제품을 위한 칩만 생산하기 때문이었다.

후에 대만인 투자자는 VoIP voice of internet protocol, 인터넷을 통해 통화를 하는 기술 - 옮긴이 장비 시장에 기회가 있음을 알아차리고, 이 사업에 뛰어들었다. VoIP에 대한 미래 전망이 밝았기 때문에 회사 인력과 자원 대부분이 이 분야로 전환되었고, 칩 설계 분야는 축소되었다. 직원 중 많은 수가 칩 설계 계통의 경력을 지녔기에 이러한 전환은 쉽지 않았다. 천신은 이러한 힘든 상황을 3년간 겪은 후에야 '로마에서는 로마법을 따르라'는 진리를 깨달았다. 중국에서의 사업에서는 항상 시장조사가 첫 번째 고려사항이고, 자본이 두 번째, 마지막이 R&D이다.

▬ 사영기업의 성장 단계

중국의 사영기업들이 성장하는 전형적인 과정은 3단계로 이루어져 있다. 무역업, 제조업, 기술개발사업이 그것이다. 우리가 인터뷰한 기업가들은 시장에서의 기회를 포착한 후 외국 제품을 대행해서 판매하는 에이전트 등 무역업에 뛰어드는 것이 일반적이었다. 이 단계에서 이들은 시장, 제품, 판매, 경영에 관한 경험을 쌓았고, 이 과정에서 판매망을 구축하며 자본도 축적했다. 이후 제조기술과 경영기법을 터득한 후 2번째 단계로 진입하여 꽤 많은 양을 생산하는 제조업체로 변신했다 대부분 OEM 형태. 그리고 마지막에는 R&D에 투자하여 고유 브랜드를 만들었다.

사영기업이 얼마나 성장하는지는 그 기업의 재정 상태와 중국의 산업발전에 의해 결정되었다. 이들 사영기업들은 제한적인 자금과 인적자원으로 출발하는 것이 보통이었다. 따라서 사영기업이 성공할 수 있는 가능성이 가장 높은 것이 우선 무역업이나 유명한 외국 제품의 에이전트로 출발하는 것이었다. 중국의 산업화는 대부분 외국 기업들이 제조기술을 중국에 이전함으로써 힘입은 바 컸고, 이로 인해 무역업에 종사하던 많은 사영기업들은 일단 자본이 축적되면 OEM 형태의 제조업에 뛰어들었다. OEM은 기업가들이 핵심기술을 습득하고 자체적인 R&D를 할 수 있는 기회를 제공했다. 그리고 이를 바탕으로 자체 기술로 자체 브랜드를 생산할 수 있게 되었다.

우리가 인터뷰한 20명의 기업가들 중 대부분이 이러한 단계를 따라 성장했다. 이들이 성장하고 발전한 다양한 형태는 다음과 같이 분류할 수 있다.

- 무역/에이전트 사업에서 서비스/솔루션 제공 사업으로
- 외주 생산에서 자체 생산으로
- 에이전트에서 자체 브랜드 사업으로
- 판매지향 전략에서 마케팅지향 전략으로
- 단일 제품 생산에서 여러 제품 생산으로

무역/에이전트 사업에서 서비스/솔루션 제공 사업으로

많은 기업들은 무역/에이전트 사업에 주력하는 동안 큰 이윤을 획득하면서 급속히 성장할 수 있었다. 그러나 시장이 포화 상태를 이루고 경쟁이 증가하면서 이윤은 점차 줄어들었고, 이로 인해 무역/에이전트 사업에 종사하던 많은 기업들은 서비스/솔루션 제공으로 사업을 변경했다.

상하이 키포인트 컨트롤스上海敬邦集团는 석유 및 화학산업 분야에 쓰이는 기구와 계량기 에이전트로 출발했고, 후에는 액체 화학제품을 밀폐용기에 담을 때 이를 측량하고 통제하는 자동화 기술 등의 전문적인 서비스를 제공하는 기업으로 탈바꿈했다. 키포인트의 첫 사업은 미국의 드레스 인스트루먼트Dress Instruments 등 많은 외국 브랜드의 에이전트였다. 두 번째 사업은 고객기업에게 소프트웨어와 서비스를 제공하는 것이었다. 키포인트는 2가지 사업을 조합하여 고객기업들에게 전문적인 통합솔루션을 제공할 수 있었다. 키포인트의 통합솔루션이 수익을 내고 있음에도 회장인 량치화는 핵심 경쟁력을 강화시키기 위한 노력의 일환

으로 2년 안에 공장을 지으려 한다. 그리고 고객기업들의 필요에 따라 부품을 수입하여, 이를 자사의 공장에서 자사의 기술 솔루션으로 조립한 후 자체 브랜드로 판매할 계획이다.

차오샹라이의 중신화공도 이 유형에 속한다. 2006년에 중신화공의 영업매출은 1995년에 비해 수십 배 이상 상승했지만, 차오샹라이가 R&D와 제조업체에 투자함으로써 수익은 반으로 감소했다. 초기 투자금은 모든 연구결과와 성과에 대한 소유권을 중신화공이 갖는다는 조건으로, 상하이 자통대학交通大學의 R&D센터를 지원했다. 2002년부터 중신화공은 광시성廣西省, 텐진, 칭다오, 장쑤성에 공장을 짓기 시작했고, 고객기업들의 필요를 충족시키기 위해 자체 핵심기술로 부가가치가 높은 제품을 생산할 수 있었다. 2004년 말에 차오샹라이는 중신화공을 서비스 제공업으로 전환하기 시작했고, 2005년과 2006년에 이에 대한 전략적 조정을 시행했다. 중신화공의 사업 규모가 커지고 R&D 경쟁력이 향상되면서 공급받는 제품의 가격과 품질에 대한 영향력도 커졌다. 이와 함께 중신화공은 물류 부문에도 진출했다. 지금도 여전히 무역업이 중신화공의 총수익 중 90%를 차지하지만, 차오샹라이는 향후 이 비율을 60~70%로 낮추고 자체 생산 비율을 20~30%까지 끌어올릴 계획이다.

외주 생산에서 자체 생산으로

허우하이량의 상하이 오리지널 엔터프라이즈의 초기 비즈니스 모델은 먼저 시장과 산업에 대한 허우하이량의 지식 및 시장지향적market-oriented인 R&D를 바탕으로 원료와 기술을 개발하여, 이를 외주업체를 통해 생산한 다음 판매하는 것이었다. 사업 초기에 판매량은 많지 않았지만, 이윤은 괜찮은 편이었다. 2년 후에는 시장의 수요가 증가하여 외주생산 기반의 비즈니스 모델로는 수량, 품질, 비용, 생산 주기에 대한 요구사항들을 만족할 수 없게 되었다. 그래서 허우하이량은 자체 공장을 짓기로 결심하고, 1999년에 친구들의 도움과 은행 대출로 공장 건설을 시작하여 2001년에 완공했다.

오리지널 엔터프라이즈는 R&D에 지속적으로 주력했다. 2002년에 상하이시 정부는 첨단기술 프로젝트로 오리지널 엔터프라이즈의 제품 중 하나를 선정함으로써 정부보조금을 받는 기업이 되었다. 오리지널 엔터프라이즈는 외주생산에서 자체생산으로 전환함으로써 2002년과 2003년에 급격히 성장했다. 그런데 R&D 강화, 새로운 연구장비 및 생산라인 도입에는 엄청난 자금이 소요되지만, 다른 사영기업들과 마찬가지로 오리지널 엔터프라이즈도 은행에서 대출을 받기가 어려웠다. 게다가 2003년 이후 석유를 비롯한 원자재 가격의 상승으로 이익률도 줄어들었다. 허우하이량은 이런 재정 문제를 해결하기 위해 2004년에 이탈리아의 기업과 50 대 50씩 지분을 갖는 합자기업 설립에 대한 협상에 들어갔다.

당시에는 경쟁이 점점 치열해지던 시점이었다. 기술력 측면에서 오리지널 엔터프라이즈는 해당 분야의 선도기업이었지만, 이탈리아 협력사가 고품질의 원자재와 제품을 고집하여 제품 가격이 다른 경쟁사에 비해 매우 높았다. 이탈리아 협력사는 많은 오리지널 엔터프라이즈 고객들이 높은 수준의 품질을 요구하지 않으며, 가격을 더 신경 쓴다는 사실을 알지 못했다. 이는 중국 시장에서의 상황이며 특징이었다.

에이전트에서 자체 브랜드 사업으로

SPN 테크놀로지의 왕즈는 "자체 생산품, 브랜드, 핵심기술이 없으면 어떤 기업도 크게 성장할 수 없습니다. 적어도 제가 일하는 분야에서는 그렇습니다"라고 말한다. SPN의 주요 사업은 기계의 자동화통제 시스템이며, 소프트웨어와 하드웨어 두 분야 모두에 해당된다.

SPN은 초기 2~3년간 유럽과 미국 기업의 하드웨어 에이전트 사업에만 주력했다. 이 기간에 왕즈는 이런 제품을 판매하려면 기술적 지원도 제공할 수 있는 에이전트가 필요하다고 생각하게 되었다. 여기에는 고객이 장비와 소프트웨어를 사용할 수 있도록 교육시키는 것도 포함되었다. SPN은 2003년에 자체 소프트웨어와 하드웨어를 개발하기 위한 R&D 팀을 조직하기 시작했다. 현재 대부분의 SPN 소프트웨어 제품들은 자체 개발한 것들이며, 특허를 갖고 있는 기술도 수십 개에 이른다. 또한 몇몇 하드웨어 제품도 개발하여 외주를 통해 생산하고 있다.

이와 동시에 SPN은 점차 자체 브랜드도 구축하고 있었다. SPN의 중국 내 고객들은 대체로 유럽의 기술과 브랜드를 높이 평가하는 경향이 있었다. SPN은 독일에 회사를 설립했다. 이는 유럽 시장이 SPN의 브랜드에 친숙해지고 SPN을 받아들이도록 하기 위한 의도였지만, 이로 인해 중국 내 고객들까지 얻게 되었다. 현재 SPN 독일 브랜드의 모든 R&D 업무와 일부 생산 업무는 상하이에서 이루어지고, 일부 제조 부분만 독일에서 이루어지고 있다. 왕즈는 향후 모든 생산 과정을 상하이로 옮길 계획이다. SPN은 중국의 다른 경쟁사들과 달리 중국 내 고급제품 시장과 해외 시장을 위해 브랜드를 개발했으며, 향후 외국 브랜드의 에이전트 사업은 점차 축소하고 자체 브랜드에 주력할 계획이다.

우리가 인터뷰한 20명의 기업가들 중 류충잉의 아이밍얼이 전형적인 무역업, 제조업, 기술개발 사업의 단계를 따라 성장한 경우다. 아이밍얼은 초기에 국내 도소매업에 주력하다 수출사업으로 전환했다. 아이밍얼의 매출은 2억 위안에 이르렀고, 그중 70%가 OEM 형태의 생산이었고 나머지 30%는 자체 브랜드였다. 아이밍얼의 R&D 팀은 40명의 디자이너로 구성되어 있고, 1,500개 이상의 기술에 대해 지적재산권을 보유하고 있다. 아이밍얼은 일부 R&D 프로젝트는 이탈리아와 스페인의 디자인 회사들에게 의뢰하기도 한다. R&D와 OEM 생산에 많은 자금이 소요되기 때문에, 아이밍얼의 이익률은 업계에서 중상위 정도다. 2005년부터 아이밍얼은 다시 중국 내 시장에 주력하기 시작했고, 향후 자체 브랜드 제품을 중국 내 시장에서 판매할 계획이다.

항저우완구방직의 경우는 자체 브랜드를 보유하는 과정이 비교적 순조롭고 성공적이었다. 완구방직은 던힐, 셀리나, 샤넬 등 고급 브랜드에 섬유를 납품하며, 피에르가르뎅 등의 제품을 OEM 형태로 생산하기도 한다. 이 외에도 일본과 유럽 등 고급제품 시장을 겨냥하여 스카프, 커튼, 침대보 등을 자체 브랜드인 '만타니'로 생산한다. 2007년에 완구방직은 창립 10주년을 맞았고, 향후 10년간의 목표를 자체 브랜드 강화로 설정했다. 완구방직 회장인 옌한은 이렇게 말한다. "우리는 처음 10년간 제조에 주력했습니다. 앞으로 10년간은 마케팅에 주력할 것입니다."

완구방직은 항상 R&D를 매우 중요시했다. 공장을 처음 설립했을 때 생산기계는 6세트뿐이었지만, 디자이너는 최소한 7명이나 되었다. 이는 다른 경쟁사에 비해 2~3배 많은 수였다. 완구방직의 디자이너들은 매주 40개 이상의 새로운 패턴을 개발하여, 완구방직이 자체 브랜드를 구축하는 데 큰 도움을 주었다. 지난 2년간 완구방직은 점차 일본과 유럽의 잡지를 통해 자체 브랜드를 마케팅해오고 있다. 또한 일본 시장에서의 마케팅을 위해 일본 기업과 계약을 맺기도 했다. 이로 인해 일본에서 가장 배타적인 쇼핑센터 진열대에서 완구방직의 제품을 볼 수 있게 되었고, 일본에서 큰 주목을 받은 것은 완구방직이 중국 브랜드로는 최초였다. 일본과 유럽에서의 성공으로 완구방직은 가까운 장래에 항저우에 처음으로 자체 브랜드로 상점을 열어 중국 내 시장을 개척할 계획이다.

판매지향 전략에서 마케팅지향 전략으로

왕야오하이의 어우푸조명은 크게 성장하여, 2000년 기준으로 수십 명의 직원을 거느리고 연간 1,000만 위안의 영업매출을 기록했다. 그러자 왕야오하이는 경영관련 과정을 공부하기로 결심했고, 런민대학 人民大學의 바오전 교수가 가르치는 마케팅 과정에 깊은 인상을 받았다. 그는 꽤 많은 금액을 지불하고 바오전 교수로부터 마케팅에 관한 컨설팅을 받았으며, 이는 훗날 현명한 선택이었음이 밝혀졌다. 2001년 어우푸의 영업매출이 1억 위안을 넘어섰고, 2002년에는 2억 위안을 넘었기 때문이었다.

2003년에 왕야오하이는 브랜드 구축에 막대한 자금을 투자했다. 그는 일본의 유명한 기업으로부터 컨설팅 서비스를 받았다. 그러나 이 선택은 실패였다. 왕야오하이는 그 후 이로 인한 영향에서 벗어나는 데 2~3년이 걸렸다고 말한다. 이 일본 기업은 1990년대에 중국의 여러 가전업체에 컨설팅 서비스를 제공했고, 광고와 가격 인하를 통해 시장점유율을 높이는 전략을 선호했다. 왕야오하이는 돌이켜보면 이 전략이

어우푸에 큰 손해를 끼쳤다고 말한다. 어우푸의 영업매출은 2003년에 들어서도 계속 증가했지만, 수익은 그렇지 못했다. 중국의 가정용 조명기기 제조업체 대부분은 저가제품 시장에 몰려 있었다. 이들은 최대한 가격을 낮추려고 경쟁했고, 질 낮은 원자재를 사용하기도 했다. 어우푸는 이보다 질 높은 제품으로 중급제품 시장을 목표로 했었기에, 원자재와 제품의 질을 낮추지 않은 상태에서 가격만 낮추게 되자 필연적으로 이익률이 영향을 받았던 것이다.

더구나 판매지향적sales-oriented 전략은 사람들로 하여금 판매 데이터에만 관심을 쏟도록 하고, 시장과 브랜딩branding은 무시하도록 만든다. 2004년에 어우푸는 PwCPricewaterhouseCoopers에 성과측정 시스템을 만들어주도록 의뢰했다. 그러나 안타깝게도 이 측정 시스템은 전적으로 판매만을 바탕으로 만들어졌기 때문에 상황을 더욱 악화시키기만 했다. 월말이나 연말에 판매가 급증하여 품절이 될 때도 있었지만, 수요에 맞춰 생산량을 늘리면 다음 달에는 재고가 쌓였다.

왕야오하이는 제품지향적product-oriented이고 시장지향적인 기업이 되기 위해서는 현재의 판매지향적인 비즈니스 모델을 바꾸어야만 한다고 생각했다. 어우푸는 판매에서 마케팅으로 예산의 초점을 맞췄다. 미래의 시장 경향을 주도하고 형성하기 위해, 그리고 현재의 시장의 요구를 충족시키기 위해 시장조사, 제품 R&D, 제품개발팀 구성에 최우선순위를 두었다. 중국의 가정용 조명기구 제조업체들은 대개 디자인에 R&D의 초점을 두었다. 디자인은 쉽게 표절할 수 있는 것이어서, 디자인은 지속적인 경쟁력을 유지하기가 어려웠다. 그래서 어우푸는 빛의 질을 개선하는 데 R&D의 초점을 맞췄고, 이는 디자인보다 표절하기가 어려웠다. 어우푸의 제품은 모양과 기능이라는 2가지 목적을 모두 충족시켜, 디자인과 고품질 조명에 대한 고객들의 요구를 만족시키고 있다. 판매에서 마케팅으로 초점을 맞춘 것은 좋은 결과를 냈다. 어우푸는 중국의 조명업계에서 이름 있는 브랜드로 자리 잡았고, 2006년의 영업매출은 10억 위안을 초과했다.

단일 제품 생산에서 여러 제품 생산으로

토니 장이 운영하던 국영 무역회사의 상하이 지사는 모기업의 전체 수익 중 70~80%를 담당하고 있었지만, 1997년에 터진 아시아 금융위기와 그 전 해에 시행된 대외무역회사들에 대한 세금환급액 축소로 인해 모기업은 파산 직전에 놓였다. 그는 자신의 능력과 회사의 어려움을 고려하여, 400만~500만 위안 사이의 금액으로 이 기업을 인수하고 화학제품을 수입하는 대외무역에서 국내무역으로 전환했다.

그는 매우 사교적이고 친구 사귀는 것을 좋아하여, 종종 고객이나 친구들을 점심이나 저녁식사에 초대하곤 했다. 당시 상하이에는 사천요리 식당이 거의 없어서 토니 장은 지인들을 접대하기 위해 자신이 직접 식당을 열기로 결심했다. 그의 식당은 몫이 좋은 자리도 아니었고 $150m^2$의 비교적 작은 규모였지만 예상치 않았던 성공을 거두었다. 개업한 지 한 달도 안 되어 손님들이 줄을 섰다. 그리고 곧 식당의 명성을 듣고 홍콩의 가수와 유명인들이 식당을 찾으면서 더욱 유명해졌다. 후에 건물 위층까지 식당을 확장함으로써 규모도 $400m^2$로 늘어났다. 토니 장은 식당의 성공요인이 2가지라고 생각한다. 첫째는 맛있는 정통 사천요리였고, 둘째는 멋지고 독특한 실내장식이었다. 당시 중국에서는 만찬 분위기에 관심을 많이 갖지 않았지만, 상하이의 젊은이들은 새로운 유행에 매우 적극적으로 반응했다.

토니 장은 계속해서 다양한 사업에 손을 댔다. 그는 2억 톤의 인회토燐灰土가 매장된 광산을 구입하기 위해 광산의 지분 20%를 매입했고, 이 광산은 그의 비철금속 무역사업에 통합되었다. 상하이의 양산선수이항洋山深水港이 개발 중이던 2002년에는 이 지역의 땅 7만m^2를 구입했다. 현재 그가 구입한 땅은 주요 운송경로에 인접한 조건이 좋은 지역이어서 땅값이 치솟았고, 많은 물류회사들이 협조를 요청하며 그에게 접촉하고 있다. 토니 장은 기반이 탄탄한 주요 물류회사를 파트너로 선택하여 합자를 통해 물류창고 회사를 설립할 계획이다.

2005년에는 농장을 지어 온실에서 채소를 기른다는 복안을 갖고 난후이南滙에 100만m^2가 넘는 땅을 구입했다. 그는 농업관광과 고품질 채소를 결합할 생각이었고, 이는 새로운 농업 모델이었다. 재배된 채소는 멋지게 포장되어 상하이에서 팔렸고, 신선함과 안전함이 셀링포인트selling point였다. 정부가 보조금 지급이 가능한 산업으로 농업을 규정하고 있었기에, 토니 장은 정부의 정책적 지원 외에도 1,000만 위안의 보조금을 지급받았다.

토니 장의 다양한 사업들 간에는 많은 연관성이 없었기 때문에 그가 처음 시작했던 사업은 계속해서 축소되었다. 반면에 그가 새로 시작한 식당 사업은 토니그룹에 활기를 불어넣었고, 토지 및 광산 구입으로 토니그룹은 지속적으로 발전할 수 있는 기회를 갖게 되었다.

■ 조직역량 구축

　많은 사영기업들은 기업 설립 초기에 사업전략은 말할 것도 없고, 정식적인 사업계획조차 없었다. 그러나 기업이 성장하면서 이들은 핵심경쟁력을 기르고 비즈니스 모델을 전환하는 데 많은 노력을 했다. 이들은 직원 채용, 직원들의 역량을 기르기 위한 직원 교육, 기업문화, 인재 유지, 직원들의 사고방식을 바꾸기 위한 성과관리 performance management 등을 통해 자신들의 조직역량 organizational capability을 점차 구축해나갔다.

직원 채용

　사영기업들은 설립 초기에 재능 있는 인물을 채용하는 것이 어려웠다. 기업이 잘 알려진 것도 아니었고, 만족할 만한 급료를 주기도 힘들었기 때문이다. 낮은 급료를 받으면서 기꺼이 기업과 함께 성장하려는 사람들만 채용할 수 있었다. 중신화공의 차오샹라이는 "초기 직원들 대부분이 좋은 교육을 받지 못한 사람들이었습니다. 그러나 그들은 기꺼이 나와 함께 일하려 했습니다"라고 말한다. 상하이즈항국제화운의 창쉐훙은 초기 단계에서는 비용을 통제하는 것이 최우선이었기에 급료가 낮을 수밖에 없었다고 인정한다.

　사업이 성장함에 따라 신입직원에 대한 이들 기업의 요구사항도 바뀌게 되었다. 창쉐훙은 지금은 비용편익 cost-benefit 접근법을 통해 신입직원의 급료 수준을 결정한다고 말한다. "직원이 연봉을 얼마나 요구하든 신경 쓰지 않습니다. 핵심요소는 회사 입장에서 그들이 얼마나 가치가 있는가 하는 것입니다." 차오샹라이도 같은 방법을 사용한다. 그는 2002년에 직원을 채용하는 데 요구되는 사항을 다음과 같이 바꾸었다.

1) 입사지원자는 화학에 대한 교육을 받은 사람이어야 하며, 2) 충신화공이 외국과의 무역에 종사하기 때문에 영어에 능통해야 한다.

신입직원에게 전문적인 능력을 요구하는 것은 브리지HR의 경우도 마찬가지다. 브리지HR의 CEO인 허우정위는 이렇게 말한다. "모든 신입직원은 HRM이나 경영학을 전공한 사람이어야 합니다. 그리고 중간급 간부 이상은 반드시 HRM 분야에서 일했던 경력이 있어야 하죠." 또한 브리지HR은 고객이 첫째, 투자자주주가 둘째, 자신의 경력을 쌓는 것이 셋째라는 자사의 기업문화를 직원들이 인식하는 데 중요성을 부여한다.

아이밍얼도 직원들이 기업문화를 인식하는 것을 중요시하며, 팀의 가치를 자신의 가치로 여길 것을 강조한다. 모든 신입직원들은 직급에 관계없이 생산라인에서 1개월간 근무하며 신발 만드는 과정을 직접 체험해야 한다. 류충잉은 이를 통해 신발을 만드는 과정에 대한 산지식을 얻을 수 있으며, 문제를 해결하는 과정에도 도움이 된다고 말한다. 경리급 직원은 이 과정을 통해 생산 과정에서 발생하는 문제의 원인을 파악할 수 있게 되고, 보다 빠르고 효과적인 해결책을 찾을 수 있게 된다. 생산라인 실습을 하는 또 다른 목적은 경리급들이 생산라인 직원들과 보다 쉽게 소통할 수 있도록 함으로써, 이들을 존중하도록 하는 것이다. 사실 아이밍얼에서 직원을 채용하는 가장 중요한 기준은 팀의 가치를 제대로 인식하는가, 그리고 팀과 하나가 될 수 있는 능력이 있는가 하는 것이다.

직원 교육

중국의 사영기업들이 성장하고 발전하는 과정에서 일부 기업들은 컨설팅 서비스와 직원 교육을 컨설팅 회사에 의뢰하기도 했다. 중국의 개혁개방 초기에 컨설팅 서비스는 중국 기업들에게 생소한 것이었고, 외국 기업이나 합자기업들만이 컨설팅 서비스를 찾았다. 그러나 지금은 상황이 바뀌었다. 그리고 일부 중국 사영기업들은 외부에 컨설팅 서비스를 의뢰하는 것에 매우 관심이 많은 듯하다. 그런 예들 중 하나가 어우푸조명이다. 다음은 어우푸가 그동안 외부에 의뢰한 컨설팅 서비스 사례들이다.

- 2001년, 중국 런민대학 바오전 교수로부터 마케팅에 대한 컨설팅 서비스
- 2004년, 유명한 일본 기업으로로부터 CIS 서비스
- 2004년, PwC로부터 성과측정 서비스
- 2005년, SAP로부터 ERP enterprise resource planning, 전사적자원관리

열거된 모든 서비스에는 막대한 자금이 들었고, 모두 만족할 만한 결과를 내지도 못했다. 그러나 왕야오하이는 여전히 이런 서비스가 가치가 있음을 굳게 믿고 있다.

항저우의 하이텍스는 직원 교육프로그램을 외부 컨설팅 회사에 의뢰한다. 하이텍스 회장인 루윈룽은 저장대학^{주석5}에서 MBA과정을 이수한 후 이것이 매우 유용한 것을 알자, 최고위 경리들에게도 같은 요구를 한다. 그가 MBA 과정을 이수하고 회사로 돌아가 새로운 개념을 전달했지만, 그의 경리들은 그것을 제대로 이해하지 못했다. 그는 이로 인해 새로운 개념이 올바로 시행되지 못할 수도 있다고 걱정하게 되었고, 그래

서 모든 고위직 경리들이 MBA 과정을 이수하도록 해야겠다고 결심했던 것이다.

아이밍얼은 경리들에게 다양한 교육을 시킨다. 이런 교육에는 비용관리, 성과측정, 리더십 개발 등의 전문적인 기술과 더불어, 도덕심 배양과 인격형성 등도 포함된다. 류충잉은 이런 교육이 팀워크 배양에 도움이 된다고 믿는다. 일에 대한 불만족은 대부분 어떤 직원이 자신을 다른 직원과 비교할 때 생긴다. 다른 직원이 기여하는 바는 적은데 더 나은 급료를 받는다고 의심하게 되면 사기가 저하된다. 도덕심 배양과 인격형성은 이러한 '비교하는 정신상태'를 없애고, 모든 팀 구성원이 결국에는 똑같이 회사를 위해 기여하고 있음을 깨닫도록 하는 데 목적이 있다.

기업문화

'기업문화는 기업주의 문화다'라는 말은 중국의 많은 사영기업을 볼 때 맞는 말이다. 이런 사영기업에서는 기업문화가 기업주의 철학과 개성을 반영하는 경우가 종종 있다. 오리지널 엔터프라이즈는 기업문화에서 인재를 첫 번째 핵심가치로 여긴다. 이 회사를 창업한 허우하이량은 이렇게 말한다. "우리는 직원들에게 도덕적인 성실함을 배양하는 것이 가치가 있다고 믿습니다. 그것이 좋은 성과를 내는 바탕이라고 봅니다. 이와 같은 맥락에서 우리는 제품의 품질을 최우선순위로 생각합니다."

이런 기업문화는 허우하이량의 개인적 신념과 맥을 같이 한다. 그는 모든 신입직원들에게 다음과 같이 말한다. "우리는 모든 직원들에게 동등한 기회를 부여합니다. 회사는 모든 직원들이 자신의 재능을 보여줄 수 있는 무대입니다. 여러분이 처음 입사하면 급료도 그다지 높지 않고 시설도 최상이 아니라고 여길 수 있겠지만, 우리가 줄 수 있는 가장 큰 혜택은 바로 다양한 기회입니다." 이는 그가 전선을 만드는 국영기업에서 일할 때 받았던 교훈과 기회를 직원들에게 되돌려주려는 노력인 것이다.

SPN 테크놀로지의 총경리인 왕즈는 활기차며 사교성이 좋은 사람이다. 그는 '일반적으로 받아들일 수 있는 문화'를 만들려 한다. "저는 동료들 사이에 경쟁 없이 즐겁게 일할 수 있는 분위기를 만들고 싶고, 제 직원들이 편안한 마음이 들도록 만들고 싶습니다. 비록 이로 인해 효율성이 떨어진다고 해도 말입니다. 저는 직원들에게 자기 자신과 경쟁하라고 말합니다. 예를 들자면, 작년에 달성한 성과와 보너스를 올해 기대할 수 있는 성과 및 보너스와 비교하라고 말하는 거죠."

토니그룹의 회장인 토니 장에게 필수적인 도덕적 가치는 인류애다. 그가 지방 정부 공직자로 일하면서 겪은 경험은 그에게 서민들을 존중해야 한다는 깨달음을 주었다. 그는 상하이에서 근무할 때, 고향인 쓰촨성에서 찾아오는 모든 사람들을 직업이나 사회적 지위에 상관없이 따뜻하게 대했고, 주인이 손님을 대하듯 했다. 그가 기업문화를 만든 것도 이러한 맥락이었다. 그는 '인본주의적인' 사랑의 문화를 만들려 했다. "우리에게도 확실히 지켜야 하는 엄격한 사규社規는 있지만, 한편으로는 직원들에게 많은 신경을 씁니다. 개인적인 어려움을 겪는 직원이 있으면 그를 돕기 위해 최선을 다합니다."

상하이산양화공은 '기업문화는 기업주의 문화'라는 말이 가장 잘 어울리는 기업이다. CEO인 셰릴 천은 어린 시절 몇 년을 조선족자치주에서 보냈다. 한국에서의 파견생활, 한국 기업의 상하이 지사 근무 등, 그녀의 업무 대부분은 한국과 관련된 환경이었다. 한국 문화를 오래 경험한 그녀는 그 영향을 받게 되었다. 그녀는 언니와 함께 회사를 설립한 후, 한국 문화를 회사에 도입하려 노력했다. 예를 들어 사무실에 들어오면 모든 직원은 신발을 벗고 회사에서 제공하는 슬리퍼를 신어야 했다. 몇몇 직원들이 이에 저항하기도 했지만, 그녀는 핵심 직원들을 한국에 보내 공부와 훈련을 시키기도 했다. 그녀는 이렇게 말한다. "직원들은 일단 어떤 것이 더 낫다고 깨닫게 되면 그것을 배우려 해요. 훌륭한 것을 배우고 추구하려는 것이 원래 사람의 성향이잖아요."

보상, 성과측정, 인재 유지

직원에 대한 보상, 인재 유지, 인센티브 등의 문제에 관해 우리가 인터뷰한 몇몇 기업들은 다음과 같은 특징이 있는 것이 일반적이었다. 즉, 1) 보상 수준은 업계에서 중상위 수준이었다. 2) 직원들의 이직률은 전반적으로 낮은 편이었다. 3) 보너스가 주요 인센티브였고, 스톡옵션과 주식양도는 드물었다. 4) 핵심인재를 유지하기 위해 주택 수당이 이용된다.

메릴랜드 부동산개발의 회장 가오치는 자사의 급여 수준이 업계에서 중상위 수준이며, 직원들의 이직률이 낮은 것은 2가지 요소 때문이라고 말한다. 즉, 회사의 미래가 밝고, 성가신 사내 정치 office politics가 많지 않아 근무환경이 즐겁다는 것이다. "누구나 실수할 수 있고, 불만을 가질 수도 있습니다. 그러나 중요한 것은 업무죠. 우리는 개인적인 문제에 관해서는 이러쿵저러쿵하지 않습니다." 이와 비슷하게 키포인트 컨트롤스 또한 업계에서 중상위 수준의 보상체계와 비교적 낮은 이직률을 보이고 있다. 회장인 량치화는 기업의 가장 중요한 자산이 직원들임을 굳게 믿는다고 말한다. 키포인트 컨트롤스는 다양한 특혜, 1년마다 급료 인상, 직원의 능력 개발 등 즐거운 근무환경을 만들기 위해 모든 노력을 다한다.

중신화공은 보상과 관련하여 가장 일반적인 방법을 이용한다. 현장 근무자들에 대한 보상체계는 급료와 성과 보너스로 구성되어 있고, 경리들에게는 성과와 관련하여 연말 보너스를 지급한다. 이직률이 낮은 것을 보면 이 방법이 효과적임을 알 수 있다. 현재 근무하는 직원들 중 다수가 회사 설립 초기부터 일했던 사람들이다. 그러나 본사를 하이난에서 상하이로 옮긴 후, 차오샹라이는 근무환경이 이전과는 다르다고 생각했고, 보상체계를 바꿔야겠다고 결정했다. 1980년대에는 하이난에 유능한 인재들이 중국 전역에서 많이 몰려들었다. 당시 차오샹라이는 가족과 같은 근무 분위기를 희망하며, 직원용 아파트와 구내식당을 마련했다. 그러나 상하이에서는 회사 직원들 중 상당수가 그 지역 출신이었기에, 그러한 지원은 필요치 않았다. 차오샹라이는 상하이의 직원들은 급여 수준에 더 관심이 많다고 말한다.

아이밍얼은 인재를 유지하기 위해 기업문화와 성과측정을 이용한다. 아이밍얼의 기업문화는 전문적인 기술 교육, 도덕심 배양과 인격형성 프로그램, 잘 조직된 여가활동 등을 통해 직원들이 회사에 애착심을 갖도록 하는 것이 목표다. 아이밍얼의 경리들은 회사의 연간 성장률을 40%로 유지할 경우 성과에 따라 보너스를 받는다. 또한 계속 근무할 경우 1년마다 5~10%씩 급여가 인상된다. 이것이 경리들의 이직률을 낮추는 핵심요인이다.

SPN 테크놀로지의 총경리인 왕즈는 업계에서의 SPN의 미래와 브랜드네임도 인재를 유지하는 데 중요하지만, 더 중요한 것은 자신이 관대하고 너그럽다는 평판을 얻는 것이라고 믿는다. "다른 이들 눈에는 제가 사소한 것에 집착하지 않는 기업가로 비칩니다. 저는 작은 실수를 크게 문제 삼지 않습니다. 또한 아파트 구입 목적으로는 어떤 직원이라도 회사에 돈을 빌릴 수 있는데, 저는 언제 갚을 수 있는지 절대 물어보지 않는 것을 원칙으로 합니다." 이는 유능한 인재를 보유하는 데 아주 좋은 방법임이 입증되었다. 직원들은 자신들이 이 회사에서 계속 일하는 한 회사에서 빌린 돈을 갚지 않아도 되지만, 회사를 나가는 즉시 모두 갚아야 함을 잘 알고 있다.

완구방직도 중요한 인재를 유지하기 위해 주택 수당을 이용한다. 완구방직은 많은 아파트를 구입했는데, 후에 부동산 가격이 치솟으면서 구입한 아파트의 가격이 크게 상승했다. 완구방직은 아파트를 처음 구입했을 때의 가격으로 핵심 직원들이 구입할 수 있는 기회를 제공한다. 또한 재능 있는 인재들이 회사에 계속 머무르는 동기를 제공하기 위해, 외국에서 공부하고 훈련받을 수 있는 기회를 주고 있다.

브리지HR은 국제적인 기업에서 인사부를 책임지던 인재들을 포함해, 고위급 경리들을 채용하고 있다. 어째서 이런 인재들이 높은 급료와 안정적인 직장을 그만두고 신생 기업인 브리지HR로 옮긴 것일까? 허우정위는 그 이유가 돈을 떠나서, 경력 개발과 개인적인 애착이 중요한 요인이었다고 생각한다. 외국 기업에서 일하는 많은 경리들에는 이른바 '유리 천정'이 있다. 허우정위는 브리지HR에는 이들이 발전할 수 있는 여지가 훨씬 더 많다고 말한다.

허우정위는 회장으로서 새로 채용한 고위급 경리들에게 개인적인 애착심을 불어넣는다. "제가 어떤 직원으로부터 배울 점이 있으면, 저는 그를 스승처럼 대합니다. 업무를 잘 수행하면 친구처럼 대하고, 그렇지 못하면 손님처럼 대합니다." 브리지HR은 고위급 경리들에게 회사 주식을 주는 중국에서 몇 안 되는 사영기업들 중 하나다. 고위급 경리들은 뛰어난 성과를 달성할 경우 추가로 주식을 더 받을 수 있다.

스피드업의 마이클 마는 인재를 유지하기 위해 경제적인 혜택과 설득력 있는 논리를 함께 이용한다. 현재 스피드업의 고위급 경리들은 거의 모두가 창업 초기부터 일하던 사람들이다. 이들은 이미 훌륭한 경력과 상당한 능력을 갖고 있기에, 이들의 나이라면 다른 직장에서 더 높은 직책을 가지려 할 법하다. 그러나 마이클 마에 따르면 스피드업은 업계에서 이직률이 가장 낮은 편이며, 그 이유가 3가지라고 말한다. 즉, 업계에서 다른 기업들과 동등한 보상, 1년이 아닌 3년 계약제, 핵심 인재를 유지하기 위한 마이클 마의 설득이 그것이다.

예를 들어, 마이클 마는 직원들에게 다음과 같은 논리를 이용한다. "스피드업에서의 급여가 5만 위안이고 경쟁사에서의 급여가 15만 위안이라면, 경쟁사는 당신의 자원과 경험을 사는 것이다. 당신이 경쟁사에 일단 들어가면 그 회사는 당신의 자원과 경험을 빼먹고, 그렇게 되면 더 이상 당신은 15만 위안의 가치가 없게 된다. 당신이 일하고 있는 업계 이외의 분야에서 15만 위안을 벌 수 있다면 그것은 진정한 당신의 가치다. 그런 경우라면 난 당신의 급여를 15만 위안으로 올릴 수 없으므로, 당신은 우리 회사를 떠나는 게 좋다."

우리가 조사한 기업들 중에서 인재를 채용하고 유지하는 데 가장 많은 투자를 하는 기업은 토니그룹이었다. 토니그룹은 고위직 경리들에게 주택과 자동차기름값과 보험료 포함를 제공하고, 100만 위안 상당의 주식까지 준다. 토니그룹은 이들이 회사와 깊은 관계를 유지하도록 이들이 회사 주식에 2년간 280만 위안을 투자하도록 하고, 2년이 지나면 이들에게 400만 위안 상당의 주식을 양도한다. 이 주식은 양도받은 후 5년이 지나면 되팔 수 있다. 토니그룹의 보상체계는 기본급과 성과급으로 구성되어 있다. 고위급 경리들은 이윤배분의 형식으로 대부분의 연봉을 받는 반면, 그 외 직원들은 70%의 기본급과 30%의 성과급 형식으로 보상체계가 구성되어 있다.

하이텍스의 루원룽은 채용, 보상, 인센티브제도, 이직률 문제에 관해 독특한 견해를 갖고 이것들을 다룬다. 그는 중간급, 고위급 경리직 지원자들을 면접할 때 주택과 자가용 승용차가 있는 사람을 선호한다. "30세가 넘었는데 자신의 집이 없다면, 자신의 삶을 운영하는 능력과 책임감이 없는 사람이라고 생각합니다. 그런 사람이 어떻게 기업을 운영하는 데 책임의식을 가질 수 있겠습니까?"

인센티브제도와 관련하여, 루원룽은 이를 계속 변화시켜야 한다고 믿는다. "보너스는 과거에는 효과적인 유인책이었지만, 중국의 생활수준이 계속 향상되면서 이제는 예전만큼 효과를 보지 못합니다. 그래서 인센티브제도에는 금전적인 보상 외에도 직업적인 능력이 향상될 수 있는 내용도 포함되어야 합니다." 그는 창조적인 재능이 5~8년이면 줄어들기 시작한다고 생각한다. 업무가 틀에 박히면서 큰 실적을 낼 수 없게 되기 때문이다. 따라서 기업들은 혁신적인 기여도를 유지할 수 있도록 신선한 피를 계속 공급해야 한다.

　루원룽은 하이텍스의 보상 수준이 업계 기준으로 볼 때 매우 높은 편이라고 말한다. 제조업체인 하이텍스의 블루칼라 기술직 노동자들은 매우 중요한 역할을 맡으면서, 회사 내 화이트칼라 인력들보다 높은 급여를 받는다. 하이텍스는 직원들이 주택을 구입할 때 선불금을 낼 수 있도록 돈을 빌려준다. 그리고 다른 기업들과 마찬가지로 성과급을 지급하지만, 그 금액이 너무 높거나 낮지 않도록 되어 있다.

　하이텍스의 경영방식이 독특한 것은 급여체계 때문이다. 루원룽은 이를 '단일 기업, 다수 체계'라고 칭한다. 모든 직원들에게는 급여조건을 선택할 수 있는 기회가 주어지는데, 대부분은 기본급과 성과급의 형태를 선호한다. 루원룽은 이처럼 유연한 급여체계는 필요한 인재를 발굴하기 위한 것이라고 말한다. 방직 분야에서는 유능한 인재를 채용하는 것이 어렵기 때문이다. 그는 이렇게 말한다. "협상 가능한 급여체계로 인해 회사의 수익이 영향을 받을 수 있지만, 전 괜찮습니다. 그 정도쯤은 기꺼이 받아들일 수 있어요."

　이런 급여체계에서는 비밀을 유지하는 것이 매우 중요하다. 다른 사람의 급여를 자신의 것과 비교하여 불만이 생길 수 있기 때문이다. 하이텍스에서는 보너스도 협상이 가능하다. 개인의 성과를 바탕으로 한 보너스를 선호하는 사람이 있는 반면, 팀의 성과를 바탕으로 한 보너스를 선호하는 이들도 있다. 루원룽은 개인의 성과와 팀의 성과 모두를 고려할 수 있도록 성과측정 체계가 고안되어야 한다고 말한다. 하이텍스에서는 심지어 공장에서의 근무시간조차 협상이 가능하다. 3교대를 선호하는 직원도 있고, 2교대를 선호하는 직원도 있다. 모든 직원들은 자신이 어느 작업그룹에 들어갈지 선택할 수 있고, 각 작업그룹은 자신들의 스케줄을 스스로 정할 수 있다.

중국의 사영기업들은 인재를 보유하고 보상하는 데 있어서 큰 유연성을 보여주고 있다. 또한 이들 기업 중 많은 수가 직원들의 이직을 방지하는 데 기업문화와 정서적인 애착심을 이용하고 있다는 점도 주목할 만하다.

기업지배구조

여기에서는 중국 사영기업들의 소유구조 및 대리인 문제agency problem, 주인 혹은 본인은 어떤 일을 직접 처리하지 못해 위임하는 개체, 대리인은 그 일을 위임받은 개체를 말한다. 주주와 경영자가 대표적인 주인과 대리인 관계다. 대리인 문제란 대리인이 개인적인 욕심 등으로 주인이 위임한 것과 다른 행동을 할 때 발생하는 문제를 말한다. – 옮긴이를 포함한 기업지배구조corporate governance에 대해 논의해본다.

소유구조: 합자기업 vs. 전액출자기업

합자기업, 또는 전액출자기업의 문제에서, 우리가 살펴본 기업들은 다음처럼 3가지 범주로 나눌 수 있다.

- 전액출자기업
- 합자기업에서 전액출자기업으로 전환된 기업
- 합자기업이면서 향후 확장을 위한 자원 확보를 위해 다른 파트너와 합자한 경우

전액출자기업: 이 범주에는 차오샹라이, 류칭잉, 토니 장, 옌한, 루원

알리바바닷컴은 어떻게 이베이를 이겼을까?

룽이 설립한 기업들이 해당된다. 이들 기업은 설립에서 훗날 성장할 때까지 계속 전액출자 형태를 유지했다. 또한 가족과 함께 회사를 설립한 경우도 이 범주에 속한다. 이런 기업에는 러우슈화가 남편과 함께 설립한 회사, 왕야오하이가 부인과 설립한 회사, 셰릴 천이 언니와 함께 설립한 회사가 있다.

우리가 살펴본 20개 기업들 중 1/3이 전액출자기업이었다. 전액출자기업의 가장 큰 장점은 기업 소유주가 자신의 철학과 예상에 따라 기업의 발전 방향을 결정할 수 있다는 것이다. 그러나 기업이 발전하는 과정에서 자원이 부족하여 어려움을 겪을 수 있는 것이 단점이다.

합자기업에서 전액출자기업으로 전환된 기업: 합자기업은 결혼과 비슷한 부분이 많다. 서로를 이해하는 것이 필수적이며, 상호신뢰, 가치관 공유, 둘만의 목표도 있어야 한다. 그러나 우리가 인터뷰한 기업가들은 재정적인 문제로 합자를 선택했고, 서로간의 이해, 가치관 공유 등은 존재하지 않았다. 이는 합자기업이 어느 정도 성장하게 되면 문제를 일으킨다. 상황이 악화되고 이것이 상호간의 신뢰 부족과 결합되면, 그 합자기업은 파산할 수밖에 없다.

상하이즈항국제화운의 총경리인 창쉐홍은 친구와 합자기업을 설립한 초기에 이런 문제에 직면했다. 2000년에 그와 친구 4명은 각각 10만 위안씩 투자하여 회사를 설립했지만, 6개월 후 친구 중 1명이 사업에서 빠져야 하는 상황이 생겼다. 그래서 창쉐홍은 그 친구의 지분을 사들였다. 2001년 초반이 되자 또 다른 친구가 사업에 빠지게 되었고, 이때도 창쉐홍이 그 친구의 지분을 매입했다.

그러나 사업이 잘되지 않자 회사는 심각한 자금난에 빠졌고, 창쉐훙은 한 국영기업과 협력계약을 맺었다. 그러나 사업은 여전히 잘되지 않았고, 그 국영기업은 계약에서 맺은 역할을 제대로 이행하지 못했다. 2003년 초에 창쉐훙은 협력관계를 끝내고 독자적인 사업을 계속했다. 그는 이렇게 말한다. "화물운송은 자본집약적 산업과는 다릅니다. 자본집약적 산업에서는 자본투자가 가장 중요한 자산이고, 얼마나 투자했는가에 따라 영향력이 달라지죠. 그러나 화물운송은 서비스업입니다. 동업자 중 누가 얼마나 기여했는지 규정하기가 어려워요. 얼마나 지분을 갖고 있느냐에 따라서만 의사결정 권한을 갖게 되면 내부적으로 큰 문제가 발생합니다."

키포인트 컨트롤스는 2개의 합자기업을 설립했지만, 상호신뢰와 공유된 가치관이 부족하여 둘 다 파산했다. 키포인트는 2000년에 4명의 동업자에 의해 설립되었다. 각자가 20만 위안씩 투자하고 25%의 지분을 갖는 조건이었다. 회사는 첫해에 100만 위안을 벌었다. 당시 동업자들 중 유일하게 경영에 참여했던 량치화는 이렇게 말한다. "그렇게 빠른 시간에 수익이 나는 것을 본 동업자 중 2명이 문제를 제기하기 시작했습니다." 서로에 대한 신뢰가 떨어지는 것이 주요 문제였고, 결국 2002년이 되자 이 2명은 동업을 파기하고, 자신들의 지분을 량치화에게 팔았다.

2004년에 량치화는 한 제조업체의 지분 37%를 100만 위안에 매입했다. 남은 2명의 동업자들은 각각 33%와 30%씩 지분을 사들였다. 량치화는 가장 많은 주식 보유자로서 동사회 회장과 총경리로 선출되었다. 량치화는 자금 문제를 해결하기 위해 추가로 300만 위안을 이 기업에 투자했고, 2005년 말이 되자 두 동업자는 이 합자기업에 대해 '새로운 문제를 제기'했다. 첫째 문제는 량치화에 대한 그들의 불신이었고, 둘째는 이윤 배분에 관한 것이었다. 그들은 더 많은 이윤을 원한 반면, 량치화는 그것을 재투자하고 싶어 했다. 량치화는 난국 타개를 위해 두 동업자의 지분을 자신이 매입하거나, 아니면 자신의 지분을 둘이 매입하면 자신이 회사를 나가겠다고 제안했다. 그는 둘에게 자신의 지분을 매입할 자금이 없다고 생각했고, 자신의 지분을 팔 생각도 애초부터 없었다. 그러나 그들 중 1명이 부유한 여자친구로부터 자금을 지원받아 160만 위안에 량치화의 지분을 전부 매입해버렸다.

SPN 테크놀로지의 창업 동업자들이 회사와 결별한 것은 경영철학에 대한 가치관이 서로 달랐던 것이 주요인이었다. 왕즈는 2001년에 다른 2명의 동업자와 함께 SPN을 설립했다. 1명은 대만 기업에서 일할 때의 동료였고, 다른 1명은 당시의 납품업자였다. 그들은 지분에 관해서는 자세한 내용의 계약을 맺지 않았고, 대신에 업무 구분을 기반으로 동업을 맺었다. 왕즈는 총경리가 되어 자동차 제어장비시장을 책임졌고, 예전 동료는 공학기계시장을 책임졌다.

그러나 창업한 지 겨우 3개월이 지나자 왕즈의 두 동업자는 서로 심각한 갈등을 일으켰고, 왕즈는 둘 중 하나를 선택해야만 했다. 이전 동료였던 동업자는 업무 경험이 많지 않은 매우 젊은 사람이었기에, 왕즈는 이전 납품업자였던 동업자에게 회사를 떠나라고 요청했다. 젊은 동업자를 나가라고 했으면 그는 실업자가 될 것이라 생각했기 때문이다. 그러나 어려움은 계속됐다. 왕즈는 자신과 젊은 동업자의 가치관이 다르다는 것을 알아차렸다. 첫째, 왕즈는 고객들과의 관계를 구축하려 한 반면, 동업자는 SPN만을 최우선시했고, 왕즈의 노력을 인정하지 않았다. 둘째, 둘의 경영방식이 근본적으로 달랐다. 동업자는 직원들을 위압적으로 다그쳤고, 왕즈는 친절하고 관대하게 대했다. 많은 인재들이 이 젊은 동업자와 충돌하여 회사를 떠났다. 왕즈는 이렇게 말한다. "우리의 사업에는 높은 수준의 전문적인 기술이 요구되는데, 신입직원을 훈련시키는 데 약 2년이 걸립니다. 수많은 시간과 노력을 들여 직원들을 가르쳤는데, 그게 전부 쓸모없게 되었던 것이죠."

2003년 말이 되자 왕즈는 극단적인 심정으로 합자를 파기했다. 당시 회사는 계속 적자를 내고 있어서, 왕즈와 동업자가 나눌 수 있는 유일한 자산은 고객명단뿐이었다. 왕즈는 이렇게 말한다. "그때 제가 어떤 생각을 했는지 아세요? 그와의 관계를 끊고 싶다는 생각뿐이었습니다. 설사 빈털터리가 되더라도 말입니다." 결국 그 동업자는 고객명단 중 일부를 가져갔고, 후에 SPN의 경쟁자가 되었다.

앞서 언급했듯이, 오리지널 엔터프라이즈는 자본집약적이라는 기업 특성상, 20개 기업들 중 가장 많은 은행대출을 받은 기업이었다. 허우하이량은 오리지널 엔터프라이즈가 성장하는 과정에서 많은 사람들과 동업을 했고, 이들 중 많은 수가 채권자였다가 주주가 된 사람들이었다. 2001~200년 사이에 어느 투자자가 수백만 위안을 투자했는데, 이 돈은 원래 빌린 돈이었지만 후에 투자금으로 전환되었다. 2002년에는 국영 상업단체 한 곳이 수백만 위안을 투자하면서 주요 주주가 되었다. 이 돈의 절반은 투자금, 절반은 대부금 형식이었다.

그러나 방금 언급한 그 투자자는 수익이 빨리 발생하지 않는다는 이유로 자신의 투자금을 돌려받으려 했다. 그는 자신의 투자금을 챙길 수 있도록 회사를 팔라고 허우하이량에게 제안했다. 그러나 허우하이량은 거절했다. "오리지널 엔터프라이즈는 제 회사였습니다. 팔 수가 없었죠. 회사는 계속 발전하고 있었고, 사업도 성장하고 있었거든요." 허우하이량은 그 투자자의 지분을 사들이지 않을 수 없었다. 이때 그가 지불한 금액은 원래 투자금의 2배였다. 2003년 말에 회사는 이탈리아 기업인 솔바이 파다나플라스트 Solvay Padanaplast와 합자에 대한 협상을 시작하여, 다음해에 서로 합의에 이르렀다. 새로운 합자기업은 양측이 50%씩 지분을 가졌고, 허우하이량은 운영을 책임지며, 매 분기마다 이사회를 열었다.

두 기업의 주요 차이점은 파다나플라스트가 생산과정을 중요시한 것에 비해, 오리지널 엔터프라이즈는 유연성을 갖고 시장의 필요에 대처했다는 점이었다. 양측의 제품에 대한 서로 다른 접근이 이러한 차이점을 가장 잘 설명해준다. 허우하이량의 말을 들어보자. "한 고객이 한번은 제게 '파다나플라스트는 제품의 질이 좋고, 원자재도 항상 뛰어난 것만 사용하는 것도 압니다. 그러나 다른 제조업체들보다 가격이 높습니다. 제가 신경 쓰는 것은 가격입니다. 질 낮은 원자재를 사용하건 말건 그런 것에는 신경 쓰지 않습니다'라고 말하더군요." 그러나 파다나플라스트는 이 문제에 동의하지 않았으며, 고품질 고가격을 고집했다. 이는 판매에 심각한 영향을 끼쳤다. 게다가 석유와 구리 가격이 상승하면서 비용도 상승했다. 오리지널 엔터프라이즈는 재정적으로 큰 압박을 받았고, 허우하이량은 파다나플라스트와의 동업에 대해 다시 생각하게 되었다.

합자기업이면서 향후 확장을 위한 자원 확보를 위해 다른 파트너와

합자한 경우: 키포인트 컨트롤스와 오리지널 엔터프라이즈는 합자 파트너를 바꾼 사례에 속한다. 키포인트 컨트롤스의 회장 량치화는 두 번의 합자가 실패한 후 다른 투자자 2명을 새로 받아들였다. 1명은 납품업자였고, 다른 1명은 고객이었다. 이러한 형태의 합자가 갖는 큰 장점은 서로 목표와 공동이익을 공유할 수 있어서 가치창조를 극대화할 수 있다는 것이다. 량치화는 그 외에도 동업자들이 업계에서 많은 경험을 쌓았기 때문에 회사에 큰 도움이 되었다고 말한다. 그럼에도 량치화는 과거 합자에서 몇 가지 교훈을 얻었다. "저는 경험을 통해 주주투자자들에게 이익을 배분하는 것이 얼마나 중요한지 깨달았습니다. 저희 합자기업에서는 수익 중 적어도 20%를 배분합니다."

오리지널 엔터프라이즈와 이탈리아 기업인 파다나플라스트와의 합자기업은 원자재 공급과 소비자 양측 사이에서 압박을 받았기에, 허우하이량은 자신의 발전전략을 수정하지 않을 수 없었다. 그는 이렇게 말한다. "과거에는 파트너와 합의를 이끌어내지 못하면 파트너의 지분을 매입하기 위해 노력했고, 제 방식대로 일을 처리하려 했습니다. 지금은 회사가 건전하게 발전하고 지속적인 성장만 가능하다면 일시적으로 제가 양보를 합니다."

허우량하이가 산업사슬industry chain 내에서 합자할 파트너를 찾았을 때, 그에게는 선택권이 없는 것 같았다. 그가 파트너로 생각한 업체 중에는 전선 제조업체가 있었지만, 이 업체와 합자를 할 경우 오리지널 엔터프라이즈는 산업사슬에서 하위 단계로 전락될 상황이었다. 그러나 그에게는 이 업체와 합자하여 상위 단계로 갈 것인지 아니면 하위 단계로 갈 것인지를 결정할 만한 힘이 없었다.

'내부인' vs. 전문성을 갖춘 경리

기업 설립 초기 단계에서는 업계에서 재능 있는 인재를 끌어들일 만한 명성이 아직 없는 상태고, 전문성을 갖춘 경리를 채용하여 급여를 줄 형편도 못된다. 이런 점을 고려할 때, 초기 단계에서는 친척 등의 내부인들이 가장 믿을 수 있는 사람들이다. 보다 중요한 것은, 초기 단계의 사영기업에는 공동의 목표를 공유하면서 회사에 헌신하며 열심히 일하는 사람이 필요하다. 그러나 우리가 인터뷰한 기업가들 중 많은 수가 회사가 성장함에 따라 이런 '내부인'들에게는 회사가 발전하는 데 필요한 올바른 정신자세와 능력이 부족하다는 것을 알게 되었다. 전문적인 경리는 반드시 필요하지만, 내부인이 있는 상태에서 경리를 영입할 경우 이들 사이에 갈등이 일어날 수 있다. 이런 경우, 일부 기업주는 내부인들을 회사에서 나가도록 했다. 특히 그 내부인이 기업주의 배우자일 경우 더욱 그렇다. 또 내부인과 전문 경리들 사이에서 중재자의 역할을 하는 기업가도 있었다.

믿을 수 있는 내부인: 토니그룹의 케이터링 catering 부문은 원래 토니 장의 가족들이 운영했다. 그는 이렇게 말한다. "회사가 막 설립되었을 때는 회사에 대한 충성도와 공유된 목표가 매우 중요했습니다. 이것이 가족들을 경영에 참여시키는 가장 큰 장점이죠. 모두가 초과근무나 보상에 신경 쓰지 않고 회사에 헌신하니까요." 우리가 연구한 기업들 중에서 토니그룹이 내부인들을 가장 많이 거느린 기업이었다. 여기에는 그의 부인, 형제자매, 친척들이 있었다. 토니 장은 내부인과 외부인의 가장 큰 차이점은 책임감과 적극성이라고 말한다.

아이밍얼은 전문 경리들을 많이 고용했다. 류충잉은 이렇게 말한다. "전문인을 고용하는 가장 중요한 기준은 능력이죠." 그러나 그녀의 남편이 아이밍얼에서 조달을 책임지고 있는 것을 보면, 핵심직책에는 내부인을 앉히는 것이 더 믿을 만한 것처럼 보인다.

스피드업의 마이클 마는 재정을 직접적으로 책임지는 직책에는 반드시 믿을 만한 사람을 앉혀야 한다고 말한다. 그의 회사에도 전문성을 갖춘 경리들이 경영에 관여하지만, 그의 부인은 스피드업의 재정을, 그의 여동생은 상하이 헤븐레이싱클럽의 재정을 맡고 있다. 마이클 마는 재정을 완벽히 통제하는 것이 자신의 고향인 원저우에서의 특징이라면서, 이렇게 말한다. "권한이 있으면 그것을 남용하게 됩니다. 이를 피하기 위해서는 재정운영은 내부인이 맡아야 한다고 생각합니다."

전문성을 갖춘 경리: 토니 장은 일단 어느 정도 성공하면 내부인들은 정신자세가 바뀌는 것을 발견했다. 그는 이렇게 말한다. "우리 회사 내부인들은 모두 집과 자동차를 샀고, 그러자 동기부여가 사라졌습니다. 반면에 그들의 지식과 기술은 낡은 것이 돼버렸죠." 토니그룹은 초기 무역업에서 다양한 사업으로 변화하면서 이익률이 줄어들었고, 이는 큰 도전과제였다. 기존의 무역업과 새로운 사업들 간에는 연관성이 거의 없었고, 이전보다 훨씬 수준 높은 경영기법이 요구되었다. "케이터링사업을 예로 들어보죠. 현재의 경쟁업체들은 예전 우리가 케이터링사업을 시작할 때와는 완전히 다릅니다. 부동산회사나 벤처캐피털의 지원을 받는 업체도 있고, 홍콩의 유명가수와 연관을 맺은 업체들도 있습니다. 이들은 모두 뛰어난 경리를 채용할 만큼 자금이 충분합니다. 우리가 내부

인들만 갖고 사업을 계속했다면 업계에서 살아남을 수 없었을 겁니다.”
토니그룹의 케이터링사업 부문은 2명의 전문 경리를 고용했다. 1명은
영국에서 식당경영을 공부한 사람이었고, 다른 1명은 중국유럽국제비
즈니스스쿨中歐國際工商學院, CEIBS에서 EMBA를 딴 사람이었다. 그러나 토
니 장의 부인은 여전히 이곳 동사회의 이사직을 유지하고 있다.

에이퉁 에어익스프레스가 두세 명의 직원을 거느린 '남편과 부인'이
운영하는 가게에서 전 세계 300개 이상의 도시에서 사업을 하는 국제적
인 화물운송회사로 발전하는 과정에서, 러우슈화는 전문성을 갖춘 경영
이 얼마나 중요한지 깨달았다. 그녀는 남편이 맡고 있던 총경리직에
EMBA 학위를 가진 자신의 CEIBS 졸업 동기생을 채용했다. 그녀는 이렇
게 말한다. “그 동기생에게는 국영기업과 사영기업에서 일했던 높은 수
준의 경영 경험이 있었어요.” 그녀의 남편은 현재 유통체계 개발을 책임
지고 있고, 이 직책을 잘 수행하고 있다. 그녀의 경영철학은 적합한 인
물을 적합한 위치에 앉히고, 그 사람의 역량을 충분히 활용하는 것이다.

키포인트 컨트롤스가 처음 에이전트 사업을 할 때, 회사의 핵심적인
인사들은 당연히 영업부 경리들이었다. 사업 초기에는 량치화 자신이
영업부 경리들을 총괄했으나, 회사가 확장되면서 전문적인 영업 경리들
을 채용했다. 이 경리들에게는 키포인트 컨트롤스의 주식을 주었고, 설
사 이들이 회사를 떠나더라도 그 주식은 그대로 갖고 갈 수 있었다.

한 지붕 아래에서의 내부인과 외부인: 토니 장은 이렇게 말한다. “전
문 경리들을 영입하기 전에, 이들과 내부인들 사이에 갈등이 발생할 수
있다는 가능성을 고려해야 합니다. 기업주가 내부인의 편에 서면 이들

은 회사를 떠날 것입니다. 이런 문제를 해결하는 데 실패하면 향후 큰 문제가 발생할 수 있습니다."

가족들이 운영하는 기업에 전문성을 갖춘 경리를 영입하는 것은 기업의 경영 수준을 향상시키기 위함이다. 새로 영입된 경리들은 자연히 새로운 조치들을 취하게 되고, 이로 인해 내부인들의 이익이 영향을 받을 수 있다. 이것이 경영방식의 급작스러운 변화와 결합되면, 내부인들은 새로운 영입자들에게 불만을 가질 가능성이 높아진다.

해외에서 교육을 받은 두 명의 전문 경리들이 토니그룹의 케이터링 사업 부문에 영입된 직후, 이들은 서비스를 개선하기 위한 교육과 기준을 제시했다. 이 기획안이 채택될 경우 수익은 즉각 발생되지 않으면서 비용은 크게 증가될 것이었다. 동사회 이사인 토니 장의 부인은 비용 증가를 이유로 이 기획안에 반대했지만, 토니 장은 기획안을 받아들였다. 그는 기획안을 채택하지 않을 경우, 경쟁업체들로 인해 향후 케이터링 사업이 점점 어려운 상황에 처할 것임을 알고 있었다. 그는 또한 두 경리들을 채용하는 데 들어가는 비용도 정당화시켰다. 토니 장은 이렇게 말한다. "저는 양측의 중간에서 중재를 해야 했습니다. 내부인들의 경영 철학과 외부인들의 기획안 사이에서 상황을 해결해야 했죠."

그는 양측이 모두 받아들일 수 있는 중재안을 생각해냈고, 양측은 토니그룹의 식당 두 곳에서 시험적으로 기획안을 적용해보기로 했다. 구직구조에 대한 개혁이 시행되었고, 관리 과정이 자리를 잡았으며, 다양한 교육이 시행되었다. 그 결과는 토니 장에게 직접 보고되었다. 그는 이렇게 말한다. "다양한 식물을 시험적으로 재배하는 것과 같습니다. 결과가 좋으면 내부인들은 납득하게 되죠. 그러면 그것을 모든 식당으로 확대할 수 있습니다. 시험 재배가 실패한다 해도 심각한 피해는 없습니다."

우리는 기업들을 연구하는 과정에서, 내부인과 외부 영입자들 사이에 갈등이 발생할 경우 토니 장이 그랬던 것처럼 대부분의 기업가들이 의도적으로 외부 영입자들 편에 선다는 사실도 발견했다. 이는 메릴랜드 부동산개발회사의 경우도 마찬가지였다. 메릴랜드의 회장인 가오치는 동생을 채용했으나, 그의 강한 개성과 쓸데없는 책임의식이 회사의 경영방침과 맞지 않았다. "제 동생은 권한이 없는 부분에서도 자기주장을 내세웠고, 자신과 상관없는 업무를 책임지려 했습니다. 고위직 경리들은 자신들의 권위와 권한이 위협받고 있다고 생각했습니다. 이런 사람들이 책임을 다할 것이라고 어떻게 기대할 수 있겠습니까?" 가오치는 이로 인해 경리들의 주도권이 피해를 받을지도 모른다고 생각했다. 그래서 비록 동생이 몇몇 문제를 해결하고 수천 위안의 회사 비용을 절약했음에도, 그녀는 항상 공개적으로 동생의 편을 들어주지 않았다. 또한 가오치는 동생이 자신에게 직접 보고하지 말고, 그의 상관에게 보고하도록 했다. 그러나 동생은 누나의 의도를 이해하지 못했고, '외부인'의 편을 든다며 종종 불만을 제기했고, 심지어 부모에게까지 고자질하며 불평했다. 이런 동생의 오해를 푸는 것은 가오치에게 아직도 어려운 과제로 남아 있다.

셴주오금공구의 총경리인 제이슨 장 Jason Zhang은 내부인과 외부인 간에 갈등이 발생하자 내부인을 회사에서 내보냈다. 회사 설립을 도왔던 그의 아내가 출산 휴가로 회사를 잠시 떠나게 되자, 제이슨 장은 새로 직원들을 고용했다. 그런데 회사로 복귀한 아내는 직원들과 말싸움을 벌였다. 그는 회사에서 아내의 위치가 문제였다고 생각한다. 그의 아내는 사장의 부인으로서 자신이 특별한 위치에 있다고 생각했고, 종종 남편과 다른 의견을 고집하기도 했다. 직원들도 두 패로 갈라졌다. "저는 대부분의 경우 직원들 편에 섰습니다." 그러나 이것만으로는 그녀와 직원들 간의 갈등을 해결할 수 없었다. 그의 부인 때문에 몇몇 직원이 회사를 떠나자, 그는 결국 아내를 회사에서 내보낼 수밖에 없었다.

오리지널 엔터프라이즈의 허우하이량은 설사 내부인과 전문 경리들, 또는 내부인과 직원들 간에 갈등이 없다 해도, 내부인이 갖는 특별한 지위가 이들의 위치를 애매하게 만든다고 말한다. 내부인들이 다른 이들과 똑같이 행동한다 해도 다르게 보인다는 것이다. 그의 부인은 회사에서 인사부를 책임지고 있었고, 동생은 구매 및 엔지니어링을 담당하고 있었다. 허우하이량은 나중에 두 사람을 모두 회사에서 내보내지 않을 수 없었다.

제이슨 장은 이렇게 말한다. "기업이 일정한 규모에 이르면 내부인들은 회사에서 내보내는 게 최상입니다. 결국에는 이들과 직원 사이에 갈등이 생기니까요. 기업의 장기적인 이익을 위해서는 직원들에게 희생을 강요하면서 이런 갈등을 피하라고 요구해서는 안 됩니다. 그러나 내부인들이 갖는 가장 큰 장점은 바로 기업을 위해 희생할 수 있다는 것이죠."

회사와 가정 사이의 균형: 기업의 경영에 내부인이 존재하는 것은 직원들과의 갈등을 야기하는 데 그치지 않고, 내부인과 기업가 사이의 의견불일치로 이어질 수 있다. 이런 의견의 불일치는 가정생활에도 영향을 끼치는 경우가 생긴다. 특히 남편이나 아내가 회사에 관여하고 있을 때는 더욱 그렇다. 우리가 인터뷰한 기업가들 중 많은 수가 회사와 가정 사이의 균형을 유지하기 위해 설립할 때부터, 또는 설립 후 초기 단계에 배우자를 회사와 떨어뜨려 놓았다.

SPN 테크놀로지의 왕즈는 이 문제에 대해 걱정해본 적이 없다. 그는 그의 아내가 사업에 관여하는 것을 생각조차 해보지 않았다. 왕즈는 "제 가족이 사업에 관여하는 것을 원치 않습니다"라고 말한다. SNP가 운영되고 7년간 그의 아내가 회사를 찾은 것은 단 두 번이었고, 두 번 다 토요일이었다. 그는 이렇게 덧붙인다. "회사 직원들 중 제 아내를 만난 사람은 운전사뿐이었습니다."

메릴랜드 부동산개발회사의 가오치는 자신의 남편을 사업에 끌어들이지 않았음에도 문제를 경험했다. 그녀의 남편은 메릴랜드 소유의 부동산을 낮은 가격에 자신의 친구에게 팔도록 요구했고, 그녀는 이를 거부하면서 갈등이 생겼다. 가오치는 이렇게 말한다. "가격이 문제가 아니었어요. 문제의 핵심은 제 남편이 회사 규정을 무시했다는 것이죠. 메릴랜드는 운영을 제멋대로 하는 '남편과 아내'가 운영하는 회사가 아닌데 말입니다. 메릴랜드가 이룬 성과는 모든 직원들의 노력 덕택이에요. 당연히 이들을 존중해야죠." 가오치는 만약 남편이 사업에 관심을 가질 경우, 남편 혼자서 하도록 내버려둘 것이라고 농담 비슷하게 말했다.

하이난중신화공의 차오샹라이는 처음에는 부인과 사업을 시작했지만, 얼마 안 가 부인을 회사에서 내보냈다. "다소 고집스럽고 완고한 제 성격 때문에 아내를 내보냈습니다. 만약 아내가 회사에 계속 있었다면 제 성격 때문에 논쟁을 많이 했을 겁니다. 그러면 부부관계에도 영향이

왔겠죠."

어우푸조명의 왕야오하이는 회사와 가정 사이의 균형에 관해 대부분의 사람들과 다른 관점을 가졌다. 그는 아내와 함께 회사를 운영하는 것을 선호한다. 왕야오하이의 부인은 어우푸가 발전하는 데 많은 공헌을 했다. 그는 이렇게 말한다. "사실 저와 아내는 서로 경영방식이 다릅니다. 그래서 서로 논쟁을 하는 것이 다반사지만. 이를 통해 해결책을 도출합니다. 기업 운영에 한 사람의 목소리만 반영돼서는 안 됩니다. 다양한 의견을 받아들여야죠. 특히 어우푸가 사업을 전환했을 때는 많은 문제에서 논의와 논쟁이 필요했습니다." 그러나 그도 아내와의 논쟁이 너무 격해지면, 그로 인해 부부관계에 영향이 올까 걱정했었다고 말한다.

하이텍스의 회장인 루원룽은 사업에 가족을 끌어들이는 데 단호히 반대하는 대표적인 인물이다. 그는 훌륭한 기업이란 현대적인 기업경영의 개념을 실천하는 기업이라고 말한다. 루원룽은 자신의 사업에 참여시켜달라는 내부인들의 요구에 대해 독특한 해결책을 생각해냈다. 그는 1994년에 처음 회사를 세웠고, 오래지 않아 회사는 큰 이윤을 내기 시작했다. 1999년에 고등학교 교사였던 그의 형제 두 명이 사업에 같이 참여하고 싶다는 뜻을 피력했다. 그러자 루원룽은 형제들에게 이 회사의 운영권을 넘겨주고, 자신은 새로 회사를 세웠다. 이 회사가 나중에 하이텍스가 되었다.

■ 장애물

장애물1: 유능한 인재

우리가 인터뷰한 기업가들에게 현 단계에서 가장 큰 장애가 무엇인

 알리바바닷컴은 어떻게 이베이를 이겼을까?

지 묻자, 거의 모두가 '인재'라고 답했다. 앞에서 우리는 중국 사영기업들의 발전 무역업, 제조업, 기술개발 사업에 대해 논의한 바 있다. 우리가 인터뷰한 기업가들 대부분의 기업이 이 셋 중 한 단계에서 다른 단계로 전환한 경험이 있었다. 발전 초기 단계에서는 대부분의 기업이 판매지향적이었다. 기업 설립자들은 종종 영업사원과 같은 역할을 했다. 그들은 시간과 노력의 대부분을 고객과 시장개발에 바쳤다. 이들이 보기에 기업문화나 직원교육 등에 시간과 노력을 쏟는 것은 가능하지도, 필요하지도 않았다.

그러나 기업이 일정한 규모에 이르고 이익률을 유지하기 위해 사업을 전환할 필요가 생기자, 기업주들은 가장 필수적인 요소가 핵심역량임을 깨닫게 되었다. 어떻게 해야 핵심역량을 쌓을 수 있을까? 그리고 그것을 뒷받침할 경쟁력 있는 직원은 어디서 구할 수 있을까? 이런 문제들은 기업 내 직원들이 현 단계에서 요구되는 사항을 충족시키지 못하고, 새로운 직원을 채용하는 것은 돈이 많이 들며, 재능 있는 인물들에 대한 수요는 많지만 공급은 적기 때문에 경쟁력 있는 인재를 보유하는 것이 점점 어려워진다는 사실에서 기인한다.

특정한 분야에서의 인재 부족: 수출에 주력했던 아이밍얼이 중국 시장에 눈을 돌리면서 직면한 도전과제 중 하나는 경쟁력 있는 인재가 부족하다는 것이었다. 류충잉에 따르면 중국 시장을 개발하려는 계획은 2005년에 시작되었고, 그때부터 그녀는 이 계획을 실행할 적합한 인물을 물색해왔다. 그러나 지금까지 그녀의 '기준'에 맞는 인물을 찾지 못했다.

스피드업의 총경리인 마이클 마는 빨리 돈을 벌어야 한다는 의식이 중국 직원들 사이에 팽배해서, 이 때문에 이들을 고도의 경쟁력을 갖춘 전문 정비사로 훈련시키는 것이 어렵다고 말한다. 스피드업 소속의 핵심 정비사들은 모두 독일인과 일본인이다.

모든 분야에서의 인재 부족: 마이클 마는 정비공뿐만 아니라 레이싱 산업 전반에 걸쳐 경영 인재가 매우 부족하다고 말한다. 그는 "지금까지 우리 회사에서 경영에 참여한 이들은 모두 우리가 내부에서 교육시킨 사람들이었습니다"라고 말한다. 인재 부족은 레이싱처럼 새로 출현한 산업분야에만 해당되는 것이 아니며, 몇몇 기존의 산업 분야에서도 인재 부족은 주요 장애 중 하나다. 완구방직 회장인 옌한도 오늘날에는 방직산업과 같은 전통적인 산업분야에 진출하려는 젊은이들이 매우 적어서 유능한 인재가 부족하다고 말한다.

새로운 산업분야라고 해서 인재를 얻는 것이 쉬운 것은 아니다. 런웨이 테크놀로지의 회장 퉁리췬은 전문가가 운영하는 기업을 설립하는 데 가장 큰 어려움은 인재 부족이라고 말한다. 퉁리췬은 시장과 업계에 대한 자신의 판단에 확신을 가지며 이렇게 말한다. "우리 제품을 마케팅하는 것에 대해서는 전혀 걱정하지 않습니다. 유일한 걱정거리는 제품 디자인과 제품 판매를 실현시킬 유능한 인재를 얻지 못하는 것입니다."

국제적인 사업을 위한 인재의 부족: 하이난중신화공은 국제적인 무역업체로서 70개 이상의 나라에 500개 이상의 고객사를 가지고 있으며, 남아프리카, 남아메리카, 유럽에 지사를 두고 있다. 총경리인 차오샹라이는 중신화공과 같은 대외무역회사에서는 국제화된 인재가 필수적이라고 생각하여, 북미와 중동에도 지사를 낼 계획이었다. 그러나 중국 내에서 극심한 인재 부족을 겪고 있고, 이 상황은 단기간에 나아지기 힘들다는 것이 차오샹라이의 생각이다. 그는 이렇게 말한다. "국제화된 인재란 국제적인 안목, 배경, 경험을 가진 인재를 말합니다."

장애물2: 자금

갈수록 경쟁이 극심해지고 그에 따라 이익률이 줄어들면서, 우리가 연구한 대부분의 기업들은 비즈니스 모델을 전환하고 있다. 비즈니스 모델 전환에는 많은 투자가 요구되는 것이 일반적이다. 지금은 에이전트 사업이나 유통업에 종사하는 기업이 담보로 충분한 고정자산이 없어도 은행에서 대출을 받을 수 있다. 그러나 과거에는 자금의 부족은 사업에서 또 다른 주요 장애물이었다.

은행대출의 높은 벽: 사영기업과 은행대출 사이에는 넘기 힘든 장벽이 있으며, 무역업에 주력하는 사영기업일 경우 특히 그렇다. 키포인트 컨트롤스가 에이전트에서 서비스 제공업체로 전환을 시작했을 때, 자금 부족이 큰 문제였다. 이 회사 회장인 량치화에 따르면, 중국 은행들은 키포인트와 같은 사영기업을 '차별'하며, 무역업체의 고정자산을 낮게 평가함으로써 대출에 필요한 담보로 이용하지 못하도록 만든다. 담보의 부족으로 키포인트는 은행으로부터 대출을 받지 못했고, 신용장이나 제품의 선불금을 이용하여 현금을 확보했다. 키포인트는 2년 안에 자체 공장을 지을 계획이지만, 량치화는 여기에 들어갈 막대한 자금 때문에

골치가 아프다고 말한다.

SPN 테크놀로지의 총경리인 왕즈는 자금 조달이 가장 큰 문제라고 말한다. SPN은 대부분의 수익을 외국 제조업체의 에이전트 사업에서 얻는다. 왕즈는 외국 업체의 에이전트 역할은 언제든 계약이 끝날 수 있기에, 이것이야말로 가장 큰 잠재적인 위험요소라고 말한다. 또한 은행들이 대출을 거절하는 주요 요인도 이런 위험 때문이다. SPN은 현재 에이전트 사업에서 자체 브랜드를 가진 사업체로 전환하는 과정이기에, 자체 생산과 판매 과정에서 외국 업체에게 고소를 당하지 않도록 조심해야 한다. 이럴 경우 귀중한 협력사를 잃기 때문이다.

왕즈는 자신의 브랜드 구축 전략에 은행대출을 끌어들이지 않으려 했다. 왕즈는 SPN의 사업 전환을 위해 한정된 자금을 이용하여 서서히 단계적으로 진행하는 방식을 택했다. 이는 상하이즈항국제화운도 마찬가지였다. 총경리인 창쉐훙은 이 방법을 '있는 것만 먹는 전략'이라고 부른다. 사업 확장의 속도를 운용 가능한 자금에 따라 조정하는 것이다. 왕즈는 외부 자금을 받아들였다면 사업체를 전환하는 과정이 더 빨랐을 것이라고 말한다.

일부 사영기업들은 사업을 확장하는 데 비금융권 자금을 이용하기도 한다. 그 한 예가 상하이산양화공이다. CEO인 셰릴 천은 이렇게 말한다. "조달된 자금 중에는 친척과 친구들로부터 빌린 것도 있어요. 전체 자금 중 작은 부분에 지나지 않았지만, 대부분은 무이자였죠. 그러나 이런 돈보다 자주 이용하는 것은 사채업자들로부터 빌리는 것인데, 비교적 이자가 높아요."

 우리가 인터뷰한 기업들 중에서는 허우하이량의 오리지널 엔터프라이즈가 가장 많은 은행대출을 받은 기업이었다. 이는 회사가 자본집약적인 제조업체라는 특성이 어느 정도 작용했다.

- 1997년: 허우하이량이 친구의 도움으로 8만 위안의 은행대출을 받았다. 이것이 그의 초기 자본이었다. 그는 이렇게 말한다. "당시 은행들은 대출승인에 대한 관리가 다소 느슨해서, 대출을 받는 게 어렵지 않았습니다."

- 2001~2002년: 한 개인투자자가 허우하이량에게 수백만 위안을 빌려줬다. 이 돈은 원래 빌린 돈이었지만, 나중에 투자금으로 전환되었다.

- 2002~2003년: 오리지널 엔터프라이즈가 급격히 성장하면서 새로운 실험실 장비와 생산라인이 필요했고, R&D도 강화해야 했다. 이로 인해 자금의 압박을 크게 받았다. 이 시점에서 회사는 국영상업단체를 또 다른 주요 투자자로 받아들였다. 이 단체는 수백만 위안을 투자했는데, 절반은 대부 형식이었고 절반은 투자 형식이었다.

- 2003년: 허우하이량은 은행에 있는 친구의 도움으로 대출승인 규정의 허점을 이용하여 은행대출을 받았다. 그는 우선 작은 토지를 구입하기 위해 대출을 받았다. 그러고는 그 땅을 담보로 추가 대출을 받았다. 그는 이 대출금 중 일부는 공장을 짓는데, 그리고 일부는 토지를 구입하기 위해 받은 대출금을 갚는 데 이용했다.주석6 그리고 공장이 가동에 들어가자 대출금을 조금씩 갚아나갈 수 있었

다. 그는 이런 방법으로 총 2,000만 위안을 대출받았는데, 그해 오리지널 엔터프라이즈의 총 매출액은 3,000만 위안이었다.

허우하이량은 당시 중국의 금융제도가 보다 발전되어 있었다면 오리지널 엔터프라이즈가 발전 특정 단계에서 더 많은 은행대출을 받을 수 있었을 것이라고 말한다. 물론 금융제도가 발달했다면 그 외의 발전 단계에서는 그가 받았던 만큼의 대출을 받을 수 없었을 것이라는 점도 인정한다. 그는 오리지널 엔터프라이즈 같은 사영기업이 은행에서 대출을 받을 수 있는 핵심요소가 전망 있는 비즈니스 모델임을 지적한다. "당신이 고정자산이 없는 일개 중간상인에 지나지 않으면, 당신이 아무리 좋은 꽌시가 있다고 해도 절대로 은행대출을 받을 수 없습니다."

1. 중국화공건설총공사는 2006년에 중국해양석유총공사 中國海洋石油總公司와 합병되었다.

2. 다른 한 곳은 중국중화집단공사 中國中化集團公司, Sinochem Corporation였다.

3. '승포경영책임제 承包經營責任制'를 말한다. 이 제도는 1980년대 초반에 국영기업을 개혁하기 위한 일환으로 처음 도입되었다. 이는 정부가 국영기업에게 권한을 양도하고, 이익을 나누는 특별한 형태다. 관련 정부기관과 국영기업 경영자 사이에 계약을 맺는 점이 이 제도가 가진 독특한 특징이다. 국영기업은 경영권을 양도받아 할당된 만큼 수익을 발생시켜야 하며, 할당량을 초과한 이익은 둘 사이에 계약한 비율에 따라 서로 배분한다.

4. 합자기업에 대한 외국인의 투자는 총지분의 49%까지만 허용되었다.

5. 중국 최고 대학 중 하나. 저장성 항저우에 위치해 있다.

6. 당시 중국의 금융권에는 제대로 된 규정이 없어서, 대출을 승인하는 과정에 애매한 부분과 허점이 있었다. 지금은 허우하이량의 이런 행위가 금지되어 있다.

알리바바닷컴은
어떻게
이베이를 이겼을까?

다국적기업의 위기와 기회: 중국 기업가들과 경쟁할 것인가 협력할 것인가?

사영기업가들의 개인적인 특징

　우리가 연구한 기업들은 그 규모나 경영 수준에서 엄청난 경제적 성공을 이루었다고 보기는 어려울지 모른다. 그러나 이들이 그처럼 단기간에 맨손으로 이룬 지금의 성과와 재산을 고려한다면, 이들이 성공했다고 봐야 할 것이다. 이 장에서는 앞에서 살펴본 성공요인 외에, 이들의 성공에 이바지한 개인적인 특징은 무엇인지 살펴보자.

■ 성공할 수 있었던 특징

　우리의 인터뷰와 연구결과를 보면 이들 기업가들은 다음과 같은 특징을 지녔다.

알리바바닷컴은 어떻게 이베이를 이겼을까?

- 큰 목표에 대한 야망

- 기존의 시스템에서 탈피

- 위험 감수: 실행 정신

- 근면성 및 노력

- 성공에 대한 갈망 및 실패에 굴하지 않는 정신

- 신뢰성 및 인간미

- 꽌시를 맺고 효과적으로 이용

큰 목표에 대한 야망

큰 목표에 대한 야망은 성공한 사람들이 다른 사람과 차별화되는 가장 중요한 특징들 중 하나다. 야망은 인간으로 하여금 온갖 역경과 어려움에 굴하지 않고 큰 목표를 추구하도록 자극한다.《높이 비상하라: 손정의 전기 Fly Up High: A Biography of Masayoshi Son》에서 이 책의 저자는 손정의孫正義의 성공이 야망을 크게 가졌기 때문이라고 설명한다. 이는 우리가 인터뷰한 20명의 기업가들도 마찬가지였다.

중신화공의 차오샹라이, 하이텍스의 루원룽, 어우푸의 왕야오하이는 모두 가난한 집안에서 태어나 많은 어려움을 겪었고, 가난에서 오는 정신적 스트레스도 많이 경험했다. 이들은 매우 어린 나이에 자신의 인생을 바꾸겠다고 결심했다.

차오샹라이의 가족들은 가난 때문에 동네 사람들로부터 괴롭힘을 당하기 일쑤였고, 그의 부모는 심지어 육체적인 폭력도 겪었다. 차오샹라이는 10대 때부터 줄곧 자신의 인생을 바꾸고 가족들이 보다 잘살도록 돕겠다고 다짐했다. 이는 루원룽도 마찬가지였다. "우리 가족은 정말 찢

어지게 가난했고, 저는 이것을 바꾸겠다고 결심했습니다. 가난한 집안은 항상 남들이 업신여기기 마련이죠."

왕야오하이는 오리알 장사와 양어장에 손을 대본 후, 부인과 함께 힘든 육체노동이 필요하지 않고 계절에도 민감하지 않은 일로 돈을 벌겠다고 결심했다. 그는 자신과 부인이 직접 물고기를 기를 땅을 팠지만, 큰 태풍으로 기르던 물고기가 반이나 죽었다면서 이렇게 덧붙였다. "그때는 너무나 힘들었습니다. 매일을 새벽부터 밤까지 일했죠." 이들 부부는 결국 새로운 삶을 살자고 결정했고, 머리를 쓰는 사업을 시작했다.

차오샹라이는 사장이 되려는 꿈을 이루어서 너무나 행복하다고 말한다. 단정 지어 말하기는 어렵지만, 만일 그가 힘든 어린 시절을 보내지 않았다면 지금의 위치에 오르지 못했을지도 모른다.

우리가 인터뷰한 기업가들은 사업을 하기 전에는 모두 평범한 사람들이었다. 그러나 이들은 평범한 삶에 만족하지 않았으며, 지금보다 더 나은 인생을 살 수 있다는 확신이 있었기에 남들과 다를 수 있었다. 이들이 사업을 시작하는 중요한 첫 발걸음을 내딛도록 만든 것이 바로 이러한 야망과 확신이었다.

차오샹라이는 대학졸업 후 기계를 만드는 국영기업에 취업을 배정받았지만, 6개월도 안 되어 사직하고 하이난으로 갔다. 그곳에 어떤 기회가 있는지, 무엇을 하게 될지도 몰랐지만 자신의 남은 인생을 국영기업에서 낭비하고 싶지 않았다.

상하이즈항국제화운의 창쉐훙은 상하이 해운국을 그만둔 후, 상하이 운송학교에서 학생들을 가르쳤다. 그러나 그는 그 일을 평생하지 않을 것이라 확신하고 있었다. "저는 원래 해운국을 그만두고 선전으로 갈 생각이었습니다. 상하이는 선전에서 활동할 수 있는 역량을 기르기 위해 거쳐 가는 곳이었을 뿐이죠. 그런데 선전 방문허가를 얻는 것이 강화되어 상하이에 머물 수밖에 없었죠.” 그는 1년간 해외무역을 공부한 후 학교를 떠나 COSCO의 자회사에 들어갔다.

에이퉁 에어익스프레스의 러우슈화는 저장이공대학을 졸업하고 이우방직총공장에 일자리를 배정받았다. 회사의 계급구조는 복잡했고, 나이로 직위가 결정되었다. 승진을 기다리는 사람들이 많이 있었고, 심지어 러우슈화와 같은 직책에서 승진을 기다리는 40대도 있었다. 지금의 직책에서 향후 20~30년을 근무해야 한다는 생각이 들자, 그녀는 다른 길을 찾겠다고 결심했다. 그리고 단지 1년만 근무한 후 회사를 그만두고 항저우로 갔다.

하이텍스의 루원룽은 우리가 인터뷰한 기업가들 중 자신에 대한 믿음이 가장 강한 사람이었다. “저는 어렸을 때부터 큰 재능을 보였습니다. 겨우 열두세 살이던 나이에 세계고전문학을 많이 읽었죠. 제 어릴 적 꿈은 사업가가 아니라 물리학자가 되는 것이었습니다.” 그러나 부모님의 부담을 덜어드려야겠다는 생각으로, 효자였던 그는 자신의 꿈을 포기하고 자신이 직접 페인트칠을 한 자전거로 오리를 배달하는 등 다양한 일을 하며 집안을 도왔다. 교사가 된 그는 1983년에 학교를 그만두고 지역의 향진기업에 취직했다. 당시 23세이던 그는 자신에게 다음과 같은 말을 했다. “부자가 되는 유일한 길은 회사를 운영하는 거야. 교사로는 절대 부자가 될 수 없어.”

교사를 그만두고 향진기업 직원으로 들어간 그는 그 공장의 주임이 되겠다는 목표를 세웠다. "저는 그때 확신이 있었어요. 주임이 될 능력이 있다고 생각했습니다. 허무맹랑한 꿈이 아니었습니다." 나중에 그는 실제로 주임이 되었고, 그의 지도 하에 공장의 수익은 네 배나 상승했다. 그리고 그는 다른 향진기업의 운영까지 맡게 되었다. 그러나 향진기업의 주임이 그의 궁극적인 목표는 아니었다. 그의 야망은 자신의 기업을 갖는 것이었다. 그는 1989년 말에 향진기업을 그만두고 자신의 회사를 설립했다. 그리고 1년 만에 그의 회사인 하이텍스는 400만 위안의 매출과 100만 위안의 수익을 올렸다.

즈항국제화운의 창쉐홍은 자신은 고등학교 때부터 야망이 있었다고 말한다. 당시 그의 반은 두 패로 갈라져 있었고, 반 친구들은 원치 않더라도 이 둘 중 한 패에 가입해야 했다. 창쉐홍은 그중 한 패의 우두머리였고, 이들은 공부만이 아니라 학교생활 모든 면에서 경쟁했다. "그때부터 전 힘이 얼마나 중요한지 깨달았습니다. 중국에서는 군대가 가장 힘이 센 조직이죠. 그래서 전 국방대학을 가고 싶었습니다." 그러나 안타깝게도 그는 체력검사에서 떨어져 목표를 이룰 수 없었다.

창쉐홍은 첫 사업이 실패하자 10개월간 실업자로 지냈고, 그 후 독일의 화물운송 회사 상하이 지점에 들어갔다. 처음 영업사원으로 시작한 그는 수입담당 경리를 거쳐 영업부 경리가 되었다. 외국인 회사에서 이만한 직책은 대부분에게 만족스러운 것이었지만 창쉐홍에게는 그렇지 못했다. 그는 그 독일 회사의 비즈니스 모델에 기반하여 자신이 직접 사업에 뛰어들 계획을 세웠다. "저는 외국인 회사에서 들어간 후 자신의 삶에 만족하고 안주하여, 새로운 도전에 대한 동기와 열정을 잃은 사람들을 많이 알고 있었습니다." 1999년에 그는 독일 회사를 떠나 친구들과 함께 즈항국제화운을 설립했다.

중국의 한 학자가 해외여행에서 돌아온 후, 중국 젊은이와 서구 젊은이들의 차이에 대해 언급한 적이 있다. 그는 중국의 젊은이들에게 야망이 없다고 말했다. 수천 년간 튀지 않는 언행과 자기 절제를 도덕적 가치로 가르쳐온 문화를 고려할 때, 중국에서 야망을 가지는 것은 쉽지 않은 일이다.

기존의 시스템에서 탈피

우리가 인터뷰한 20명의 기업가들 중 상당수가 국영기업이나 정부기관에서 일한 경험이 있었다. 이들이 일한 기간은 짧게는 1년 이하에서 길게는 10년까지 다양하지만, 이들은 모두 낡은 시스템이 갖는 제약을 더 이상 견딜 수 없어 조직에서 나왔다.

에이퉁 에어익스프레스의 러우슈화는 1991년에 대학을 졸업하고 이우방직총공장 연구원으로 취업을 배정받았다. 이 공장은 당시 이우에서 높은 수익을 내는 몇 안 되는 국영기업들 중 하나였지만 그녀는 업무에 싫증이 났고, 자신의 개성이 억눌리는 것처럼 느껴졌다. 또한 나이에 따른 계급구조를 혐오하여 1년 정도 근무한 후 직장을 나왔다.

산양화공의 셰릴 천은 러우슈화와 같은 해에 대학을 졸업한 후 창춘세관에 취업을 배정받았다. 그녀 또한 정부기관의 문화가 싫었고, 세관에서의 근무가 자신에게 좋은 진로는 아님을 확신했다. "저는 직설적이에요. 전 완곡하게 표현하는 것에 서툴러요. 그래서 사람들과 어울리기 힘들었죠. 게다가 세관에서 여성의 승진에는 한계가 있어요. 설사 매우 신중하고 능력 있고, 또 정치적인 마인드를 갖고 있다고 해도, 여성은 은퇴하기 전까지 기껏해야 국장까지만 승진할 수 있어요. 그리고 세관에서 여성이 국장을 맡는 경우는 거의 없어요." 그녀는 곧 세관을 그만두고 지린성 해외무역공사에 들어갔다.

토니 장은 이빈에 있는 한 해외무역회사로 옮길 기회가 생기기 전까지, 6년간 공직자 생활을 했다. 당시 그가 근무하던 현의 현장이 그에게 떠나지 말도록 설득했으나, 그는 정부기관의 환경이 억압적이라고 느끼고 있었다. "공직에 있으면 내가 원하는 걸 말할 수 없고, 말하고 싶지 않은 것을 말해야 합니다." 공직자로서의 그의 미래는 명예로운 관직뿐이었고, 물질적인 보상은 거의 보장되지 않았다. 그래서 그는 비즈니스의 세계로 뛰어드는 것을 선택했다.

오리지널 엔터프라이즈의 허우하이량은 1984년에 대학을 졸업하면서 정저우전선공장에 취업을 배정받고, 이곳에서 9년간 일했다. 1993년에 관료사회와 국영기업 체계 내에서 염증을 느낀 그는, 이 공장 연구소의 부소장직까지 승진했음에도 미련 없이 사임했다. 허우하이량도 전통적인 정부 공직사회에 대해 같은 의견을 내비친다. "하고 싶은 것은 할 수 없고, 하고 싶지 않은 것을 해야 합니다."

전통적인 구체제에 대한 반감은 현재 중국에서 2가지 경향으로 나타난다. 국영기업의 쇠퇴와 시장경제의 출현이 그것이다. 전자는 직업이 안정되지만 미래가 암울한 반면, 후자는 불안정해도 미래가 밝다. 이러한 구체제에 대한 반감이 생기는 핵심요인은 보다 풍요로운 삶을 추구하기 때문이다.

위험 감수: 실행 정신

대부분의 사람들은 위험중립적 risk neutral 이거나 위험회피적 risk averse 이다. 극히 소수만이 위험을 감수한다. 우리는 인터뷰를 통해 위험을 감수하고 일단 실행하려는 용기가 기업가들의 성공에 매우 중요한 요인이었음을 발견했다. 이런 용기가 있었기에 이들은 사업을 시작할 수 있었고, 주요 전략적 결정을 내릴 수 있었다.

차오샹라이는 대학을 졸업하고 국영기업에서 일하다, 6개월도 안 되어 그만두고 하이난으로 갔다. 그는 하이난에서 어떤 기회를 찾을 수 있을지 알지 못하는 상태였다. "저는 성공할 가능성에 대해서는 생각조차 하지 않았습니다. 그냥 하이난으로 가야만 한다고 생각했습니다." 이는 러우슈화의 경우도 마찬가지였다. 그녀와 그녀의 남편은 30만 위안을 빌려 사업을 시작했다. 이 중 20만 위안은 자동차 두 대를 구입하는 데, 나머지 10만 위안은 사무실 리모델링에 사용했다. 돈이 더 이상 없는 상태에서 이들도 차오샹라이와 같은 생각이었다. "우리는 사업을 어떻게 운영할지에 대해 심각하게 고민한 적이 없습니다. 사업을 시작한다는 꿈을 어떻게 실현할지에 대해서만 생각했죠."

1998년에 아이밍얼은 품질 문제로 인해 새로운 주문이 전혀 들어오지 않았다. 사업을 유지하는 것이 절박했던 류충잉은 가방 가득 신발샘플을 싸서 러시아로 갔다. 러시아에서는 사업을 하는 것이 비교적 쉽다고 들었기 때문이다. 낯선 외국 땅에 혼자 있는 것이 두렵지 않았냐는 질문에, 그녀는 이렇게 대답했다. "그런 생각은 해보지도 않았어요." 그녀는 빚을 내지 않고 회사를 운영할 만큼의 주문을 따서 돌아왔다. 류충잉은 당시의 위기상황과 이를 극복한 용기에 대해 언급하면서, 러시아

행이 그녀의 기억에서 절대 지울 수 없는 사건이라고 말했다.

우리가 인터뷰한 20명의 기업가들 중에는 단순히 '위험을 감수하는' 것이 아니라, '위험추구자risk-seeker도 있었다. 그 한 예가 메릴랜드 부동산개발회사의 가오치였다. 그녀는 사업을 시작하기 전에 가구소매점에서 5년간 일했다. 2002년에 200만 위안을 들여 산업단지 내의 땅 2만 8,000m²를 구입했을 때, 그녀는 부동산사업에 대해 아무것도 모르던 상태였다. 당시 부동산개발업자들이 산업용 토지에 투자하고 있었다는 것이 그녀가 아는 전부였다. "그 돈은 제가 가진 전부였습니다." 그녀는 원래 계획은 거기에 공장을 지어 임대하는 것이었다. 그러나 당시 임대료가 낮았던 상황을 고려하여, 그녀는 계획을 바꿔 1년간 그 땅을 그냥 놔두었다. 반면에 그녀가 구입한 땅 주변은 모두 공장이 들어서고 있었다. 가오치는 지방 정부를 설득하여 토지의 용도를 산업용에서 택지로 전환되도록 했다. 여기에는 추가로 800만 위안의 비용이 들었고, 이것이 그녀가 부동산사업을 시작한 계기가 되었다.

허우하이량도 기꺼이 엄청난 빚을 졌던 면에서 '위험 추구자'라고 할 수 있다. 이 책에서 다루는 다른 기업들과 달리, 오리지널 엔터프라이즈는 성장 과정에서 채무비율이 매우 높았다. 그는 처음 회사를 설립할 때 친구와 친척들로부터 수십만 위안의 돈을 빌렸고, 2002년에는 100만 위안 이상의 은행대출을 받았다. 2002~2003년에 회사가 급성장하면서 허우하이량은 또 다른 투자자를 받아들였다. 이 사람이 투자한 금액은 수백만 위안이었고, 이는 그가 빌린 전체 금액의 절반이었다. 2003년에 그는 토지 구입을 위해 또 다시 은행대출을 받았고, 이 땅을 담보로 다시 은행대출을 받아서 이 대출금의 일부를 공장을 짓는 데 사용했다. 공장이 풀가동에 들어가자 그는 은행대출금을 갚을 수 있었다. 그의 은행대출금 총액은 약 2,000만 위안이었다.

근면성 및 노력

불완전하게 사업을 시작한 기업가들에게 부지런함과 노력은 가장 중요한 특징일 것이다. 앞에서 언급했듯이 아이밍얼의 류충잉은 가난한 농촌에서 태어나 어릴 때부터 집안일을 도왔다. 그녀는 가난을 벗어나기 위해 사업을 시작했고, 힘든 육체적 역경을 참아내며 사업을 일으켰다. 에이통 에어익스프레스의 러우슈화도 비슷한 육체적 버거움을 감수해야 했다. 그녀와 남편이 사업을 시작했을 때는 기업들이 특급운송 서비스에 대해 잘 알지 못했기에, 둘은 기업들을 직접 찾아다니며 서비스를 소개했다.

어우푸조명의 왕야오하이가 오리농장과 양어장을 하며 겪었던 육체노동은 그로 하여금 '머리'를 쓰는 사업을 하겠다는 결심을 하도록 했다. 차오샹라이도 힘든 육체적 역경을 이겨냈다. 그는 처음 하이난에서 생활할 때 다양한 일을 하며 생계를 꾸렸다. 우리가 인터뷰한 기업가들은 재정적, 육체적 역경에 직면했기 때문에 이후 어려운 상황들에 대한 대비가 잘 되어 있었고, 이로 인해 사업을 하겠다는 결심을 하게 되었다.

성공에 대한 갈망 및 실패에 굴하지 않는 정신

사업을 하는 이들은 성공하기 전에 자주 사업에 차질을 빚기도 하고 실패도 경험한다. 이것이 대부분의 기업가들에게 가장 도전적인 측면이다. 우리가 인터뷰한 20명의 기업가들을 보면, 실패에 절대 굴하지 않는 정신이 이들이 사업을 지속하는 데 중추적인 역할을 했다.

브리지HR의 허우정위는 여자친구와의 이별로 자극을 받아 상하이에서 돈을 벌기로 결심했다고 말한다. 여자친구가 그를 떠난 것은 그의 가난한 집안과 교사로서 그가 가진 어두운 미래 때문이었다. 당시 그의 머릿속에는 오직 다음과 같은 생각뿐이었다고 한다. '난 절대 포기하지 않아. 내가 얼마나 돈을 잘 버는지 그녀에게 보여줄 거야. 그녀가 다른 사람과 결혼했다 해도, 돈을 벌어 그녀를 다시 데려오고 말거야.'

즈항국제화운의 창쉐훙은 고등학교에서 반 친구들이 두 패로 나뉘어 경쟁하는 것에 연루되기 전까지는 소심한 성격이었다고 말한다. "그때 전 강해져야만 한다고 깨달았습니다. 강하지 않으면 업신여김을 당하죠." 그의 첫 번째 사업은 잘되지 않았지만, 훗날 성공하여 지금처럼 되기까지는 강인한 성격과 자신에 대한 믿음이 있었기에 가능했다. "전 항상 제 자신을 믿었습니다. 절대 실패에 굴하지 않았고요."

우리가 인터뷰한 기업가들 중 다수가 굳건한 인내심과 강한 의지를 지닌 인물들이었다. 이런 특성으로 인해, 이들은 어려움이 닥쳐도 앞으로 나아갈 수 있었다. 에이퉁 에어익스프레스의 러우슈화가 그런 대표적인 인물이다. 사업 초기에 비용절감을 위해 회사의 급여가 높지 않았고, 이로 인해 '자질이 좋은' 직원을 채용할 수 없었다. 당시 매우 고가였던 자전거, 호출기를 포함해 회사에서 훔칠 수 있는 것은 닥치는 대로 훔친 직원도 있었다. "물건을 담는 상자까지 훔친 경우도 있었습니다. 남은 거라곤 텅 빈 사무실뿐이었죠."

이런 경우는 한 번이 아니었다. 1997년에 회사는 항저우까지 지점을 열었다. 그런데 당시 쑤저우 지점 경리가 에이퉁의 모든 직원과 고객을 빼돌려 회사를 차렸다. 그는 회사가 개발한 소프트웨어를 복사하고, 남아 있는 컴퓨터를 모두 망가뜨렸다. 한 지점 경리가 고객들로부터 수금한 돈 10만 위안을 훔친 경우도 있었다. 설상가상으로 이와 비슷한 배신이 5개 지점에서 한 달 사이에 발생하기도 했다. 러우슈화는 차분하게 "이런 좌절을 이겨내고 포기하지 않았던 것은 제가 인내심이 강했기 때문입니다"라고 말한다. 물론 이런 사건 이후에 그녀는 회사 운영상의 규정들을 만들었고, 법률자문가를 고용했다. 그리고 경리들에게 '경쟁방지 서약서'를 쓰도록 했다.

키포인트 컨트롤스의 량치화도 사업을 하며 많은 좌절을 겪었다. 그는 1996년에 상하이항천국上海航天局을 그만두고 친구들로부터 10만 위안을 빌려, 이 중 1만 위안으로 다 쓰러져가는 회사를 인수했다. 그의 사업 분야는 전화 교환기와 음성인식 시스템이었다. 그러나 회사는 겨우 4개월 만에 문을 닫았다. 그 후 그는 선전으로 갔지만, 일자리를 구하지 못해 고향인 우한으로 돌아와 잠시 머물렀다. 학교 친구 하나가 그에게 도구 및 계량기를 만드는 미국 회사의 에이전트 업체에 입사할 것을 권했고, 그는 점차 승진하여 영업부 경리가 되었다. 그러나 상사와의 갈등으로 그는 회사를 떠났다. 2000년에 그는 다른 세 명과 함께 동업으로 합자기업을 설립했으나, 서로 간의 공통된 목표가 없었던 탓에 문을 닫았다. 이처럼 량치화는 온갖 역경을 겪었지만, 굳건한 인내심과 강한 의지가 있었기에 모든 어려움을 이겨낼 수 있었다.

오리지널 엔터프라이즈의 허우하이량도 쉽게 포기하지 않는 성격이다. 많은 사람들이 단순히 돈을 벌기 위해 사업에 뛰어들지만, 그는 말 그대로 진정한 의미의 기업가다. 즉, 장기적이고 지속가능한 기업을 건설하는 자신의 이상을 위해 헌신한 인물인 것이다. 그러나 그도 자신의 경영능력이 한계가 있고 자원도 부족함을 잘 알고 있다. "기업가에게 매우 중요한 한 가지는 인내심을 가져야 한다는 것입니다. 저는 어려운 시기를 겪을 때 항상 제 자신에게 '참자. 포기하지 말자!'라고 말하곤 했습니다."

신뢰성 및 인간미

우리가 인터뷰한 기업가들 중 상당수는 신뢰성과 인간미가 중요한 역할을 한다고 믿고 있었다. 특히 고객과의 관계에서는 더욱 그랬다. 토니 장은 "사업가는 믿을 수 없다고 생각하는 사람들이 많습니다. 저는 절대 그런 사업가가 아닙니다. 저는 고객들을 진심으로 대하고 정직하게 굽니다. 어떤 문제가 발생하면 저는 고객의 이익을 보호하기 위해 무엇이든 할 것입니다." 토니 장의 현재 고객들은 그와 10년 넘게 거래를 해온 업체들이다. 그들은 다른 업체가 더 낮은 가격을 제시해도 토니 장과 거래를 계속한다. 토니 장은 고객이 충성하도록 만드는 데 있어서 신뢰가 좋은 품질, 좋은 서비스, 안정적인 제품 공급보다 훨씬 더 중요하다고 주장한다. 그는 이렇게 말한다. "제품의 공급이 딸리고 그로 인해 시장가격이 상승해도, 저희는 처음 가격 그대로 제품을 공급합니다."

중신화공의 차오샹라이는 고객들을 친구나 형제처럼 대한다. 그 결과 끈끈한 정이 생겼고, 어려움이 닥치면 서로 돕는다. 그는 국영기업인 CNCCC에서 일할 때도 많은 고객들에게 도움을 주었다. 예를 들어, 한 고객이 현금조달에 문제가 생기자, 차오샹라이는 그에게 선불금을 주어 어려움에서 벗어나도록 했다. 이런 고객들은 그의 친구가 되었고, 차오샹라이가 사업을 시작할 때 그의 고객들은 그에게 많은 도움을 주었다.

하이텍스의 루원룽은 신뢰성이 효율적인 기업문화를 정립하는 데 필수조건이라고 생각한다. 그는 기업주부터 신뢰를 보여야 한다면서 이렇게 말한다. "직원들이 기업주를 단순한 장사꾼으로 보도록 해서는 안 됩니다. 그렇게 되면 기업문화 구축이 힘들어집니다. 기업주는 공동의 목표를 향해 함께 노력하는 사람이라고 인식되어야 합니다. 이래야만 단결을 이룰 수 있습니다." 물론 직원들도 신뢰성이 있어야 한다. 루원룽은 종종 직원들에게 이렇게 말하곤 한다. "신뢰는 기업에게 매우 중요한 요소입니다. 그러나 개인에게는 그것이 더 중요합니다. 여러분은 하이텍스를 나갈 수 있습니다. 그러나 여러분이 신뢰가 없다면 어떻게 다른 기업에서 여러분을 받아들일 것이라 기대할 수 있겠습니까?" 그는 기업주의 신뢰성과 직원들의 신뢰성이 합쳐지면 효율적인 기업문화를 정립할 수 있는 환경이 만들어진다고 생각한다.

꽌시를 맺고 효과적으로 이용

'꽌시'는 중국사회, 그중에서도 경제활동에서 특히 중요한 역할을 한다. 중국에서는 개인 및 기업의 신용을 평가할 수 있는 제도가 제대로 자리 잡지 못했다. 이는 곧 어떤 개인이나 기업과 비즈니스 계약을 맺기 전에 참고할 수 있도록, 이들의 신용을 충분히 알 수 있는 방법이 없다는 뜻이다. 중국에서는 법규와 규제가 탄력적으로 적용될 여지가 많아서, 다양한 상황에 따라 동일한 법규가 다양하게 해석될 수 있다. 이런 이유로 중국에서 법규와 규제는 신뢰성이 떨어진다. 중국인들은 꽌시에 더 많이 의존하는 경향이 있다. 꽌시가 보다 신뢰성이 있기 때문이다.

꽌시는 본질적으로 상호 책임을 진다는 비공식적인 암묵이며, 상호간에 신뢰와 충성심이 있어야 하고, 양자의 이익을 위한 것이어야 한다. 꽌시는 중국의 사업가들에게 핵심적인 자원이다. 우리가 인터뷰한 기업가들 중 몇몇은 꽌시를 맺고 이를 효과적으로 이용한 것이 자신들의 성공에 중요한 요소였다고 인정했다.

키포인트 컨트롤스의 량치화는 인맥 구축을 매우 중요시한다고 말한다. 일정 기간 접촉하고 나면 그의 고객과 원자재 공급업자들은 그를 믿을 만한 친구로 여기고, 키포인트를 좋은 동반자 관계로 생각한다. "일부 고객들 중에는 3~4년간 저희와 거래가 없는 고객들도 있었습니다. 그런데도 제가 가면 절 오래된 친구처럼 맞이합니다." 그렇다면 이처럼 꽌시를 맺고 유지하는 방법은 무엇일까? 량치화는 사업을 위해서가 아닌, 진심에서 우러나오는 마음으로 친절하게 대하는 것이라고 말한다. 그는 이런 방법으로 가깝고 진실된 친구관계를 만들었다.

하이텍스의 루원룽은 인맥을 구축하며 얻은 경험을 통해 2가지를 중요시한다. 즉, 진실성을 갖고 사람을 대하고, 돈에 대해 관대해져야 한다는 것이다. 그는 어릴 때 모파상Maupassant의 소설《벨아미 Bel-Ami》를 읽은 적이 있다. 이 소설은 무명의 청년인 주인공이 상류사회로 올라가는 얘기를 담고 있다. 루원룽은 이 책에서 깊은 인상을 받고 많은 것을 배웠다. 그는 향진기업에서 직원으로 일할 때, 꽌시를 맺는 데 월급을 다 쓴 경우도 있었다. 그 공장의 주임이 은행대출을 받지 못하자, 루원룽은 꽌시를 이용해 그가 대출을 받는 데 도움을 주었다.

1990년대 초반에 중국에서는 시장에 대한 정보를 얻기가 힘들었다. 기업들, 특히 외국 기업들은 시장에 대해 아는 것이 거의 없었다. 생생

한 정보를 얻는 방법 중 하나가 바로 꽌시를 통해 얻는 것이었고, 이는 토니 장이 사용한 방법이었다. "무역사업에서 정보는 매우 중요합니다. 폭넓은 인맥이 있으면 많은 정보를 공표되기 전에 비공식적인 경로를 통해 얻을 수 있죠. 이런 정보를 적절히 이용하면 엄청난 수익을 올릴 수 있습니다." 우리는 앞에서 토니 장이 꽌시를 통해 정보를 입수한 후, 톤당 20만 위안에 구입한 독시사이클린을 150만 위안에 팔아 엄청난 이익을 남긴 사례를 언급한 바 있다.

특정한 개인의 특징들이 기업가들의 성공에 이바지했다는 것은 분명하다. 이런 특징에는 매우 강한 의지력, 상황을 바꾸겠다는 야망, 실패에 굴하지 않는 용기 등이 포함된다. 또한 이들 기업가들은 인맥을 구축하고 높은 신뢰를 얻는 데도 많은 공을 들였다.

사영기업가들과 경쟁하기

　중국은 거대한 인구로 인해 값싼 노동력과 소비자 저변 측면에서 커다란 시장이 되었다. 이것이 최근에는 계속되는 경제성장과 결합되면서, 중국은 국제적인 기업들의 경쟁전략에서 중요한 시장이 되었다. 중국의 유명한 고전병법서인《손자병법》에는 '적을 알고 나를 알면 100번 싸워도 위태롭지 않다'는 말이 있다. 외국 기업들이 중국의 기업, 특히 중국 GDP의 절반에 공헌하는 사영기업들의 장점과 약점에 대해 아는 것은 '적을 아는' 것이다. 이번 장에서는 우리가 인터뷰한 기업가들의 경영방식을 분석함으로써, 중국 사영기업들의 장점과 약점에 대해 알아 보려 한다. 서두에서 중국의 거대 사영기업 세 곳과 중국 시장에서 이들의 라이벌인 다국적기업들 간에 경쟁하는 이야기를 통해, 우리는 중국의 사영기업들에 대한 이해를 조금이나마 할 수 있었다. 중국의 사영기업들의 중국 시장 및 중국 소비자들에 대한 이해와 지식은 다국적기업들이 흉내 내기 어려운 것이다. 또한 이들의 중국 시장에 대한 해석과 직관적인 의사결정은 데이터에 바탕을 둔 다국적기업들의 의사결정과도 완전히 다르다. 이들에게는 어마어마한 다국적기업들에 도전하고 그들과 경쟁할 용기가 있다. 이들은 '시골에서 시작하여 차후 도시로 진출하는 전략'을 어떻게 이용해야 하는지 잘 알고 있으며, 저가제품 시장에서 시작하는 것에 만족하고 있다. 또한 시장에 공백이 생긴 것을 감지하고, 이를 채우는 데도 능숙하다. 보다 중요한 것은, 이들이 성장하는 과정에서 가치사슬의 상위 단계로 계속해서 이동한다는 것이다.

■ 중국 사영기업들의 장점

이들의 장점에는 다음과 같은 것들이 있다.

- 시장의 흐름과 기회에 대한 통찰력
- 정부의 운영방식과 구조에 익숙하고, 이를 잘 이용한다.
- 혼자 의사결정을 함으로써 유연성이 뛰어나고 대응이 빠르다.
- 효율성

시장의 흐름과 기회에 대한 통찰력

시장의 흐름과 기회를 잘 아는 것은 뛰어난 비즈니스 감각을 지닌 것이며, 시장에 익숙해야 가능하다. 기업이 새로운 사업에 진출하거나 신상품을 출시할 때 이러한 통찰력은 특히 중요하다. 우리가 인터뷰한 20명의 기업가들 중 다수가 이러한 통찰력을 지녔다.

아이밍얼의 류충잉이 1980년대 말에 운동화를 팔기 시작했을 때, 당시 중국의 생활수준은 다소 낮은 편이었다. 그런데도 보다 비싸고 디자인이 좋은 제품에 대한 수요가 나타났다. 당시 중국인들의 평균 월급이 수십 위안에 지나지 않았기에, 100위안이 넘는 류충잉의 운동화와 가죽신은 대부분의 중국 소비자들에게 사치품으로 여겨졌다. 그런데도 그녀의 신발이 잘 팔렸다는 것은 곧 비싸고 디자인이 좋은 제품에 대한 이머징마켓_{emerging market, 신흥시장}이 출현했다는 의미가 된다.

리우슈화가 통찰력을 보인 것은 기업들이 대만과 홍콩에서 중국 남부로 이전하는 것을 파악할 때였다. 그녀는 기업들이 넘쳐나면 홍콩과 주장 삼각주 사이에 서신왕래도 늘어나지만, 특히 서류와 제품샘플을 보내는 특급운송 서비스에 대한 수요가 늘어날 것임을 알아차렸다. 그래서 그녀는 에이퉁 에어익스프레스를 설립했다.

시장을 관찰한 후 류충잉은 중국 동부가 성장하고 있는 것도 알게 되었고, 항저우에 회사를 차리는 것이 가치가 있다고 판단했다. 항저우에는 경쟁업체도 없었고, 점점 많은 기업들이 들어서고 있었다. 에이퉁은 사업 첫해 동안 한 달에 20만 위안을 벌어들였다. 처음 몇 해 동안 에이퉁의 총 수익률은 100~200%에 이르렀다.

브리지HR의 허우정위가 사업에서 성공할 수 있었던 요인 2가지를 통찰한 것은 그가 후둥조선소에서 일할 때였다. 당시 많은 노동자들이 농촌지역에서 일을 찾아 상하이로 몰려들었고, 외국 기업들이 점점 늘어나면서 노동자들에 대한 수요도 크게 증가했다. 허우하이량은 이 노동자들을 어디에서, 어떻게 채용하는지에 대해 고민했다. 그는 외국 기업들의 노동자에 대한 수요와 넘쳐나는 노동자들을 연결시킬 수 있으면 멋지겠다는 생각을 했다.

이상은 시장에 대한 통찰력을 통해 사업 기회를 발견한 후, 사업을 시작한 기업가들의 사례들이다. 완구방직의 옌한은 기회를 포착한 후 사업을 전환한 경우다. 그는 방직회사를 위한 소프트웨어를 개발하면서 방직에 대한 전문지식을 얻었고, 중국의 실크산업이 쇠퇴하고 있음을 간파한 후 방직사업에 뛰어들었다.

정부의 운영방식에 익숙하고, 이를 잘 이용한다

앞에서 언급했듯이 우리가 인터뷰한 기업가들 중 일부는 국영기업이나 정부기관에서 일했던 사람들이다. 이들은 정부기관의 업무방식에 익숙했고, 이러한 지식을 사업 분야를 선정하고 수익성이 높은 프로젝트를 알아내는 데 이용했다.

토니그룹이 단일 사업에서 다양한 사업으로 전환하는 과정에서, 토니 장은 중요한 정보를 입수했다. 상하이시 정부가 민간 입찰을 통해 난후이에 농업 관련 프로젝트를 진행한다는 것이었다. 토니 장은 CEIBS 졸업생에게 도움을 청했고, 그는 토니 장에게 CEIBS 교수와 상하이 원예국의 수석엔지니어와 접촉해볼 것을 권했다. 토니 장은 두 명의 전문가를 고용하여 관광을 겸한 농업 프로젝트를 고안했고, 결국 입찰을 따냈다. 그가 이 프로젝트를 따내기 위해 노력한 이유 중 하나는, 그것이 상하이 주민들에게 채소를 공급할 수 있는 판로가 보장된 프로젝트였고, 다양한 정부 지원과 보조금을 받을 수 있었기 때문이다.

브리지HR의 사업은 인력을 공급하는 것이 전부고, 여기에는 다양한 정부기관과 잦은 접촉이 요구된다. 허우정위는 정부와 접촉하기에 좋은 배경을 갖고 있었다. 그는 정치협상회의政治協商會議의 지역 의원이었고, 공산주의청년단 중앙위원회에 의해 모범적인 젊은 기업가로 선정되기도 했다. 또한 국무원 부총리인 후이량위는 허우정위와 그의 비즈니스 모델을 칭찬하는 친필 사인을 주기도 했다. 이는 그가 관련 정부기관과 문제가 생길 때마다 매우 효과적인 '정치적 카드'의 역할을 했다.

또한 훈련된 능력 있는 인력을 안정적으로 공급하기 위해 50개의 기술학교와 협력관계를 맺을 때도 지방 정부로부터 도움을 받았으며, 지방 정부와 공동으로 투자하여 주요 국립기술학교 2곳을 설립하기도 했다. 1990년대 중반에 그의 고향 정부에서는 소득을 위해 지역의 노동력을 도시로 송출하는 사업을 진행하면서, 이들을 교육시키는 회사와 이들에게 취업을 제공하는 회사에게 보조금을 지급했다.

런웨이 테크놀로지의 퉁리췬은 프로젝트를 따내기 위해 정부기관 내의 인맥을 이용했다. 1996년 말경에 중국은 미국으로부터 최신 프레임릴레이frame relay, 랜(lan)들을 연결하는 고속통신기술 – 옮긴이와 APNAccess Point Name 기술을 도입한다는 계획을 세웠다. 금융기관과 전신총국電信總局은 민간 입찰을 통해 전국에 프레임릴레이와 APN 백본backbone망을 구축하려 했다. 입찰에 참여한 미국 기업은 시스코와 시카모어 네트웍스Sycamore Networks, 후에 어센드(Ascend)에 인수되었다였다. 시스코는 시카모어보다 응찰금액이 50%나 높았는데도 금융기관의 백본망 구축사업을 따냈다. 시스코는 금융기관들과 오랫동안 협력관계를 유지해왔고, 상호간에 깊은 신뢰가 있었다.

당시 런웨이를 포함한 많은 기업들이 시카모어의 에이전트가 되기 위해 경쟁했지만, 런웨이는 유력한 후보가 전혀 아니었다. 그러나 입찰 결과가 알려지자 에이전트가 되기 위해 경쟁하던 수많은 기업들이 모두 뜻을 철회했다. 당시 대부분이 시스코가 전신총국의 백본망 구축사업까지 따낼 것이라고 믿고 있었다. 퉁리췐은 시카모어의 중국 사업을 책임지는 인사와 만나 런웨이가 프로젝트를 따내도록 도울 수 있다고 말했다. 시카모어 측은 그다지 기대하지 않으면서 퉁리췐의 기획안에 따라 응찰문서 다섯 부를 준비했다. 퉁리췐은 전신총국 내의 인맥을 통해 그 문서가 입찰을 담당하는 최고위 인사 다섯 명에게 전달되도록 했다. 20일 후, 전신총국의 백본망 구축 사업자는 시카모어로 공표되었다. 당시 이 결과는 업계 전체를 놀라게 했고, 런웨이의 이름은 하루 사이에 널리 알려졌다. 퉁리췐은 자신의 성공에 대해 말하면서, 자신은 정부기관 내부가 어떻게 굴러가는지 완벽히 알고 있다고 덧붙였다.

혼자 의사결정을 함으로써 유연성이 뛰어나고 대응이 빠르다

우리가 인터뷰한 기업가들은 다양한 의견을 듣기 위해 내부 경리들과 논의를 하기도 하지만, 거의 대부분이 기업경영에서 혼자 의사결정을 했다.

중신화공의 차오샹라이는 자신의 의사결정 과정은 '민주주의'에서 '중앙집권'의 순서로 처리된다고 말한다. 즉, 기업전략이나 발전과 관련된 주요 사안에 대해 먼저 초안 형식으로 경리들의 의견을 들은 후, 이 초안에 바탕을 두고 혼자 의사결정을 한다는 것이다. 토니 장도 혼자서 의사결정을 한다고 말한다. 그는 본인의 의사결정에 대해 세밀하게 고심한 다음, 그것을 경리들에게 제시하여 납득시킨 후 시행하도록 한다.

이처럼 기업주 혼자서 의사결정을 하는 것은 브리지HR도 마찬가지였다. 그러나 토니 장이 경리들을 먼저 납득시킨 후 그것을 시행하는 것과는 달리, 허우정위는 경리들이 자신을 납득시키지 못할 경우 자신의 의사결정을 시행하도록 요구한다. 그는 이렇게 말한다. "저는 제가 내리는 결정에 확신을 갖습니다. 그리고 일단 결정이 내려지면 즉시 시행되어야죠." 이들 사영기업들이 유연성이 뛰어나고 시장의 상황에 빠르게 대응할 수 있는 것은 이처럼 결정사항이 빠르게 시행되기 때문이다.

혼자서 의사결정을 하는 극단적인 사례 중 하나는 완구방직의 옌한이다. "일단 어떤 사안에 대해 결정이 되면, 경리들이 그것에 수긍하건 않건 우선 시행부터 하고 봅니다." 그는 경리들과 매주 회의를 갖고 회사가 직면한 문제들을 논의한다. 여기에는 옌한이 내린 결정도 포함된다. "경리들의 의견이 합당하다고 생각되면, 전 그것을 올바로 시행되도록 합니다."

효율성

우리가 인터뷰한 기업가들 대부분은 혼자서 의사결정을 할 뿐만 아니라, 대부분이 총경리직을 수행하고 있다. 우리가 조사한 모든 기업들이 수익 극대화 외에 우선순위를 두고 노력하는 것은 높은 효율성이다. 이는 메릴랜드 부동산개발회사의 경우가 대표적이다. 지방 행정부의 규제에 따라 부동산 개발업자는 토지이용, 건축, 선분양 등 모두 4개 영역에서 허가를 받아야 하며, 필요한 모든 허가를 받기 위해서는 60개 이상의 부서에서 승인을 받아야 한다. 여기에 소모되는 기간은 최소한 6개월이며, 10개월이 걸리는 경우도 있다. 메릴랜드는 3~4개월 안에 모든 허가와 승인을 받을 수 있었다.

중국 사영기업들의 단점

이들의 단점에는 다음과 같은 것들이 있다.

- 경영에 숙달된 경리와 표준적인 과정 결여
- 낮은 진입장벽과 새로운 경쟁사의 출현 가능성
- 소수 거대 고객에 대한 의존도

경영에 숙달된 경리와 표준적인 경영과정 결여

앞서 언급했듯이, 우리가 인터뷰한 기업가들은 하나같이 재능 있는 인재의 부족을 회사가 발전하는 데 장애로 꼽았다. 중국 사영기업들의 3단계 발전과정(무역업, 제조업, 기술개발사업) 중 초기 단계인 무역업 단계에서의 최우선순위는 판매이고, 대부분의 인적자원은 시장개발과 고객유치에 투입되었다. 나중에 회사가 발전하자 많은 기업들이 전문성을 갖춘 경리들을 고용하긴 했지만, 초기 단계에서는 팀빌딩team building에 투자할 시간적 여유가 없다. 한편, 초기 단계에서는 조직구조가 소규모이기에 표준적인 경영과정의 부재는 효율성을 높이는 것이 쉽도록 만든다. 그 결과 기업이 계속 성장해도 표준적인 경영과정을 구축할 필요성을 느끼지 못하게 된다. 그러나 중신화공의 경우는 예외였다. 회사가 설립된 3년차인 2001년에 중신화공은 ERP 체계를 개발하여 모든 운영과정을 추적하고 관리했다.

낮은 진입장벽과 새로운 경쟁사의 출현 가능성

우리가 인터뷰한 모든 기업가들은 사업을 시작할 때 결함이 많은 상태였기에, 이들은 자본과 기술 측면에서 진입장벽이 낮은 분야에 진입하려 했다. 그러나 진입장벽이 낮은 분야는 신규 경쟁업체들이 많이 몰리기 마련이다. 그 한 예가 다른 기업 주로 외국 기업의 제품을 대행판매하는 에이전트 사업이다. 지난 몇 십 년간 에이전트 사업은 경쟁이 치열해지면서 이익률이 크게 감소했다. 중신화공의 사례가 그렇다. 중신화공은 1995~2006년 사이 판매량이 수십 배 증가했지만, 이익률은 50%나 감소했다. 극심한 경쟁에서 살아남기 위해 많은 기업들은 비즈니스 모델을 전환하거나 핵심역량을 기르기 위한 계획을 세워야만 했다.

소수 거대 고객에 대한 의존도

대체적으로 중국의 사영기업들은 아직 성숙한 단계에 이르지 못했다. 오늘날 많은 사영기업들이 소수 거대 고객업체에 의존한다. 셴주오금공구가 그런 사례 중 하나다. 1999년에 셴주오금공구는 1999년부터 자체 브랜드로 작은 기자재와 도구를 팔기 시작했고, 영국 기업인 B&Q와의 계약을 통해 이 체인점에서 자사 제품을 팔 수 있었다. 지난 몇 넌간 셴주오금공구의 브랜드로 팔린 제품들 중 60%가 B&Q에서 팔린 것이었다. 그러나 2005년에 B&Q가 OBI를 사들이면서, 셴주오금공구와 경쟁한다는 합의를 했다. 따라서 B&Q는 셴주오금공구와의 거래를 끊을 수밖에 없었다.

사영기업들과 협력하기

경쟁적 협력competitive collaboration에서 협력은 경쟁에서 이기는 수단으로 이용된다. (다른 기업과 연합하여) 공동으로 경쟁하는 것은 경쟁에서 이기는 가장 효과적인 방법이다. 컨설팅회사인 부즈앨런해밀턴Booz Allen Hamilton이 연합한 기업 2,000곳 이상을 조사한 바에 따르면, 이들 중 50%가 연합하기 이전에는 서로 경쟁을 하던 관계였다. 중국 시장에 진출하는 외국 기업들이 중국의 사영기업들과의 협력을 통해 얻을 수 있는 것은 무엇인지, 또 그 위험성은 무엇인지를 아는 것은 큰 가치가 있다.

■ 중국 사영기업들과의 협력을 통해 얻을 수 있는 것

중국 사영기업들과의 협력을 통해 얻을 수 있는 것에는 다음과 같은
것들이 포함된다.

- 사영기업의 자원과 노하우 이용
- 아웃소싱 파트너
- 마케팅과 영업 협력
- 제품 디자인 협력
- 가치사슬에서 상위, 또는 하위 단계의 파트너
- 투자, 또는 인수

사영기업의 자원과 노하우 이용

중국 당국이 WTO 가입 시 했던 약속에 따라 중국 시장을 자유화하
고 개방했지만, 아직도 외국인 투자자들이 제한을 받는 분야들이 남아
있다. 일부 분야의 경우 중국 기업과의 합자를 통해 외국인이 투자할 수
있는 곳도 있지만, 소유권은 제약을 받는다.

그러한 사례 중 하나가 인력공급 서비스 분야다. 현재의 법규로는 외
국인은 합자를 통해 이 분야에 진출할 수 있으며, 외국인은 합자한 기업
의 지분을 최대 49%까지만 소유할 수 있다. FESCO, CIIC 등 이 분야의
거대 국영기업들은 화이트칼라 전문인력과 고위 중역들을 공급하는 고
급인력 시장에 주력하고 있다. 브리지HR이 시장에 진출하기 전까지는
블루칼라와 그레이칼라 인력을 공급하는 중저가 인력시장에는 대규모
업체가 존재하지 않았다. 인력공급 서비스에서는 정부를 상대하는 것이

요구되기 때문에, 이 시장에 진출하려는 외국 기업들에게는 브리지HR 이 매력적인 파트너다.

2007년에 메릴랜드와 홍콩에 기반을 둔 청쿵홀딩스Cheung Kong Holdings는 진지호金鷄湖 주변 개발을 위해 합자기업을 설립했다. 이들이 개발하려는 지역은 합자 1년 전에 메릴랜드가 입찰을 통해 개발권을 딴 곳이었다. 호수 주변에는 싱가포르와 쑤저우시 정부가 함께 개발한 산 업 및 상업 단지인 쑤저우 산업단지가 있었다. 쑤저우 산업단지와 쑤저 우 물류센터, 기술문화 및 예술센터, 국제전시센터 등 주변 기반시설에 는 수백만 달러가 투자되었다.

메릴랜드는 쑤저우시의 산업단지와 관련된 개발계획과 정책에 대한 최신 정보를 입수할 수 있었고, 이는 메릴랜드가 쑤저우시 개발계획 중 어느 프로젝트에 참여할지 결정하는 데 큰 도움이 되었다. 메릴랜드가 획득한 부지는 입지조건이 매우 좋은 곳이어서, 당연히 청쿵홀딩스와 같은 거대 기업이 메릴랜드를 파트너로 삼을 만했다.

아웃소싱 파트너

중국은 세계 제조업의 중심지가 되었고, 중국 제조업체에 생산을 아 웃소싱하는 것은 흔한 현상이 되었다. 사실 많은 외국 기업들이 운영의 많은 부분을 중국 기업에게 아웃소싱하면서, 자신들은 핵심적인 사업 영역에만 주력하고 있다.

즈항국제화운이 그런 예에 속한다. 이 회사의 주요 사업은 국제화물 운송이었으나, 화물이 중국에 도착하면 국내 특급운송 서비스도 제공했 다. 국내 특급운송 서비스는 즈항국제화운의 전 세계 주요 고객업체들에게만 부가서비스 형식으로 제공되었고, 즈항국제화운은 이것을 아웃소싱 서비스로 취급했다. 또한 직원들을 고객업체에 상주시켜, 고객의 특별한 요구를 충족시켰다. 이런 현장 서비스 덕분에 고객들은 간접비를 줄이는 데 도움이 되었고, 효율성 및 국내 특급운송 서비스에 대한 신뢰성을 향상시키는 데도 도움이 되었다. 또한 고객들과의 관계도 강화시켰다.

마케팅과 영업 협력

2004년 10월에 중국의 신발제조업체 2위인 아오캉娛康그룹은 300년의 역사를 가진 이탈리아 신발제조업체 제옥스Geox와 협력관계를 맺었다고 발표했다. 아오캉은 전 세계에서 유일한 제옥스의 파트너가 되었고, 아오캉과 제옥스는 디자인, 개발, 생산, 그리고 전 세계에 가죽신을 판매하는 데 있어 서로 협력하기로 했다. 아오캉은 제옥스 제품을 OEM으로 생산하는 것 외에도, 아시아 시장을 겨냥하여 제옥스가 제품을 개발하고 디자인하는 것에도 관여하기로 했다. 또한 중국 내 제옥스 제품의 판촉, 네트워크 구축, 판매도 책임지게 된다. 반면에 제옥스는 자사의 전 세계 판매망을 통해 아오캉이 제품을 팔 수 있도록 하며, 자사의 추천상품 목록에 아오캉 브랜드의 제품을 가장 우선적으로 올리는 데 합의했다. 두 기업이 협력관계를 맺기 전에 제옥스는 이미 아시아의 R&D 센터를 홍콩에서 중국 광둥성 둥관東莞으로 옮겨놓은 상태였다.

아오캉은 1988년에 원저우에 설립된 사영기업이다. 아오캉은 총자산 10억 위안 이상, 3곳의 생산거점에 30개가 넘는 세계 수준급의 생산라인, 연간 1,000만 켤레 이상의 신발을 생산하는 유명 신발제조업체로 성

장했다. 아오캉은 2,000개 이상의 자사 매장과 백화점 및 쇼핑몰에 800
개 이상의 매장을 갖고 있다. 또한 이탈리아. 스페인, 미국, 일본에도 지
사를 두고 있으며, 원저우, 광저우, 밀라노에 있는 디자인 센터에서는 연
간 3,000개 이상의 신상품 디자인을 개발하고 있다.

제녹스와의 독점 에이전트 계약은 2008년까지였다. 그동안 아오캉은
중국 대도시에 제옥스 브랜드 매장을 300개 가까이 열었다. 아오캉은
제옥스의 가장 큰 OEM 업체로서의 자리를 계속 유지하려 하였다. 아오
캉의 제옥스 제품 생산량은 현재 연간 100만 켤레며, 앞으로는 이것을
400~500만 켤레까지 늘릴 계획이다.

2008년 1월에 아오캉은 이탈리아의 유명 브랜드인 바레베르데
Valleverde와 전략적 글로벌 협력관계를 맺고, 바레베르데 브랜드 사용권
과 전 세계 판매 및 유통 권한을 10년간 이용하는 데 합의했다. 이 합의
에 따라 아오캉은 바레베르데 브랜드의 운영과 생산에 관한 독점권을
얻었다. 바레베르데는 'R&D 부서'의 역할로 전환되어 R&D 자원 및 법
률 문제를 지원하고, 아오캉이 이탈리아에 국제 R&D센터를 설립하는
것을 돕는다. 아오캉의 첫 바레베르데 브랜드 매장은 상하이에서 가장
번화한 곳에 문을 열었다. 아오캉은 앞으로 중국 대도시에 최소한 130
개의 매장을 열고, 미국, 일본, 러시아, 태국, 싱가포르 등 7개국 시장에
진출할 계획이다.

제품 디자인 협력

1986년에 설립된 지리 吉利, Geely 그룹은 냉장고부품 생산으로 사업을
시작했다. 그리고 1997년에 자동차산업에 진출하여 1999년에 첫 지리

자동차를 생산했다. 현재 지리그룹은 중국의 10대 자동차회사 중 하나다. 지리그룹과 같은 중국 자동차회사의 장점은 생산비용이 낮고, 광범위한 유통망을 갖추고 있다는 것이다. 반면에 자동차 디자인은 약점으로 꼽힌다. 지리그룹이 급격한 성장을 이룬 것은 외국 자동차제조업체 및 자동차 디자인업체와 협력을 맺었기 때문이었다.

2002년 12월에 지리그룹은 이탈리아의 아우토프로젝트그룹 Auto Project Group과 전략적 협력관계를 맺었다. 이 계약은 주로 가족용 자동차 시리즈 디자인에 관한 것이었다. 아우토프로젝트의 고객업체로는 페라리 메르세데스-벤츠 등 유명 자동차회사들이 있다. 같은 달에 지리그룹은 한국의 대우 등 5개 회사와 기술협력 관계도 맺었다. 이 5개 회사들은 지리그룹이 2004년에 출시할 새 모델의 설계를 돕도록 되어 있었다. 그로부터 6개월이 지난 2003년 6월에는 독일 회사인 루커AG Rucker AG와 또 다른 기술협력 관계를 맺었다. 이 계약에 따르면, 루커는 지리그룹을 위해 경제적인 가족용 차량을 디자인하도록 되어 있었다.

지리그룹이 아우토프로젝트와 맺은 계약은 일종의 구매와 같은 것이었다. 즉, 아우토프로젝트가 디자인한 모델을 지리그룹이 구매하는 것이었다. 대우를 포함한 5개 회사와 맺은 계약은 이 회사들이 설계하고 개발한 것을 인수하는 형식이었다. 루커와 맺은 계약은 일종의 아웃소싱이었다. 즉, 디자인을 루커에 아웃소싱하고, 지리그룹의 요구에 맞게 루커가 모델을 디자인하는 것이었다.

2006년 10월에 지리그룹과 영국의 MBH는 합자기업을 설립한다고 발표했다. 지리그룹이 지분의 51%, 메이플 Maple, 지리그룹의 자회사이 1%, 그리고 MBH가 49%의 지분을 갖는 계약이었다. MBH는 유명한 검은색

택시인 TX4를 생산하는 회사다. 이 합자기업은 중국에서 TX4를 생산할 계획이고, 이를 통해 TX4의 생산비용이 크게 줄어들 것이다. MBH의 고위 중역 중 한 명은 이렇게 말했다. "지리그룹은 중국에서 훌륭한 판매망을 갖추고 있습니다. 이 협력을 통해 MBH는 중국 전체 시장에 접근할 수 있고, 지리그룹은 앞선 기술을 획득하고 유명 브랜드의 지적재산권을 행사할 수 있게 되었습니다."

가치사슬에서 상위, 또는 하위 단계의 파트너

공급자나 고객과 연합하는 것은 많은 장점이 있다. 산업사슬 통합을 통해 발생되는 공통의 목표 및 이해관계, 시너지는 더 많은 가치를 창출하는 데 도움이 된다. 중국의 사영기업들은 상위, 또는 하위 단계의 협력이 얼마나 중요한지 잘 알고 있다. 키포인트 컨트롤스의 사례가 그런 경우였다. 키포인트는 두 번의 합자가 실패한 후 두 명의 투자자를 새로 끌어들였다. 하나는 공급자였고, 다른 하나는 고객이었다. 또 다른 사례는 전선용 자재를 생산하고 판매하는 오리지널 엔터프라이즈다. 오리지널은 산업사슬 내에서 협력 기회를 찾고 있었고, 그중 한 후보가 전선제조업체였다. 만약 두 기업이 협력관계를 맺을 경우 오리지널은 사슬 내에서 하위 단계로 전락하고, 전선용 자재 생산에서 전선 생산으로 전환될 뿐이었다.

브리지HR은 블루칼라와 그레이칼라 인력을 외국 기업에 공급하는 데 주력한다. 현재까지 브리지HR은 이 분야에서 90% 이상의 시장을 점유하고 있다. 또한 업계 전문가들을 초빙하여 HR의 의사결정자들에게 강연을 하는 포럼을 정기적으로 개최한다. 브리지HR은 이번 방식으로 목표로 하는 고객들에게 이름을 알리고, 삼성, 리코 등 외국 기업들과 장기 계약을 체결했다.

투자, 또는 인수

앞에서 언급한 것처럼, 대부분의 중국 사영기업들이 겪는 주요 어려움 중 하나는 자금조달이고, 이 때문에 기업이 더 이상 발전하지 못하는 경우까지 있다. 이로 인해 일부 기업들은 외국인의 투자를 받거나, 보다 큰 기업에게 인수되기를 바라는 경우도 있다. 오리지널 엔터프라이즈가 그런 경우 중 하나다. 오리지널은 이탈리아 기업인 파나다플라스트와 합자기업을 설립했지만, 전략 측면에서 의견의 불일치가 늘 있어왔고, 상위 단계인 고객과 하위 단계인 공급업자 사이에서 압박을 받고 있다. 이로 인해 허우하이량은 합자에 대해 다시 생각하게 되었다. "과거에는 동업자와 일치된 의견을 도출하지 못하면 그 사람의 지분을 사들여 제 방식대로 하기 위해 최선을 다했습니다. 지금은 회사가 건전하게 발전할 수 있고 지속적인 성장이 가능하다면 제가 양보하는 편이죠."

하이텍스의 루원룽은 가정용 제품을 판매할 쇼핑센터와 관련된 새로운 비즈니스 모델을 계획하고 있다. 이 쇼핑센터는 수십 개의 전시실을 갖추고, 그 안에 거실, 침실, 부엌 등 가정에 있는 다양한 방의 형태를 만들려 한다. 고객들은 판매되는 제품을 어떻게 사용하는지 아이디어를 얻을 수 있는데, 이는 이케아 IKEA가 운영되는 방식과 매우 비슷하다. 루원룽은 만약 이 계획을 실행할 충분한 자금이 없을 경우, 투자자나 동업자를 끌어들이고 싶다고 말한다.

사영기업과 협력할 경우 생길 수 있는 위험

사영기업들과 협력할 경우 생길 수 있는 위험에는 다음과 같은 것들이 있다.

- 이들이 매력적인 분야의 기업들인가?
- 이들이 어떤 형태의 협력이든 기꺼이 응하려 하는가?

이들이 매력적인 분야의 기업들인가?

마이클 포터 Michael Porter 는 《경쟁우위 Competitive Advantage》라는 책의 서두에서 다음과 같이 말하고 있다. "경쟁우위 전략을 선택하는 데는 2가지 핵심적인 질문이 충족되어야 한다. 첫째는 장기적으로 수익을 낼 수 있는 매력적인 분야인가 하는 것이고, 둘째는 그럴 경우 그 분야가 매력적인 요인은 무엇인가 하는 것이다." 이 인용문을 통해 우리는 그 분야가 매력 있는 것이 기업의 수익에 얼마나 중요한지 알 수 있다.

자금과 인적자원이 충분치 못한 많은 사영기업들은 진입장벽이 매우 낮은 분야에서 사업을 시작했다. 진입장벽이 낮음으로 인해 새로운 경쟁자가 언제든지 들어와 경쟁할 수 있는 위험에 노출되었고, 경쟁이 점점 치열해지면 기업들은 저가 전략을 채택했다. 특급운송 서비스 분야가 그런 경우다. 많은 기업들은 시장점유율을 확보하기 위해 장쑤성, 저장성, 상하이에서의 특급운송 서비스 비용을 단 5위안으로 책정했다. 이처럼 먹느냐 먹히느냐의 싸움을 하는 환경에서 특급운송 서비스회사들은 인건비를 줄이거나 대리점 운영방식을 채택해야 했다(비용을 최소화하기 위해 본사는 그 어떤 교육을 제공하지도 않았고, 대리점의 운영에 관여하지도 않았다. 양자 사이에는 오직 수익 배분만 있었을 뿐이다). 이로 인해 업계 직원들의 자질은 전반적으로 낮을 수밖에 없었다. 도난 사고가 자주 발생했고, 배송지연 사태가 다반사로 일어났다. 직원이나 경리가 회사 자산이나 고객의 지불금을 갖고 사라지는 사건도 드물지 않았다.

일부 산업분야에서는 공급자가 큰 영향력을 갖고 기업의 수익을 쥐어짠다. 오리지널 엔터프라이즈의 사업 분야가 그랬다. 오리지널의 사업 분야는 전선용 자재를 생산하고 판매하는 것이었다. 최근에 원자재구리, 석유화학제품 가격이 급격히 상승했고, 오리지널은 증가된 비용을 고객에게 떠넘길 수 없었다. 이로 인해 오리지널의 수익은 지난 몇 년간 급격히 하락했다. 허우하이량은 회사의 향후 발전계획을 포기할 수밖에 없었고, 현재 그는 회사를 인수할 사람이 나타날 경우 기꺼이 협상하려 한다.

이와는 반대로 구매자가 큰 영향력을 갖는 경우도 있다. 구매자와의 꽌시는 보다 높은 시장점유율을 확보하는 주요 수단이다. 즈청커뮤니케이션의 사업 분야인 정보통신 분야가 그렇다. 즈청의 총경리인 추이리젠은 아무런 관련 배경도 없이 사업을 시작했다. 꽌시를 맺기 위해 그는 업계에서 영향력 있는 인물들과 친해지는 데 많은 노력을 했다. 꽌시를 맺고 유지하는 그의 독창적인 방법으로 많은 비용이 절감되었다. 또한 이런 방식으로 꽌시를 구축하는 것은 돈으로 환심을 사는 것보다 훨씬 더 안정적인 관계를 만든다.

이들이 어떤 형태의 협력이든 기꺼이 응하려 하는가?

중국의 사영기업가들은 본능적으로 합자나 동업에 거부감을 갖는다.

이것이 자신의 의사결정에 제한을 가할 수 있기 때문이다. 그러나 이들은 기업이 성장함에 따라 자신이 가진 자원만으로는 한계가 있음을 깨닫게 된다. 그리고 성장을 위해서 많은 기업가들이 합자나 연합을 받아들이기 시작한다. 그러나 이들 중 다수는 여전히 기업에 대한 통제권을 유지하고 싶어 한다.

우리가 '협력을 통해 얻을 수 있는 것'을 다루는 앞 부분에서 언급했듯이, 브리지HR은 외국 기업들에게는 매우 유망한 협력대상자였다. 그러나 총경리인 허우정위는 회사 통제권에 대한 집착이 강했다. 그는 동업자를 받아들이거나 합자기업을 하거나, 어느 경우든 회사에 대한 통제권을 유지해야 한다고 말한다. "저는 심지어 벤처캐피털 투자자와 계약할 때도 기업의 지분을 최소한 80%는 가져야 한다고 고집했습니다."

어우푸조명 역시 외국 기업들에게는 좋은 협력대상 후보였으나, 총경리인 왕야오하이는 외부 자본이 들어오는 것에 매우 조심스러웠다. 그는 이렇게 말한다. "자본은 필요할 때는 정말 좋은 것이죠. 그러나 일단 자본이 회사로 들어오면 어려운 상황들을 처리해야 합니다." 그는 심지어 공개상장을 하는 데도 조심스럽다. "공개상장을 하기 전에 무엇 때문에 상장을 하는지 이해해야 합니다. 아직까지 저는 공개상장을 왜 하는지 모르겠어요."

중국에 합자기업이나 주식공개기업 public company이 그리 많지 않았던 예전에는 외국 기업과의 합자나 연합을 원하는 사영기업들이 많았고, 이들 중 다수가 공개상장을 했다(해외 주식시장에 상장한 것 포함). 그러나 합자기업 내부에서 발생하는 수많은 문제와 주식공개기업에 대한 국내외의 강화된 규제들을 목격한 후, 사영기업가들은 자본이 양날을 가진 칼과 같다고 깨닫게 되었다. 이들이 자본을 확보할 수 있는 다른 방법이 있는 한, 이들은 합자나 연합, 공개상장을 선택하려 하지 않을 것이다. 어떤 의미에서는 이것이 그들의 경험, 성숙함, 지혜를 반영하는 것이 아닐까?

인터뷰 질문 내용

Q: 성장배경과 경험을 말씀해주세요.

Q: 회사를 차릴 때의 경험과 기업의 현재 상황을 말씀해주세요.

Q: 종사하는 사업 분야에 대해 말씀해주세요.

Q: 업계에 대한 전망은 어떻게 보십니까? 다른 분야로 진출할 계획이신 가요, 아니면 지금 종사하는 분야에 계속 주력하실 건가요?

Q: 주요 경쟁사는 어떤 형태의 기업(사영기업, 국유기업, 외국인투자기업) 입니까?

Q: 귀사의 경쟁우위는 어디에 있습니까? 전략, 비즈니스 모델, 마케팅 중 어디에 있습니까?

Q: 귀사는 어떤 단계를 겪으며 발전했습니까? 각 단계마다 경영에서 어 떤 전략을 취했고, 우선시한 것은 무엇이었습니까?

Q: 현재 귀사는 어느 단계에 있습니까? 전략을 실행하는 데 있어 가장 큰 도전과제는 무엇입니까?

Q: 귀사의 조직구조는 무엇이며, 그것을 유지하는 방법은 무엇입니까?

Q: 기업문화, 채용, 직원교육, 인센티브 구조를 위해 어떤 방법을 취하고 있습니까?

Q: 귀사의 자본구조가 합리적이라고 보십니까? 자금조달에서 가장 큰 문제는 무엇이며, 귀하는 그 문제를 어떻게 해결하십니까?

Q: 향후 발전에 장애가 되는 것은 무엇이라고 생각하십니까?

Q: 귀하의 배우자, 자녀, 또는 친척이 귀사의 경영 및 운영에 관계하고 있습니까?

Q: 회사를 '내부인'과 '전문성을 갖춘 경리들'이 운영하는 데 있어 각기 장단점은 무엇입니까?

Q: 개인의 어떤 특성이 성공에 가장 중요하다고 보십니까?

알리바바닷컴은 어떻게 이베이를 이겼을까?

| 부록 B |

회사 리스트

회사명	설립 연도	본사 소재지	사업 시작지	창업자	출생 연도	성별	출신지	학력	업종
아이밍얼가죽제품(艾民兒皮制品公司)	1995	청두	청두	류충잉	1970	여자	쓰촨성	중졸	신발제조
브리지HR(Bridge HR)	2003	상하이	상하이	허우정위	1969	남자	장쑤성	비학위대졸	인력서비스
셴주오금공구 (先鑄伍金工具有限公司)	1997	상하이	상하이	제이슨 장	1969	남자	상하이	대졸	무역(공구)
에이퉁 에어익스프레스 (一通航空貨運有限公司)	1995	상하이	상하이	러우슈화	1968	여자	저장성	대졸	화물특송
에센스 테크롤로지 솔류션 (Essence Technology Solution)	2003	상하이	상하이	첸신	1969	여자	상하이	대졸	IC디자인
포춘 오토모빌 레이싱클럽(Fortune Automobile Racing Club)	2000	상하이	원저우	마이클 마	1965	남자	저장성	고졸	자동차 경주
어우푸조명(歐普照明有限公司)	1995	광둥성	광둥성	왕야오하이	1967	남자	저장성	고졸	조명기구
중신화공(中信化工)	1997	상하이	하이난	차오샹라이	1966	남자	후베이성	대졸	무역(화학제품)
완구방직(萬穀紡織有限公司)	1997	항저우	항저우	옌한	1957	남자	저장성	비학위대졸	방직
하이텍스(Hightex)	1999	항저우	항저우	루원룽	불명	남자	저장성	중졸	방직

회사명	설립 연도	본사 소재지	사업 시작지	창업자	출생 연도	성별	출신지	학력	업종
런웨이 테크놀로지 (Runway Technology)	1996	베이징	베이징	퉁리췬	1966	남자	베이징	대졸	전기통신 소프트웨어
즈항국제화운(致航國際貨運有限公司)	2003	상하이	상하이	창쉐훙	1967	남자	허베이성	대졸	국제화물운송
키포인트컨트롤스 (KeyPoint Controls)	2000	상하이	상하이	량치화	1967	남자	후난성	박사학위	무역(석유화학산업 기구, 계량기)
오리지널 엔터프라이즈 (Original Enterprise)	1997	상하이	상하이	허우하이량	1963	남자	허난성	대졸	케이블 제조
산양화공(香洋化工有限公司)	2003	상하이	상하이	셰릴 천	1970	여자	산둥성	비학위대졸	무역(잉크제품)
SPN 테크놀로지 (SPN Technology)	2000	상하이	상하이	왕즈	1968	남자	지린성	박사학위	무역(기계 자동화통제 시스템)
메릴랜드 부동산개발(Merryland Real Estate Development)	1997	쑤저우	쑤저우	가오치	1967	여자	장수성	비학위대졸	부동산중개
룽타이샹 금속제품 (天津隆泰祥金屬制品有限公司)	2000	톈진	톈진	쑹창	1969	남자	톈진	대졸	고철, 폐기물 수입
토니 그룹(Tony's Group)	1997	상하이	상하이	토니 장	1962	남자	쓰촨성	대졸	무역, 식당, 현대농업, 부동산중개
즈청커뮤니케이션 (Zhicheng Communication)	2002	상하이	상하이	추이리젠	1973	남자	산둥성	비학위대졸	전기통신 엔지니어링

알리바바닷컴은
어떻게
이베이를 이겼을까?